筹码分布图入门与技巧

精准判定买点与卖点的盈利绝技

股市实战专家
永良　韦铭锋 ◎ 著

立信会计出版社

图书在版编目（CIP）数据

筹码分布图入门与技巧/永良，韦铭锋著.--上海：
立信会计出版社，2017.2（2021.9重印）
（擒住大牛）
ISBN 978-7-5429-5385-8
Ⅰ.①筹… Ⅱ.①永…②韦… Ⅲ.①股票交易—基本知识 Ⅳ.①F830.91
中国版本图书馆CIP数据核字（2017）第025880号

策划编辑　蔡伟莉
责任编辑　秦思慧
封面设计　久品轩

筹码分布图入门与技巧
CHOUMA FENBUTU RUMEN YU JIQIAO

出版发行	立信会计出版社			
地　　址	上海市中山西路2230号	邮政编码	200235	
电　　话	（021）64411389	传　真	（021）64411325	
网　　址	www.lixinaph.com	电子邮箱	lxaph@sh163.net	
网上书店	www.shlx.net	电　话	（021）64411071	
经　　销	各地新华书店			
印　　刷	固安县保利达印务有限公司			
开　　本	787毫米×1092毫米	1/16		
印　　张	16.25	插　页	1	
字　　数	246千字			
版　　次	2017年2月第1版			
印　　次	2021年9月第3次			
书　　号	ISBN 978-7-5429-5385-8/F			
定　　价	42.00元			

如有印订差错，请与本社联系调换

前言

怀着破解股市密码的梦想，笔者和大多数股民投资者一样，曾有几度欣喜，当然也有不少悲伤！

2005—2007年的疯癫牛市，不管你是高手还是新手，都能从中获利！

但是到了2008年后，上证指数到达6124点，大幅度下跌开始了，传统交易法则显得力不从心，股民们也皆受其害，毫无胜算可言！

在2009年的报复性大涨之后，股市开始长期震荡行情，使得传统交易法则更加不适应震荡行情！

为此，本书给各种趋势形态设计了不同的，而且胜算高的买卖形态标准！让读者明明白白炒股、轻轻松松赚钱！

不管使用哪种交易方法都不能缺少灵活机动性！

本书的特点是图书内容原创化、实战化、实用化、不千篇一律、经过历史考验、一看就会！

股市行情不外乎上升、下降、横向这三大趋势。筹码分布指标就是一个极好的研判趋势发展的指标！本书内容是经过多年的实战总结出来的经验，让投资者凭借股票趋势、筹码形态、均线这三个指标技术就可以综合判断出未来行情的走向，并以此作为交易准则！买、卖、持股、持币一条龙！轻松看懂股市，明白走势！

实例部分更有综合其它技术指标应用的案例，让股票操作的胜算进一步提高！

同时，也欢迎大家批评指正，以趋此技日臻完善！

目 录

第一章　指标基础 001

　　一、均线 002
　　二、均线的参数与含义 006
　　三、筹码分布指标 012
　　四、相关参数设置 015

第二章　上升趋势中 021

　　一、筹码高位密集 023
　　二、筹码低位密集 079

第三章　横向趋势中 107

　　一、筹码高位密集 109
　　二、筹码低位密集 140

第四章　下降趋势中 159
一、筹码高位密集 162
二、筹码低位密集 201

第五章　综合应用案例 225
一、案例一——西王食品（000639）配合MACD指标 226
二、案例二——三毛派神（000779）配合MACD指标 231
三、案例三——四川路桥（600039）配合SKDJ指标（周线） 238
四、案例四——吉林森工（600189）配合MACD指标（周线） 243
五、案例五——城市传媒（600229）配合MACD、SKDJ指标（月线） 247

第一章

指标基础

一、均线

均线又叫移动平均线（Moving Average），常简称为M或MA。

它是以道琼斯的"平均成本概念"为理论基础，采用统计学中"移动平均"原理，将一段时期内的价格平均值连成一条曲线，以此来显示股票价格的历史波动情况，进而反映股价未来发展趋势的技术分析方法，是道氏理论的形象化表述。

该指标是由著名的美国投资专家葛兰碧（Joseph E.Granville）于20世纪中期所提出来的，目的是帮助交易者确认现有趋势，判断即将出现的趋势，发现即将反转的趋势。

均线指标的计算方法是将最近N个交易日的收盘价格之和除以交易日个数N，这个数值会随着最近的价格不断变化而变化，所以又被称为"移动平均线"。

如以5日均线（简称5M或5MA）为例：

假设最近十个交易日的收盘价分别为：10.01元、10.12元、10.13元、10.25元、10.11元、10.00元、9.98元、9.90元、10.17元、10.27元。

第五天的收盘价为10.11元，这一天的5日均线则是指当天的收盘价和之前四天的收盘价相加，一共是五天的收盘价，求出它们的总和再除以5，所得到的数值。

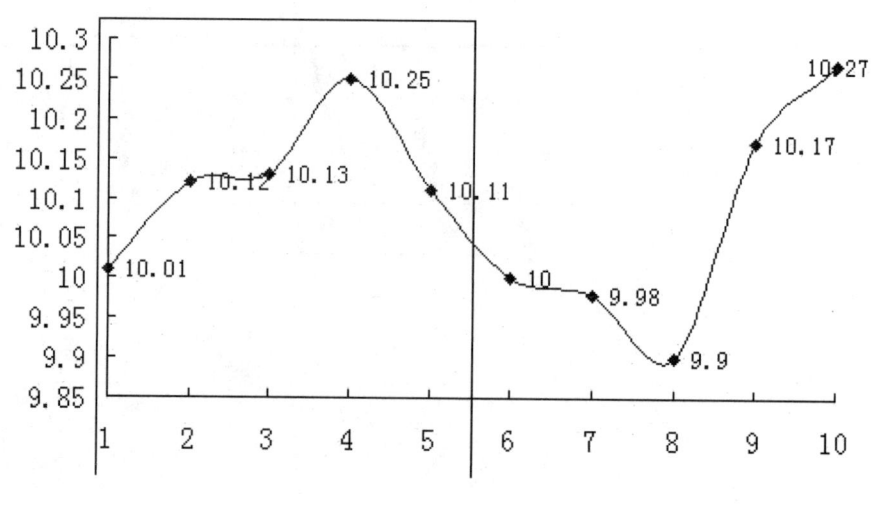

图1-1　5日均线（1）

即：（10.01＋10.12＋10.13＋10.25＋10.11）÷5＝10.124

所以10.12元就是第五天的5日均值，如图1-1所示。

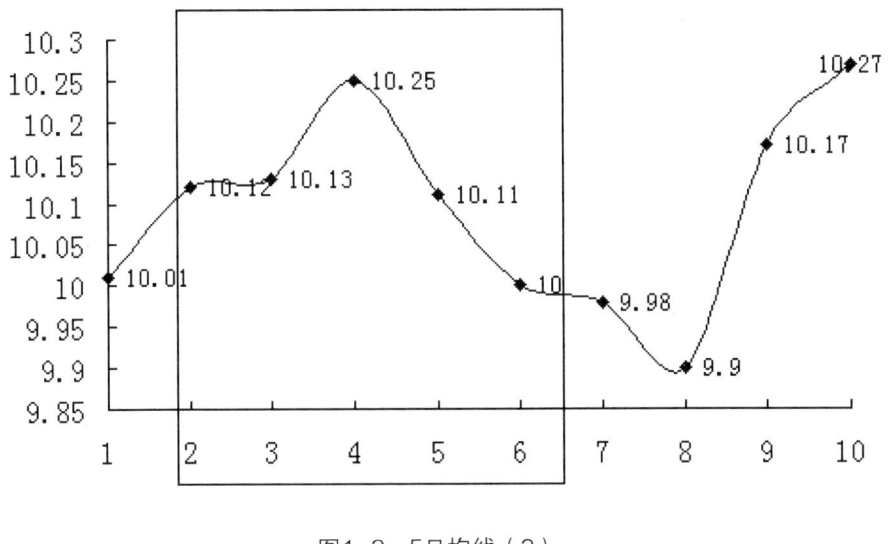

图1-2　5日均线（2）

第六天的收盘价为10.00元，这一天的收盘价和之前四天的收盘价相加，一共是五天的收盘价，求出它们的总和再除以5，所得到的数值便是当日的5日均值，如图1-2所示。

即：（10.12＋10.13＋10.25＋10.11＋10.00）÷5＝10.122

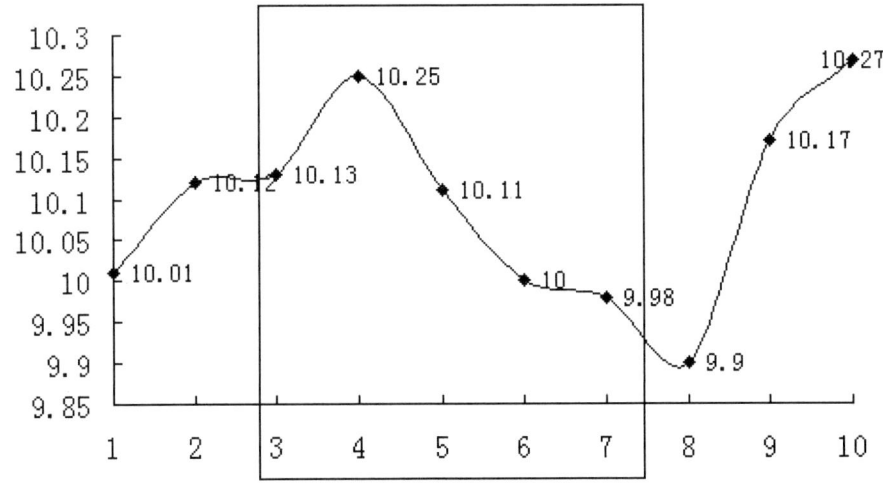

图1-3　5日均线（3）

第七天的收盘价为9.98元,这天收盘价和之前四天的收盘价相加,它们的总和再除以5便得到当日的5日均值,如图1-3所示。

即:(10.13 + 10.25 + 10.11 + 10.00 + 9.98)÷ 5 = 10.094

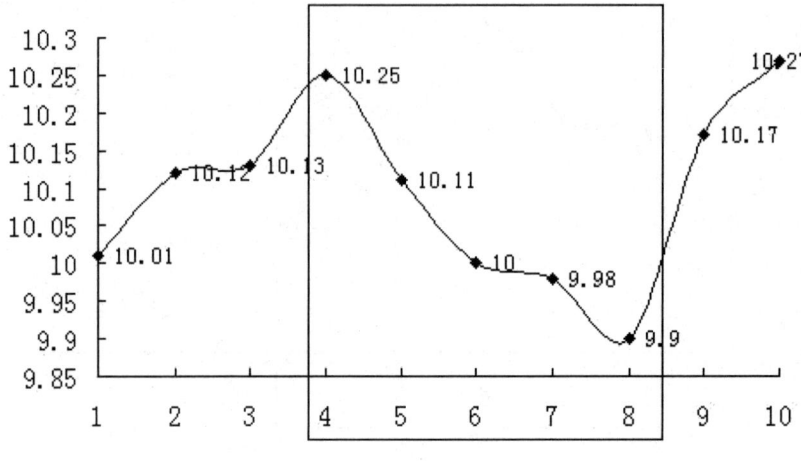

图1-4　5日均线(4)

第八天的收盘价为9.90元,用同样的方法将第八天的收盘价、第七天的收盘价、第六天的收盘价、第五天的收盘价、第四天的收盘价相加,总和再除以5,就是第八天的5日均值,如图1-4所示。

即:(10.25 + 10.11 + 10.00 + 9.98 + 9.90)÷ 5 = 10.048

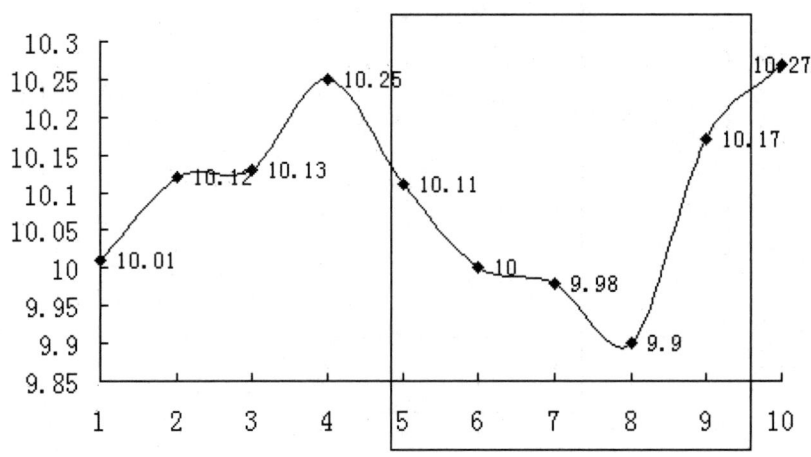

图1-5　5日均线(5)

第九天的收盘价为10.17元，用同样的方法将第九天的收盘价、第八天的收盘价、第七天的收盘价、第六天的收盘价、第五天的收盘价相加，总和再除以5，就是第九天的5日均值，如图1-5所示。

即：（10.11 + 10.00 + 9.98 + 9.90 + 10.17）÷ 5 = 10.032

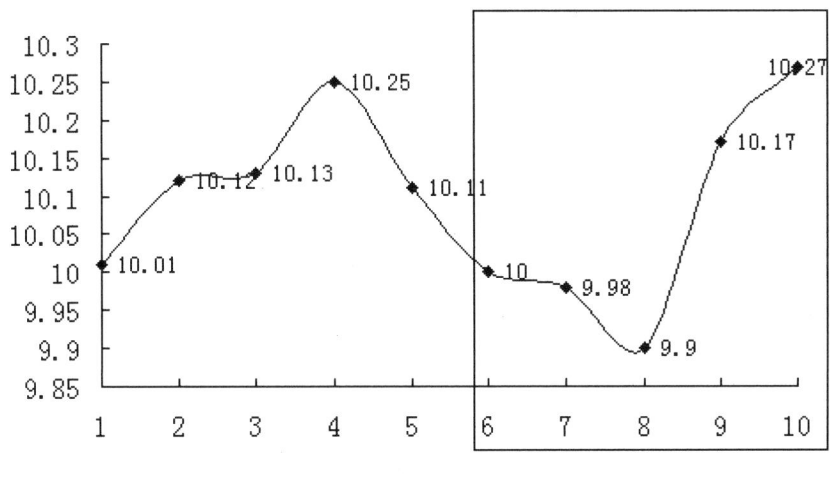

图1-6　5日均线（6）

第十天的收盘价为10.27元，将最近五天的收盘价相加除以5，得出第十天的5日均值，如图1-6所示。

即：（10.00 + 9.98 + 9.90 + 10.17 + 10.27）÷ 5 = 10.064

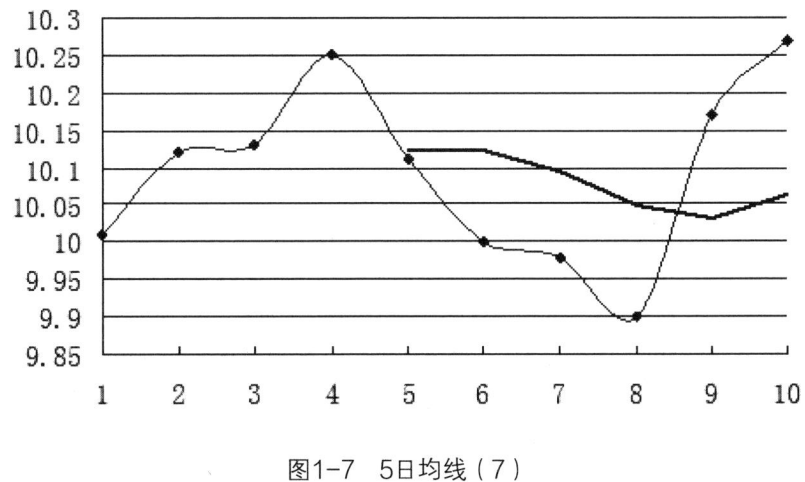

图1-7　5日均线（7）

将这几天的5日均值画在走势图上，就形成一条波动起伏的曲线，这条线就称为均线。5日均值所走出的曲线便是5日均线，N日均值走出的曲线便是N日均线，如图1-7所示。

每日收盘价的走势及该走势的5日均线走势为图1-7上的粗黑线。不同的均线有不同的含义与用途，有的人喜欢用3日均线，有的人喜欢用5日、10日均线，也有的人喜欢用20日、60日均线，甚至有人擅长于120日、250日或更多天数的均线。

二、均线的参数与含义

均线的参数是指参与计算的天数。如5日均线参与计算的天数是5，20日均线参与计算的天数是20，所以N日均线的参数就是N。

股票软件中常用的参数有：5、10、20、60、120、250等，由于参与计算的范围不同，每个参数的均线含义也各有不同。

下面分别举例说明：

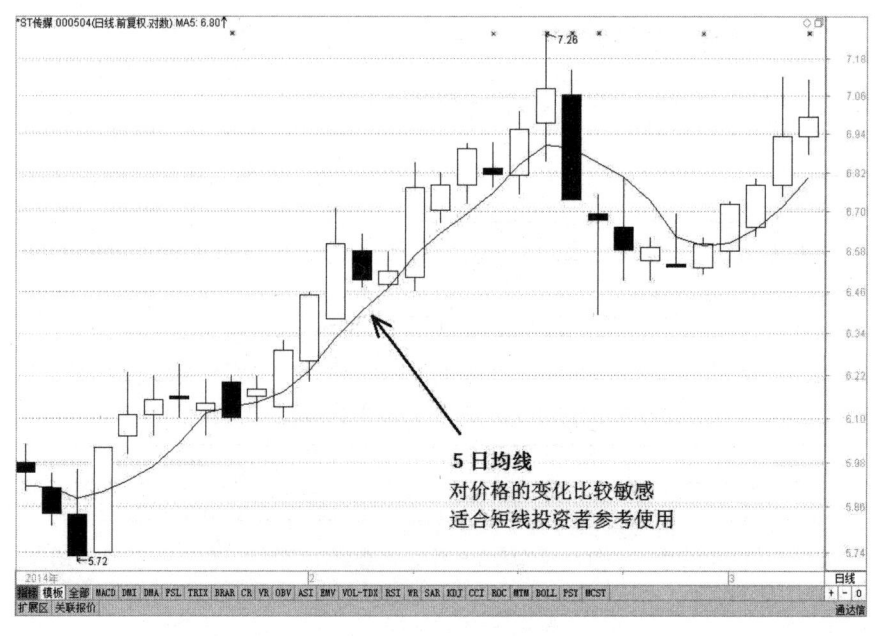

图1-8 5日均线

一星期共有5个交易日，故5日均线又被称为"周均线"，如图1-8所示。

5日均线是指当天价格和最近4天价格的平均，所体现的是最近5个交易日的平均价位，因此它的波动会比较大、比较敏感，适合短线投资者使用。

所谓短线投资者，是指不在忽股价长期走势，只看准短期获利的投资者。中线或长线投资者则跟他们不同，中线或长线投资者更看重中长期的走势，而不在意短期的波动。

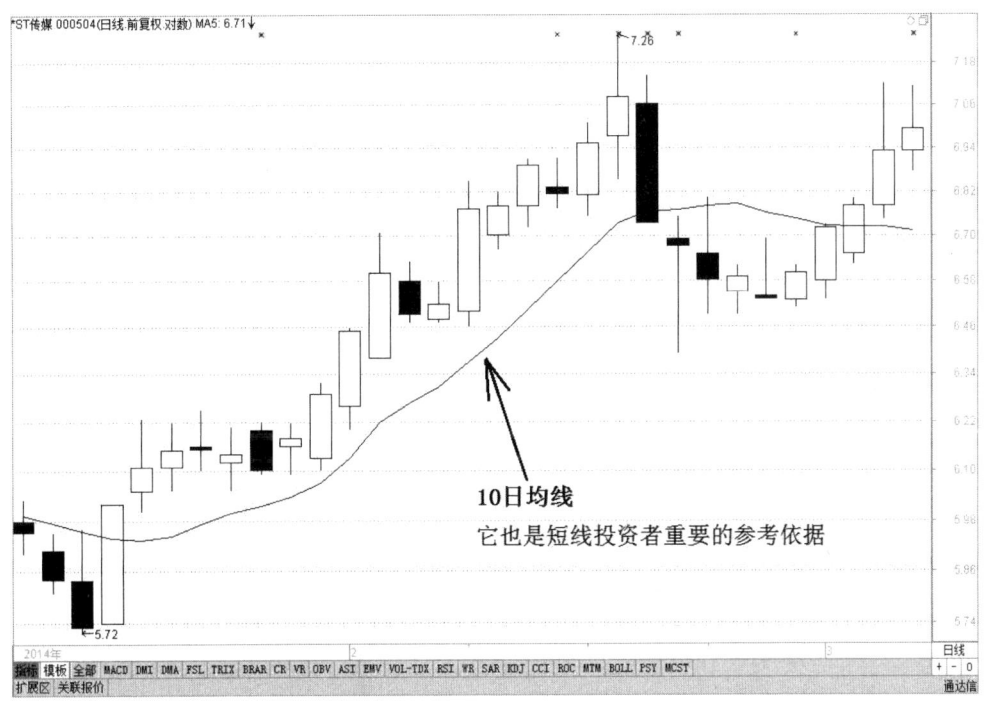

图1-9　10日均线

10日均线是指当天价格和最近9天价格的平均，所体现的是最近10个交易日的平均价位，因此它的波动也较大、较敏感，通常是短线投资者必用的参考线之一。相对于5日均线，10日均线的稳定性更高些，如图1-9所示。

一个月大约共有20个交易日，故20日均线又被称为"月均线"或"庄家线"。

20日均线是指当天价格和最近19天价格的平均，所体现的是最近20个交易日的平均价位，因此它的波动没有10日均线大，也没有10日均线敏感，通常是中短线投资者使用的参考线之一。相对于5日均线，10日均线的稳定性更高些。又由于一般的主力机构建仓通常需要20个交易日，所以20天均线又被称为"庄家线"！如图1-10所示。

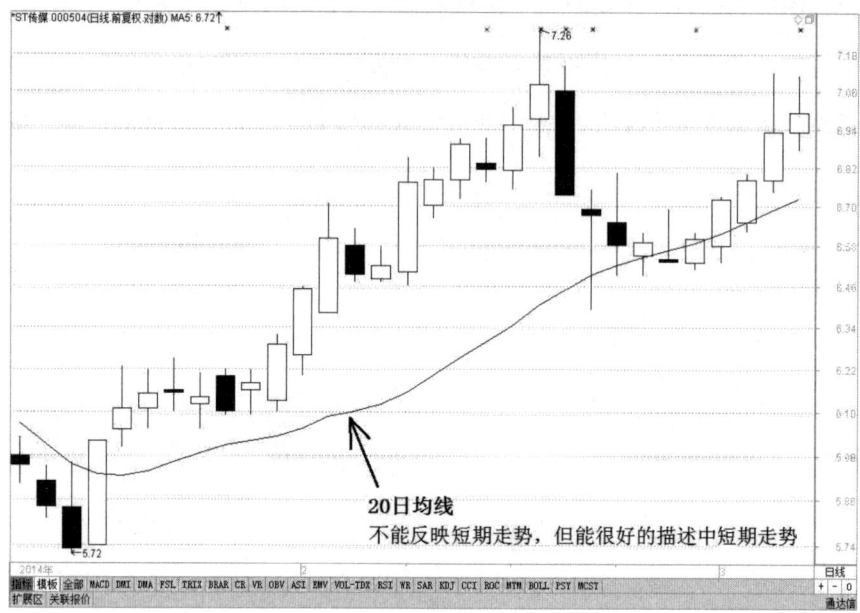

图1-10　20日均线

图1-11　60日均线

一个季度约有3个月时间，所以60日均线又被称为"季均线"，如图1-11所示。

60日均线是指当天价格和最近59天价格的平均，所体现的是最近60个交易日的平均价位，因为参与计算的天数较多，所以它的波动不大、不过于敏感，通常是中线或长线投资者参考的均线之一。相对于5日均线、10日均线、20日均线其稳定性更高。但它也有缺点，它不能捕捉到短线获利的机会，而更多用于寻找中线或长线获利的机会。

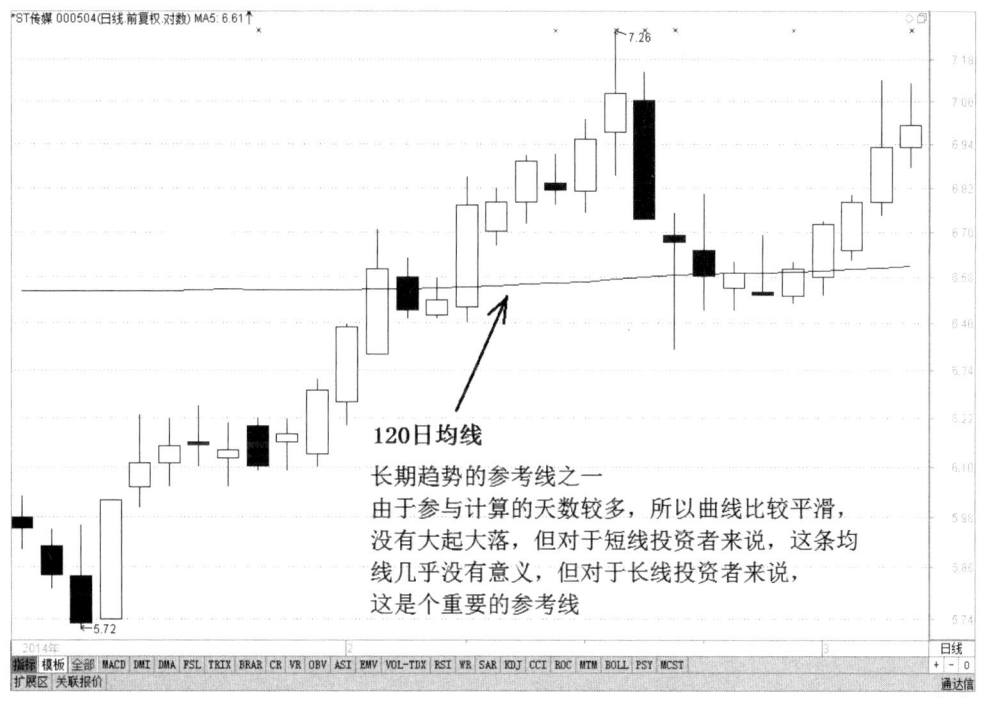

图1-12 120日均线

半年里约有120个交易日，所以该均线又被称为"半年均线"，如图1-12所示。

120日均线是指当天价格和最近119天价格的平均值，因为参与计算的天数多，所以它的波动慢、不够敏感，通常是长线投资者参考的均线之一。相对于5日均线、10日均线、20日均线、60日均线其稳定性更高。缺点也是捕捉不到短线获利机会，更多侧重于长线趋势的走向与大势的总体方向。

图1-13 250日均线

一年里约有250个交易日,所以该线又被称为"年均线",如图1-13所示。

250日均线是指当天价格和最近249天价格的平均值,因为参与计算的天数非常多,所以它的波动十分缓慢,稳定性非常高,通常是长线投资者参考的均线。是用于区分大势走向的主要参考线,如果股价在其上面区域不断上涨,则是牛市行情;如果股价在其下面区域不断下跌,则是熊市行情。因此250日均线又被称为"牛熊分界线"。

5日均线、10日均线、20日均线、60日均线、120日均线、250日均线在股价走势图上的表现如图1-14所示。

首先,股价在250日均线上,不断上涨,这就意味着牛市的开始,这一点很重要,只要股价在250日均线上,其它中期、短期均线上涨的概率才会随之增高。如果股价在250日均线之下,并不断下跌,那么其它中期、短期均线上涨的概率就变低了。

图1-14　各均线在年均线之上的走势

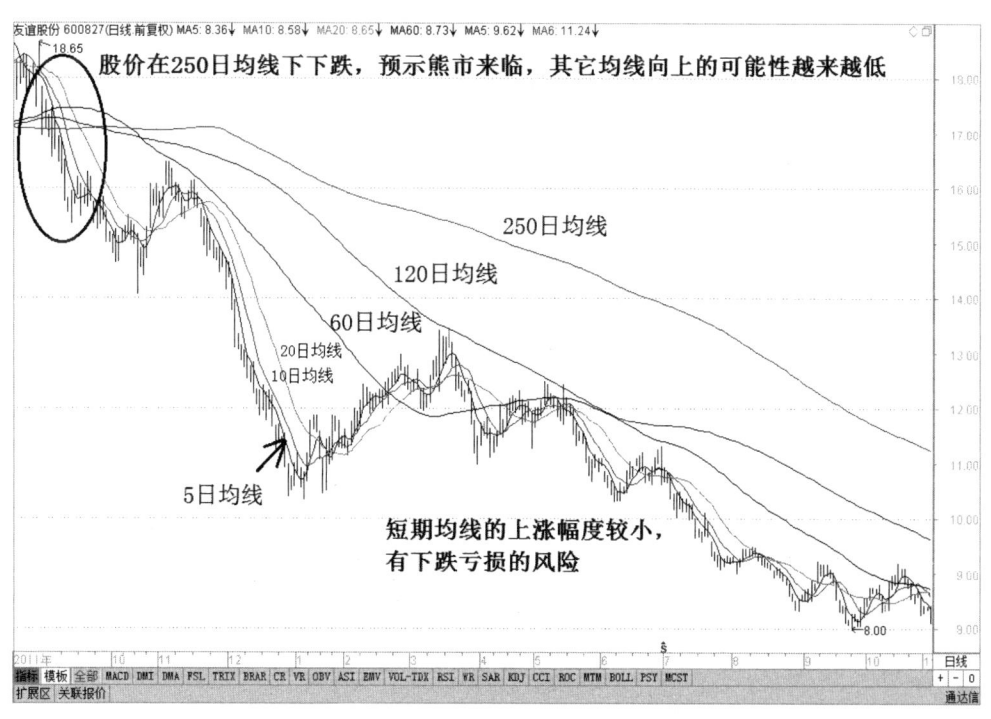

图1-15　各均线在年均线之下的走势

所以，只有股价在250日均线上上涨时，股价短期上涨、中期上涨、长期上涨的概率才会增大。如果股价在250日均线下下跌时，股价后期上涨的概率便降低，这时就不适合持股或买入操作，而适合持币或卖出操作，以避免未来较大的下跌风险，如图1-15所示。

短期均线的走势预示了这只股票近期未来的行进方向，中期均线的方向预示的是中期的趋势走向，长期均线的走向预示了这只股票较大的趋势方向。

本书所采用的均线参数为20天的"庄家线"！这样就有利于研判行情！既不像5天均线、10天均线那样过于敏感！过早的买入或卖出！也不像60天均线甚至更多天数的均线那样迟顿！更重要的是20天均线是庄家线！与筹码分布指标的配合能够很好的观察主力机构庄家们的动向！

三、筹码分布指标

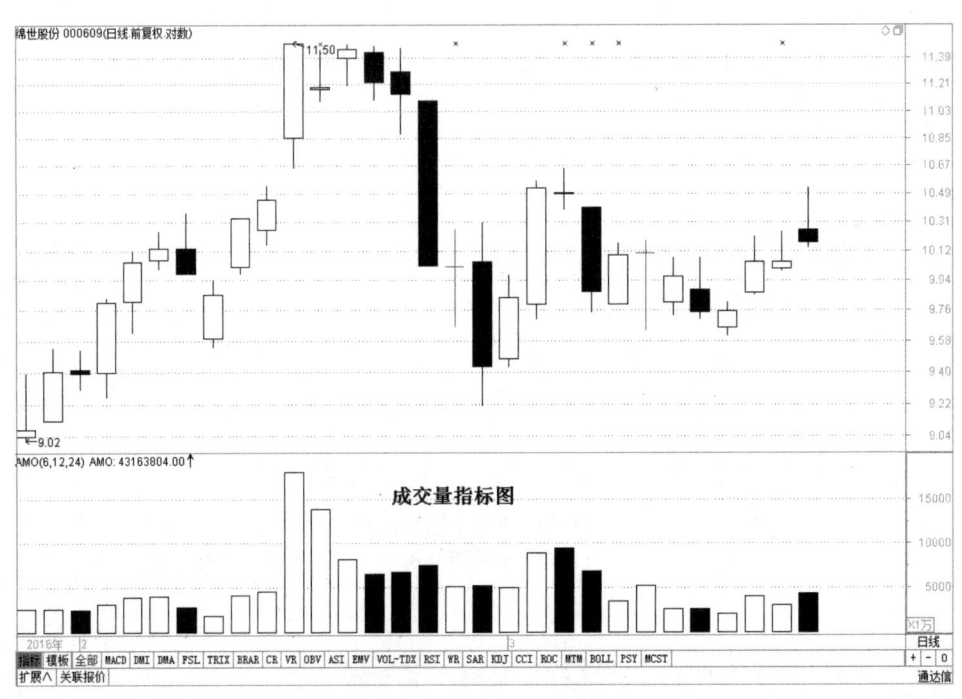

图1-16 传统成交量指标

一般的股价图都可看到这样的成交量或成交额指标图。这种成交量指标只是统计全天的成交量或金额，对于每个价位上都成交了多少没有任何体现。我们只能看到某天的交易量很多很大，但不知道具体哪些价位的成交量最大最多。如图1-16所示。

那什么是筹码分布指标呢？与成交量指标不同的是，筹码分布指标是以价格为主，衡量每个价位的具体成交量。这样就可以看到哪些价位上成交量最多、哪些价格成交最小，这样一来就能很好的分析行情了。一般来说，成交量越大的价位越是具有支撑或压制作用。

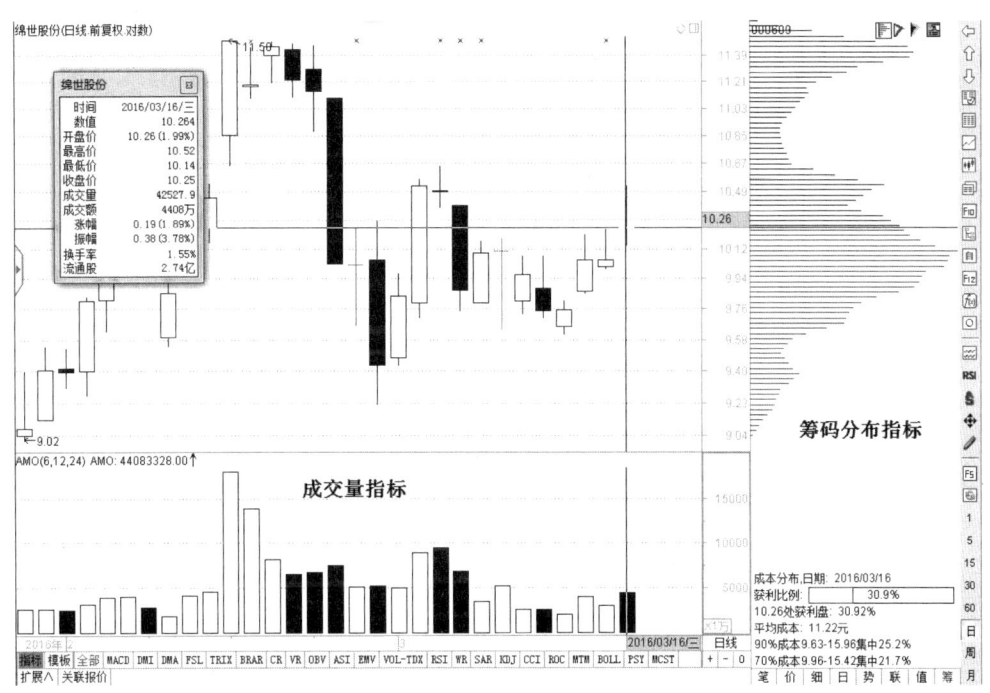

图1-17 筹码分布指标与成交量指标

如图1-17所示，可以看到股价处在筹码分布图密集区之上，那么这个密集区就具有了支撑股价上涨的作用。因为这个区域交易了这么多的成交量，买入的目的就是看好它等它上涨，卖出的目的就是不看好它认为它会下跌。所以价格在某些价格上过多的交易就有可能具有支撑或压制力，具体是支撑还是压制要视行情走势而定，如果行情在其上得到支撑并持续上涨则具有支撑力，要是行情在其下总上不去的话,就说明它具有压制作用。

图1-18 筹码分布指标分析(1)

上图1-18就是股价得到筹码密集区的支撑后开始不断上涨!

图1-19 筹码分布指标分析(2)

如图1-19所示，股价受到了筹码密集区的压制后开始下跌。

四、相关参数设置

1.均线的参数设置

图1-20　股价走势

下面以招商证券股票软件为例说明。首先打开股票软件，然后点击任意一只个股，进入到个股走势图界面。如图1-20所示。

在这个走势图上任意一空白处点击鼠标左键，然后键盘上输入"MA"，然后按键盘上的"Enter"键，这样均线指标就显示出来了。

图1-21 均线指标

图1-21显示的是股价走势及其各条均线的走势。

因为我们只需要参考20天均线,所以还要进一步把其它均线删掉。

将鼠标移到任意一条均线之上,点击鼠标右键,这时会出现一个菜单,选择"修改当前指标公式",如图1-22所示。

图1-22 设置均线计算天数

点击后会进入公式编辑器，原有指标代码如下：

MA1:MA(CLOSE,M1);

MA2:MA(CLOSE,M2);

MA3:MA(CLOSE,M3);

MA4:MA(CLOSE,M4);

将他们改为：

MA1:MA(CLOSE,20);

然后确定修改后退出编辑器。效果如图1-23所示。

图1-23　修改参数成功

这样20天均线就单独显示出来了。另一个方法是右键选择"调整指标参数"，然后将全部的参数改为20，这样20天均线也就显示出来了。

2.筹码分布指标的参数设置

图1-24 调出筹码分布图

点击右下角的"筹"字即可看到筹码分布图,当然有的软件这个筹字在屏幕左下角,如图1-24所示。

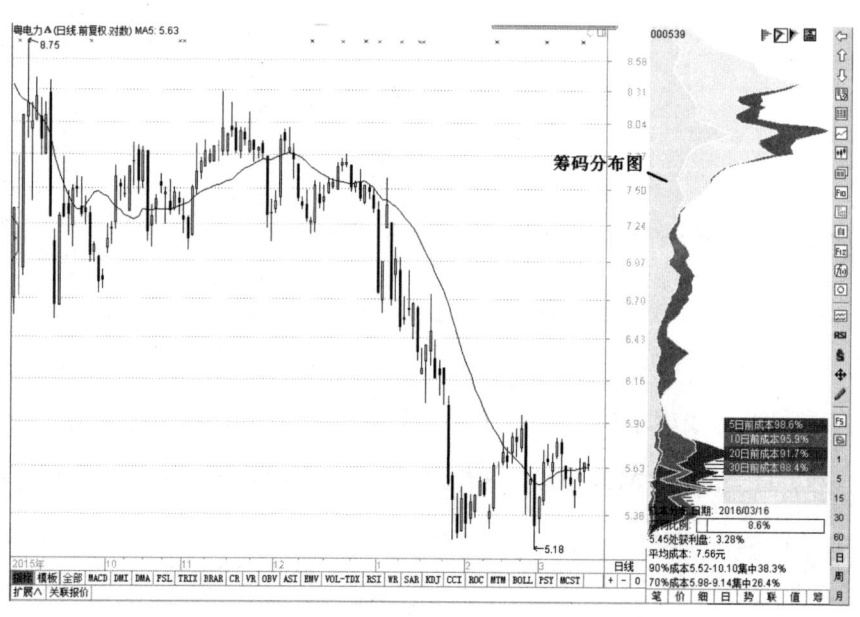

图1-25 把筹码指标改为简易模式

调出来的筹码分布图看上去比较花哨，如图1-25所示。我们需要对它进行改动，改为黑白色的纯筹码堆积图，如图1-26所示。

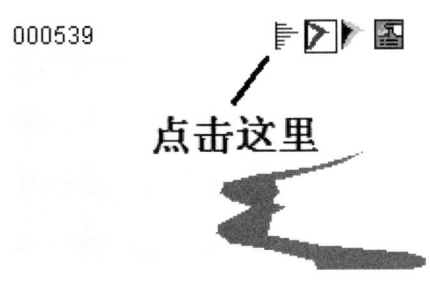

图1-26　点击此处修改

点击图1-26相应位置后，筹码图就清晰简单多了，不再花花绿绿的干扰视线和心情，如图1-27所示。

图1-27　筹码分布指标——简明易懂

这样就把均线和筹码指标的各项参数设置好了，本书就以这样的参数设置来解说。

第二章

上升趋势中

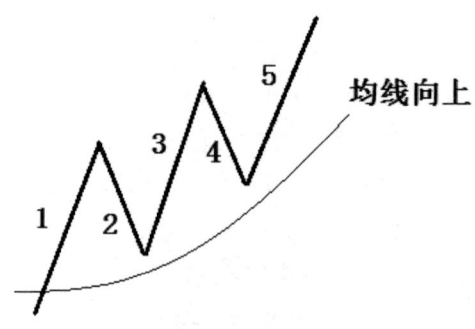

图2-1 上升趋势

什么是上升趋势？

如图2-1所示，股价的低点较前一低点逐渐抬高，虽然一直在震荡中，但是总体上说，股价一直在向右上行进，均线本身也具有趋势性，所以在上升趋势中，均线的行进方向也必然是向上的，这样的趋势就叫上升趋势！

在上升趋势中，利于看多做多、看涨买入！如图2-2所示。

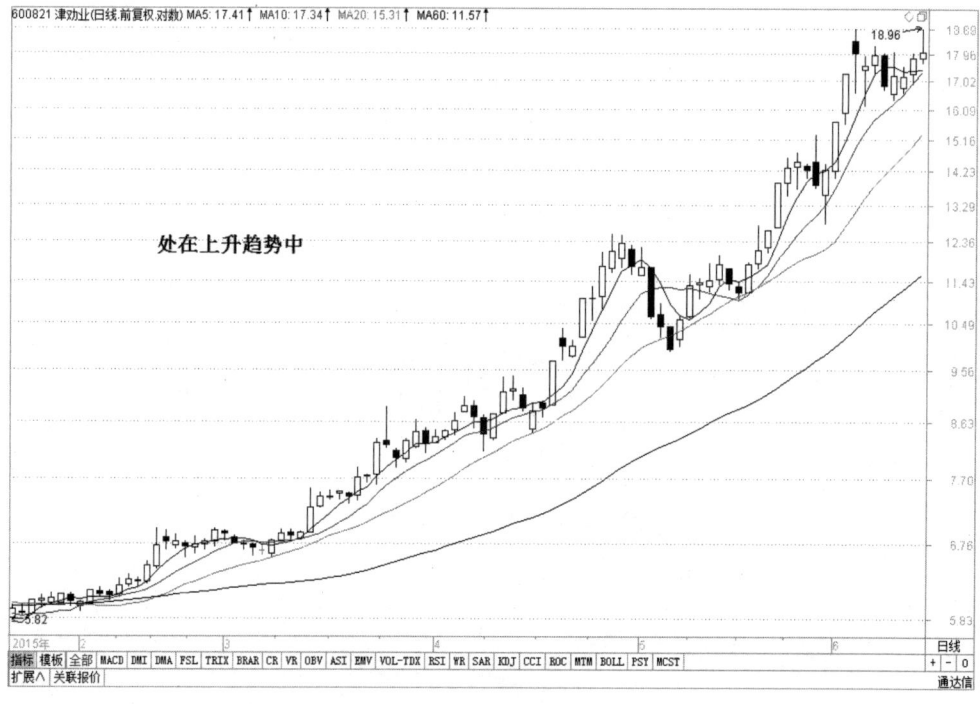

图2-2 上升行情

处在上升趋势中，不管在什么价位买入，最后都有不同程度的盈利，所以在上升趋势中，均线通常呈现的是多头排列，各类技术指标也都处在高位。

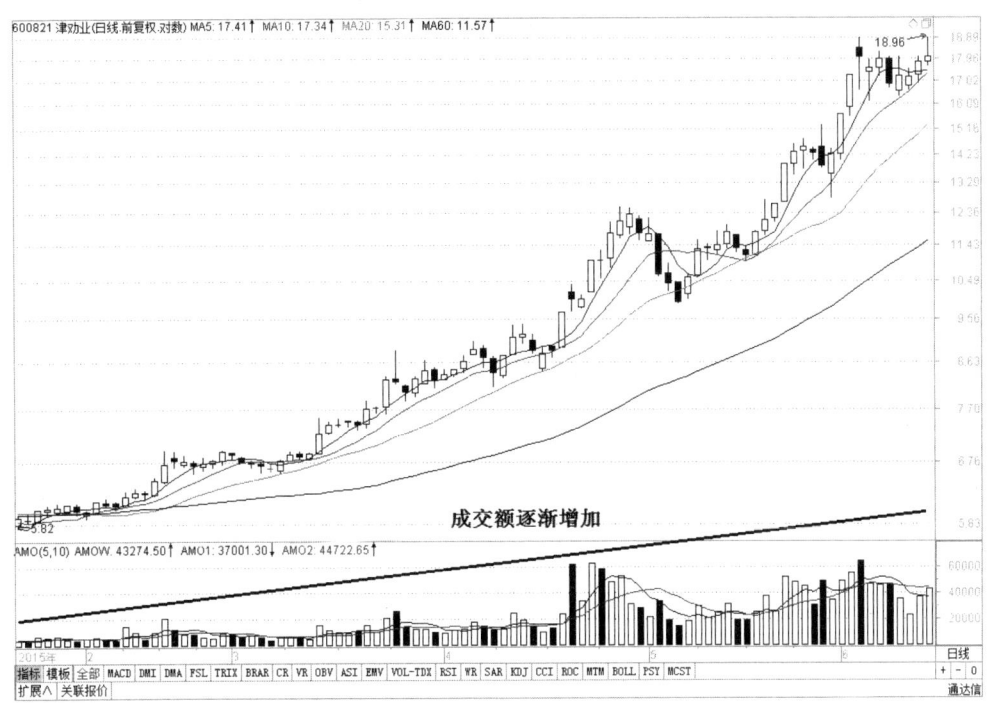

图2-3　上升趋势与成交额递增

随着行情的不断攀升，成交的金额也不断增加，这表示在上升行情中，越到后期越容易吸引投资者，特别是短线投资者的参与。频繁的短线交易导致成交额的不断增加和股价的不断上升！如图2-3所示。

一般来说，主力庄家需要至少20个交易日，所以本书以20天均线来指导读者使用筹码分布指标！

一、筹码高位密集

筹码高位密集的形成过程模拟如下。

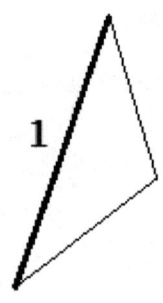   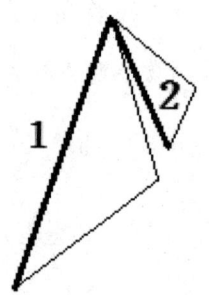

图2-4　第一波上升　　　　图2-5　第二波下降

波段1是个小幅的上升波段，该波段里的成交量较少！这就导致波段底部的筹码堆积量小！如图2-4所示。

波段2是个小幅的下降波段，波段里的成交量也较少。波段底部所形成两个筹码分布的密集程度都不大，如图2-5所示。

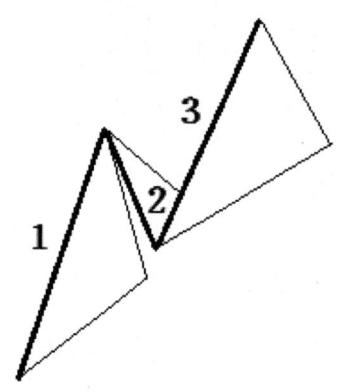   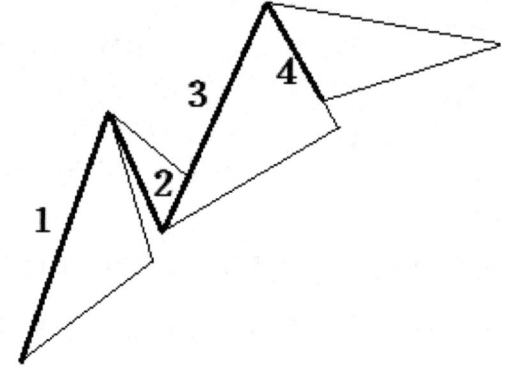

图2-6　第三波上升　　　　图2-7　第四波下降

波段3是一波上升波段，成交量较波段1、波段2都有明显增加，并将筹码密集区上移到了波段3上，如图2-6所示。

波段4是另一波下降波段，波段里的成交量又有所增加，这使得筹码密集区再向波段4上移，如图2-7所示。

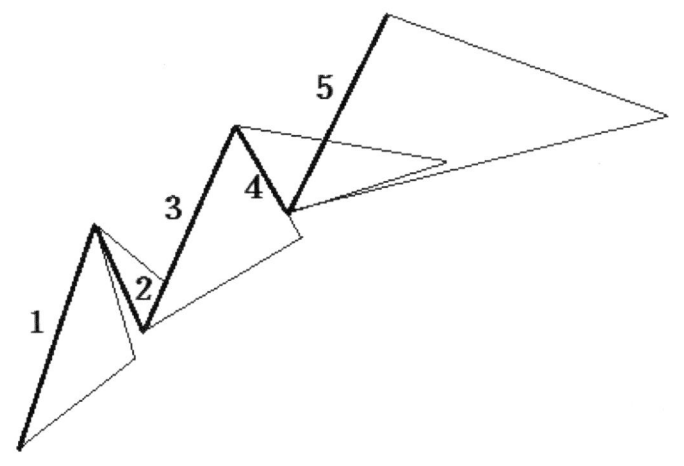

图2-8　第五波上升

波段5是波上升波段,波段里的成交量是上升以来最大的,如图2-8所示。

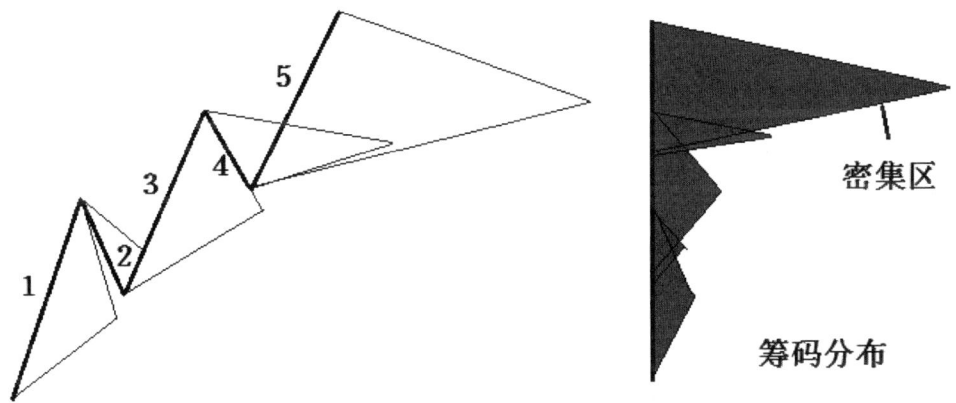

图2-9　筹码分布

整个上升趋势中,高位成交量相对于波段之下的成交量明显高出很多,这种情况就叫做筹码高位集中,如图2-9所示。

这意味着在波段高位发生了很多大量且频繁的交易!

1. 20天均线向上并处在密集区之上

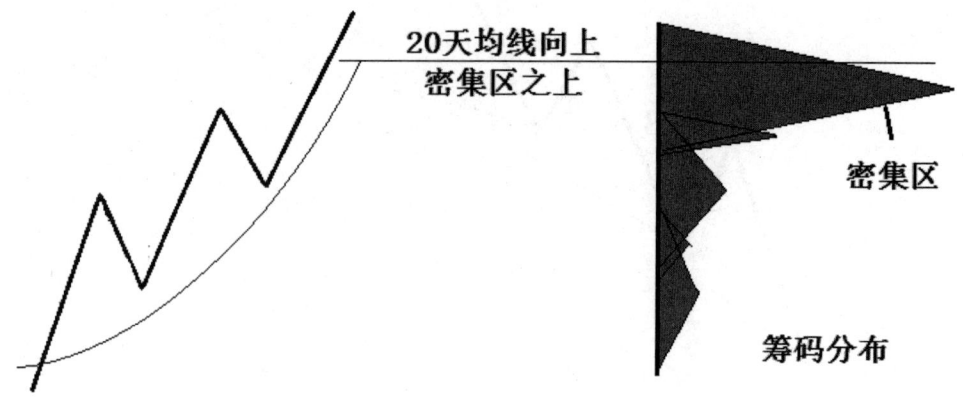

图2-10　20天均线向上并处在密集区之上

股价处在上升趋势中，说明股价走势向好，适合看多做多，买入持有！而20天均线向上则表示短线行情向好，也非常适合短线操作！

随着成交量不断在高位递增，使得筹码分布指标的密集区出现在高位，而20天均线在这个密集区之上时，就意味着行情上行已经没有任何压力了！只要行情继续顺着上升趋势或均线向上行走时，股价就会一直保持迅猛的上涨势头！如图2-10所示。

该形态下主要有　常规形态买入法、大阳突破买入法、回调20天均线买入法这三大买入法！

（1）常规形态买入法。如图2-11所示，常规买入法是指凡符合"股价处在上升趋势中、筹码高位密集、20天均线向上并处在密集区之上"的所有情况都可依此法交易！

就图2-11而言，该日股价处在明显的上升趋势中，这对于看涨买入是十分有利的形态，然后可筹码高位集中，这说明近期在高位有大量频繁的交易，买卖热度足够，有利于看好行情继续火爆下去，而且20天均线终于向上突破了该密集成交区，站在密集区之上。

在接近收盘前，我们调出它的分时图来观察内部成交情况是否符合这一看法！

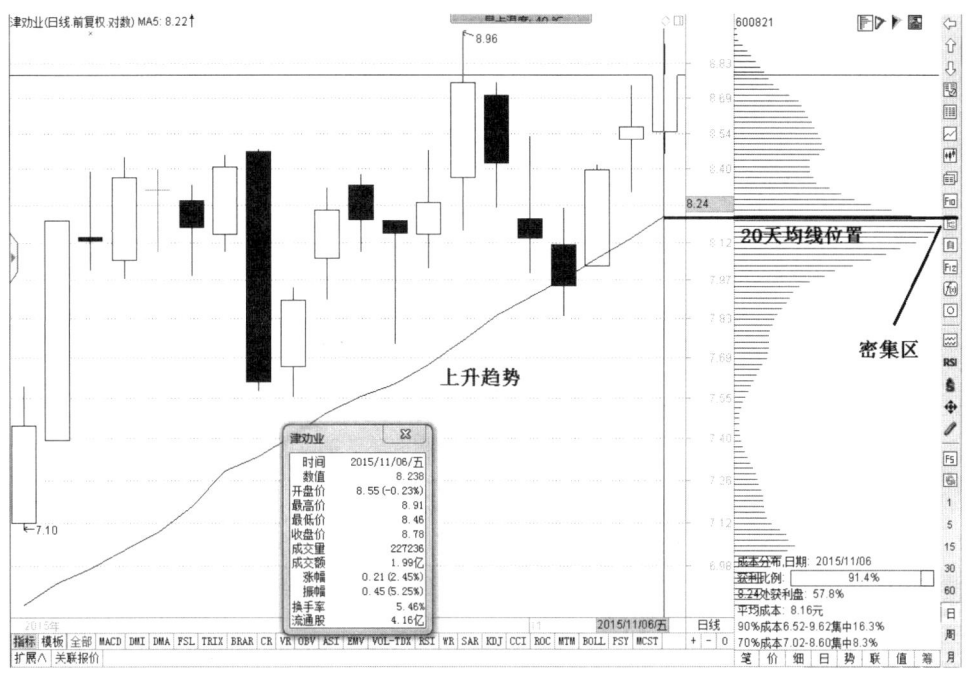

图2-11 常规形态买入法

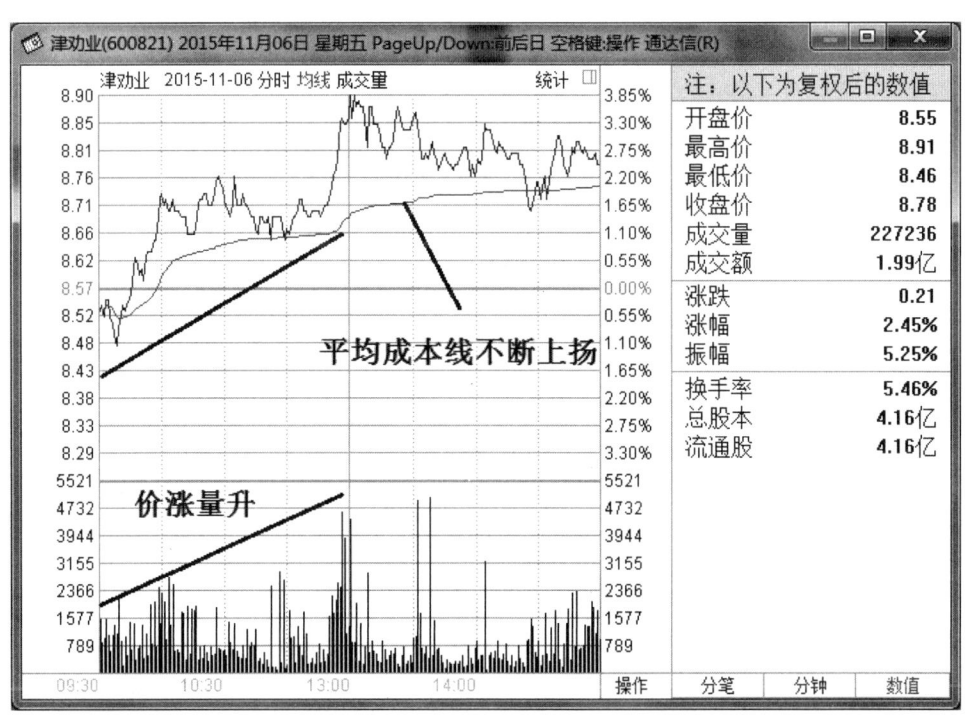

图2-12 津劝业2015年11月6日分时图

打开分时图，该日早盘一路上涨接近4%，而且期间股价没有跌破平均成本线，这说明上涨势头非短暂而不可靠，同时又有成交量的同步增加，这就证明未来行情还有较大的上涨空间，如图2-12所示。

虽然尾盘绵绵震荡下跌，但是震荡回落的幅度不大，跌破平均成本线的幅度不大且时间不长，随后股价又站上平均成本线之上，同时跌破平均成本线时的成交量并没有明显增加。

看到早盘和午后一段的分时走势情况后，可以确认这次出现的常规买入信号是真实可靠的。

在接近收盘前数分钟，可以买入这只股票。

图2-13　买入

如图2-13所示是买入后的后续走势，可以看到，虽然我们买到的价位不是波段最低的，但是股价并没有震荡或下跌太多，总是能回调到20天均线之上，并且20天均线总是向上行走的，这就意味着短期行情仍对"买入持有"有利。

那本次交易的卖出点怎么看？为什么要卖在右上角那个带长上影线的阳K

线？此时均线也是向上的，而且筹码分布各项都正常。

我们还要观察当日分时图的盘中走势，如果同步则确认，如果不同步就是异常，凡是异常的都属于不可靠的买卖信号。

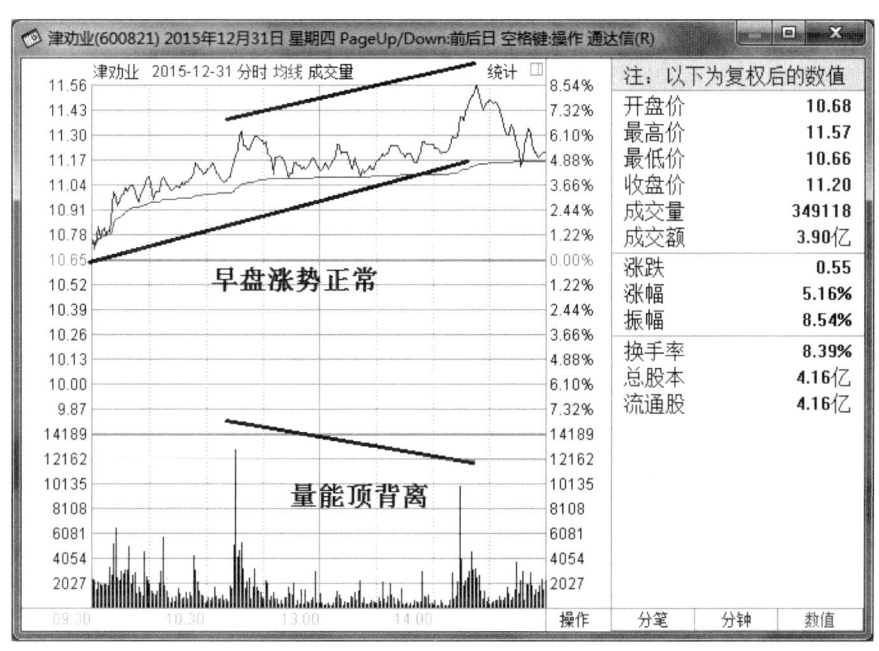

图2-14　津劝业2015年12月31日分时图

接着调出该日分时图，可以看到早盘乃至午盘以后，涨势都很好，但是在该日创出最高点后量能并没有同步增大，这说明投资者对于追高热情有所收敛，这与均线和筹码分布所表现出来的含义不同步，所以这就是卖出信号，如图2-14所示。

后续的走势，如图2-15所示。

可见信号同步的重要性。

一个信号本身又可分为可靠信号和异常信号。异常信号是指内步信号有异常，凡此异常信号都可做为反向信号。

异常的买入信号可以看成是卖出信号，同理，之后的异常卖出信号也就可以当作是买入信号。

这里说的是常规买入信号，还有一些可靠且胜算较高的买入信号，下面说一说另一个常见的突破形态买入号。

图2-15 后续走势

（2）突破形态买入法。如图2-16所示，突破形态买入法是指"股价处在上升趋势中、筹码高位密集、20天均线向上并处在密集区之上"。

另外，当日的收盘价还突破了某些形态的压制线，这类情况我们就称为"突破形态买入法"。

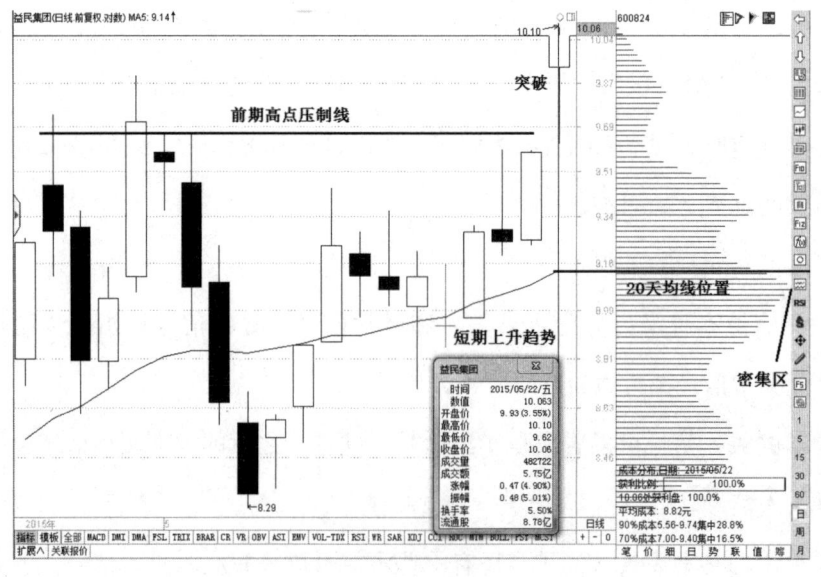

图2-16 突破形态买入法

突破前期高点压制水平线之前，股价勉强算处在上升趋势中，对准备看涨买入的投资者来说是较有利的形态，筹码分布这时也略处高位，这说明近期在高位有大量频繁的交易，买卖热度足够，有利于看好行情继续发展下去，并且20天均线也向上突破了该密集成交区，站上密集区。

在接近收盘前，可以调出它的分时图来观察内部成交实情是否符合外在形态所表现出来的一致。

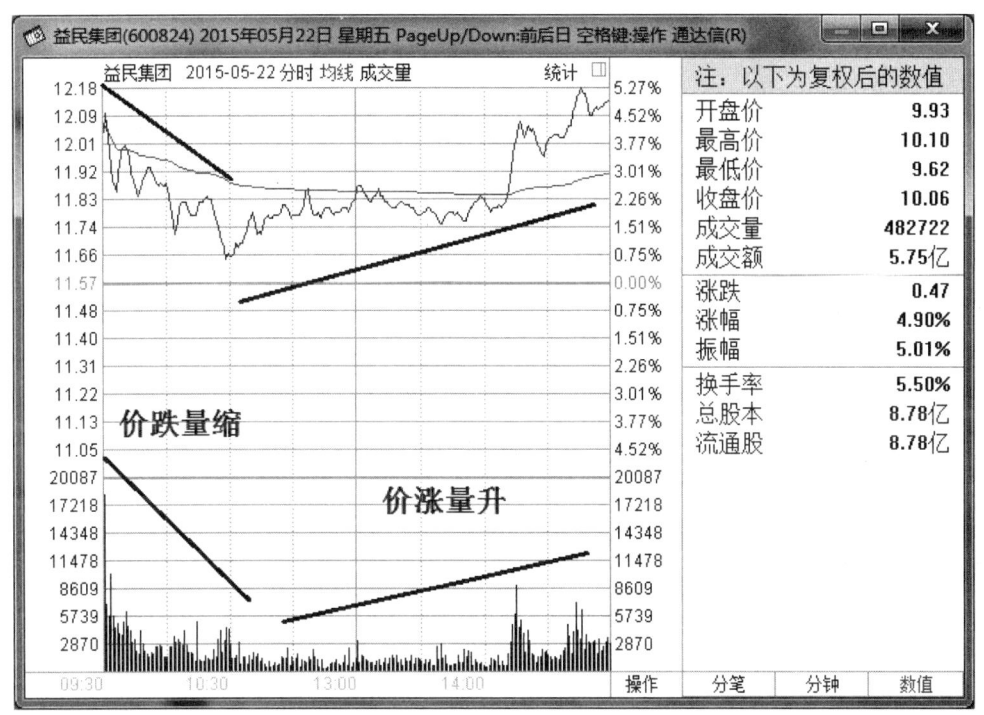

图2-17　益民集团2015年5月22日分时图

查看分时图2-17，早盘高开低走，价跌量缩，说明持股者惜售，剩下的都是持股的坚定支持者，因此下跌无量，行情再下跌的话，这些坚定的持股者也不会卖出，这就意味着行情再下跌的可能性不大了，随后股价确实没有再外下探，而是展开了反转，呈现价涨量升的良好态势，尾盘有类似顶背离的疑点，所以本次交易不适合全仓交易，可以用半仓进行买卖。

总体上说，可以确认这次出现的突破形态买入信号是较为可靠的。

在接近收盘前数分钟，可以用半仓买入这只股票，随时观察盘中异动，出现异常情况后可以迅速撤离，如图2-18所示。

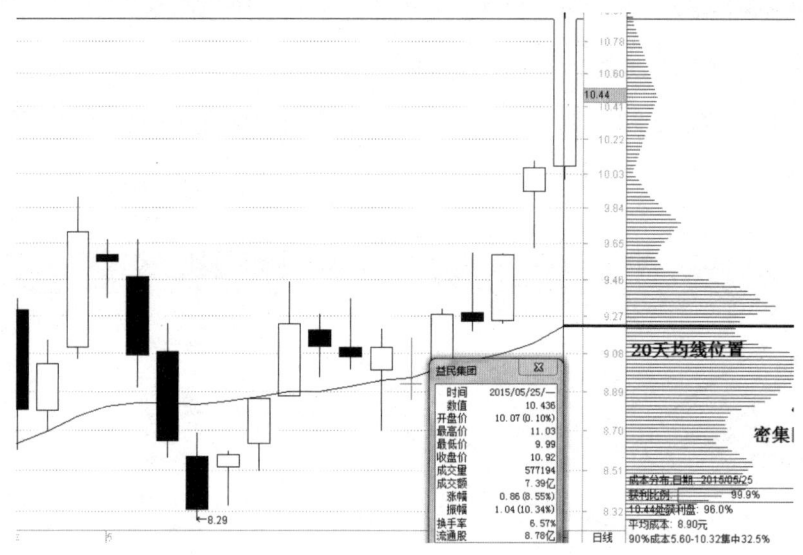

图2-18　买入

就在买入后的第二个交易日，股价开盘后不久便大幅上涨。

调出该日的分时如图2-19所示。

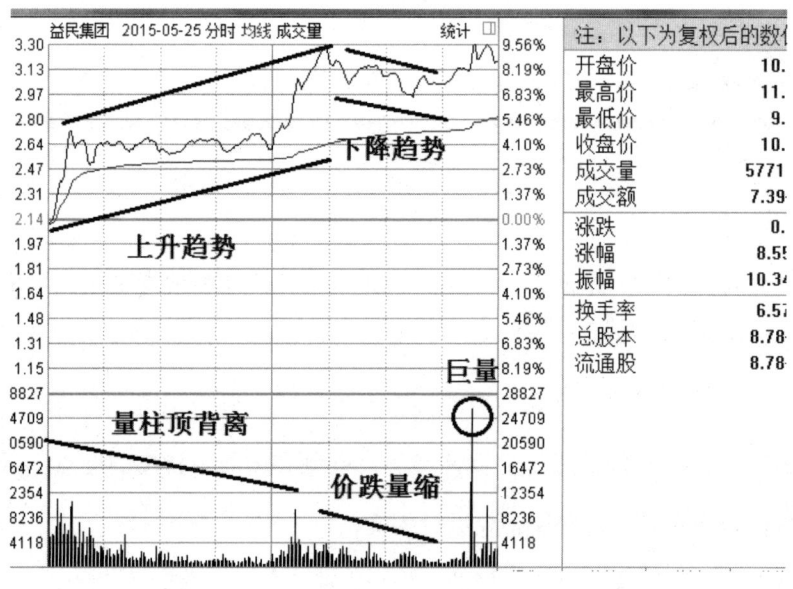

图2-19　益民集团2015年5月25日分时图

早盘一开始就呈现上升趋势,但是量柱出现顶背离现象,说明投资者追高的意愿不高,直到午盘后股价开始回落,但是成交量仍然不高,这说明投资者愿意买和愿意卖出的意愿都不高,很可能陷入僵持或盘整阶段,尾盘前出现的巨量拉涨停,吸引了不少犹豫中的投资者目光,并且也带动了买入者的购买欲望。

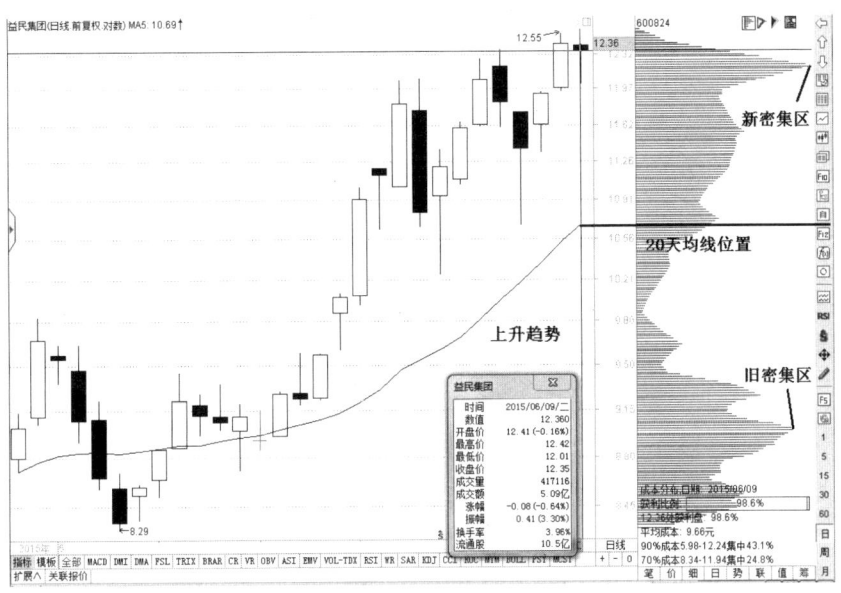

图2-20 筹码分析

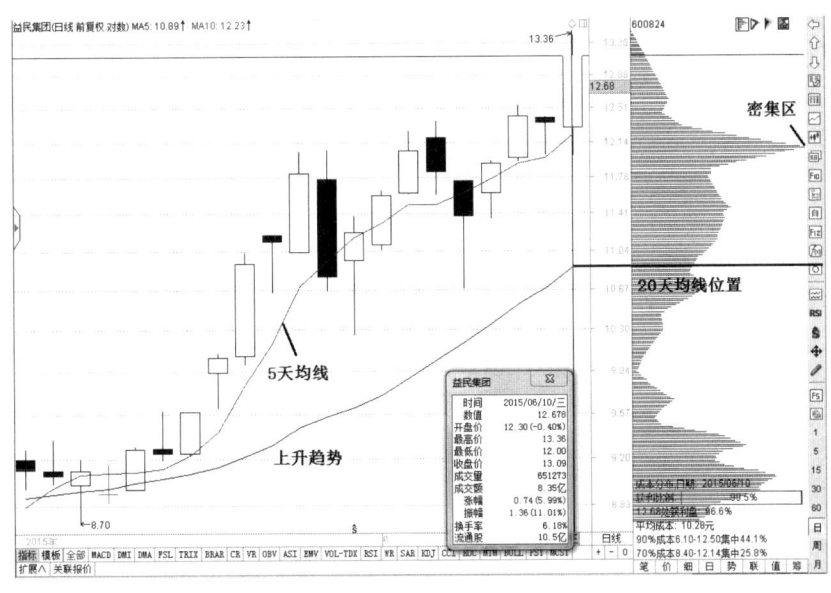

图2-21 灵活变通

当行情如图2-20所示时，原来的密集区已经不再是最大的了，而是因为那个长下影线的阴K线的出现而上移到了高位，致使20天均线反而处在新密集区之下，这对未来行情继续维持上升趋势是个极大的阻碍，可以适当用5天或其它短期均线来跟踪止盈，避免到手的利润丢失，或是观察其它看跌的K线形态等，如图2-21所示。

次日，股价再创新高，20天均线仍在密集区之下，预示上行压力仍然很大。

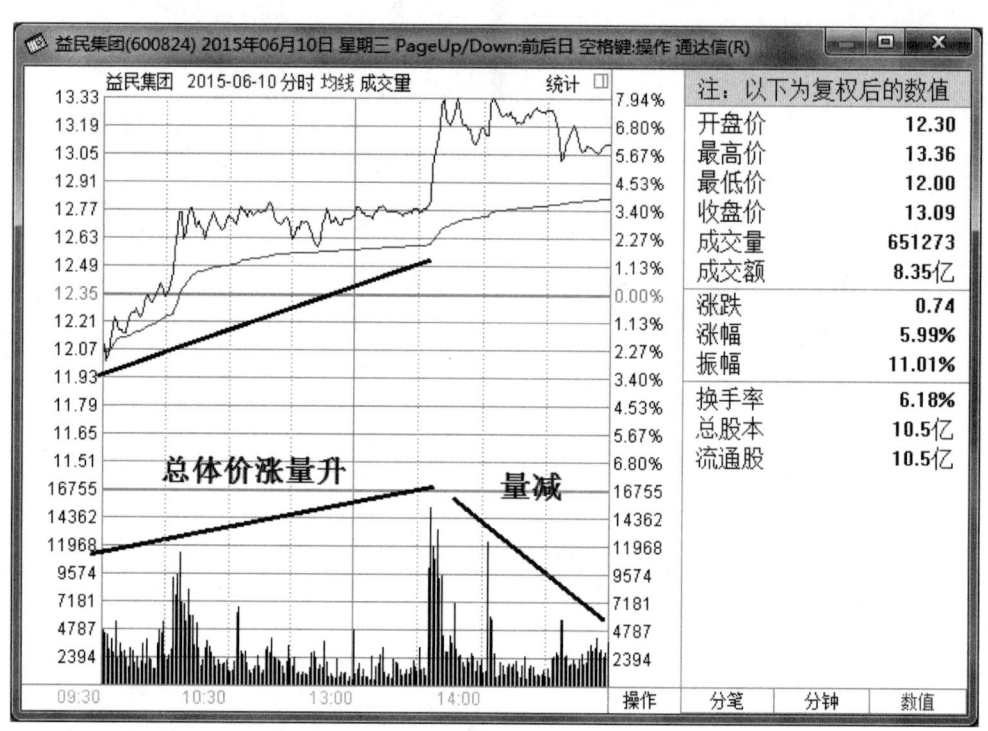

图2-22　益民集团2015年6月10日分时图

观察该日分时图，早盘午盘总体上价涨量升的良好态势，但之后有量减的情况，这个兆头不是很好，继续以5天均线或是反转下跌的K线信号为参考信号，如图2-22所示。

接下来的一个交易日，股价再次创出新高，但20天均线虽然向上，但是仍处在密集区之下，从日线上看，涨势不错，如图2-23所示。

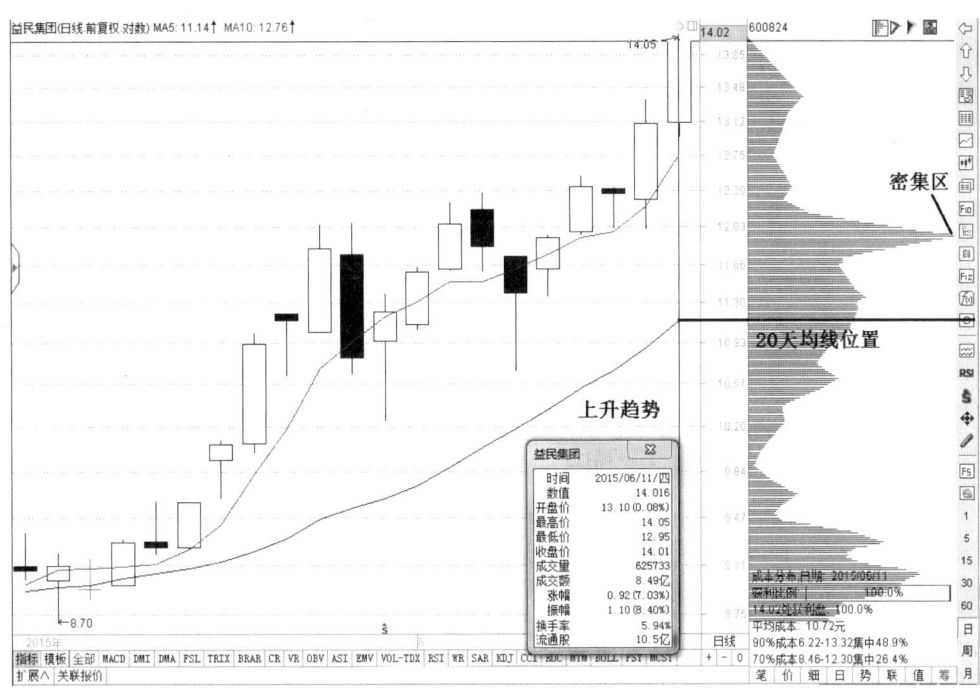

图2-23 筹码分析

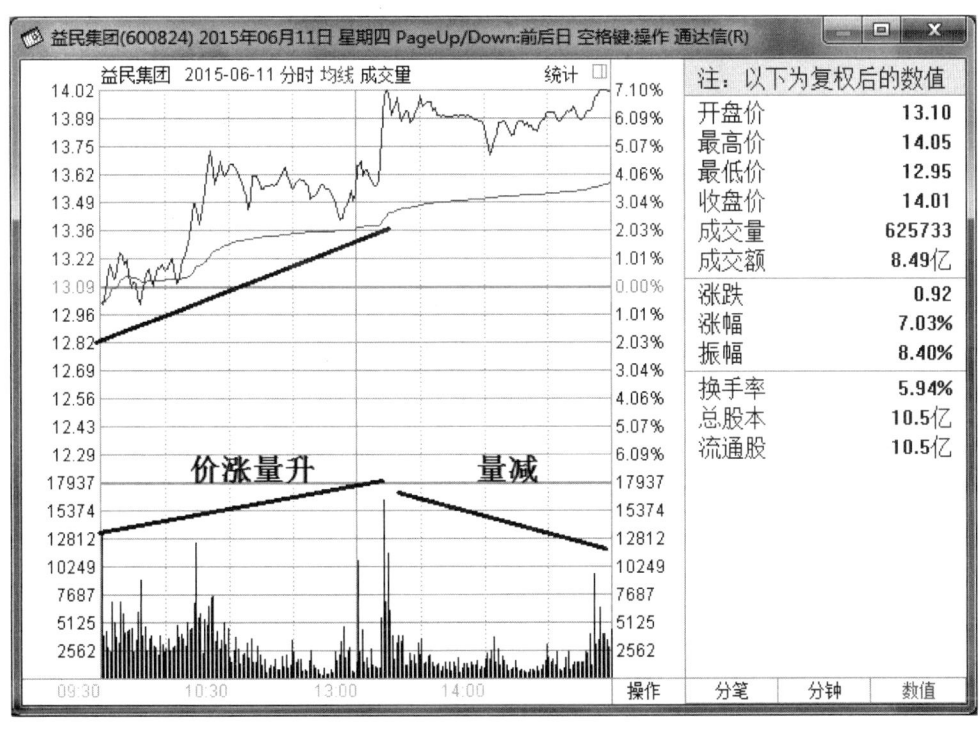

图2-24 益民集团2015年6月11日分时图

转到分时图上，早盘上升的价量还算正此，但是午盘后拉升和尾盘回升的量能有缩减现象，如图2-24所示。

连续两个交易日向上创新高，并且压力一直存在，分时图上也没有良好的表现，这就要时刻关注行情走势，因为行情很可能随时转向下跌。

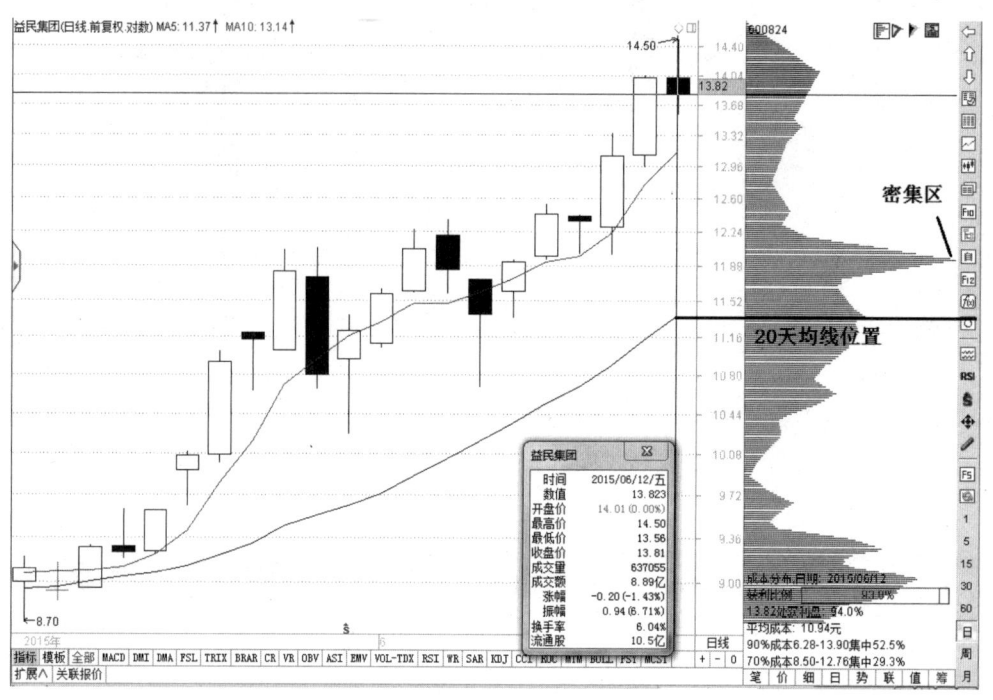

图2-25 小心谨慎

时刻关注股价是否有相关的看跌信号或实质性的下跌表现，随时准备卖出手中的股票，如图2-25所示。

该日一开盘就高开高走，但好景不长，随着平均成本线被跌破，并且股价全天都处在其下位置，在下跌的最深处，成交量有所提高，这说明急于卖出的投资者有所增加，尾盘虽然横向震荡，但是接近尾盘时成交量开始递增，说明持有者开始怀疑后市了，看到全天的横向震荡，开始不耐烦的卖出了，如图2-26所示。

那么在接近尾盘时，我们也应该"顺势而行"，卖出手中的全部或一部分股票。

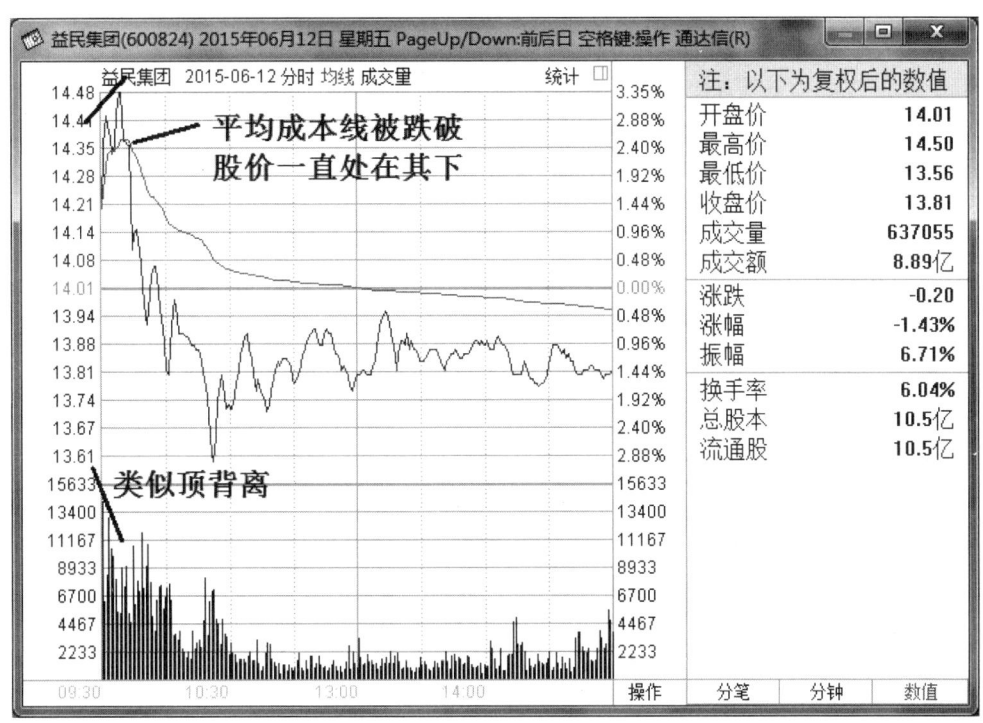

图2-26 益民集团2015年6月12日分时图

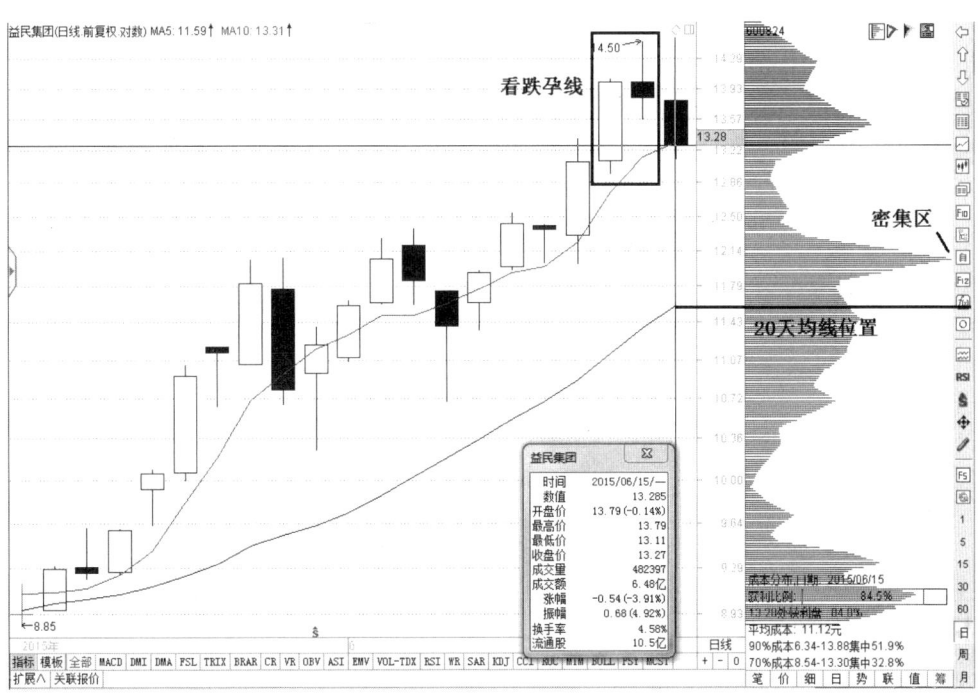

图2-27 看跌孕线形态加大未来下跌概率

如果在上一个交易发出的"看跌孕线"没有及时卖出该股的话，当日的大阴K线则直接跌破了5天均线，短线投资者到了此时应该卖出手中的股票了，如图2-27所示。

具体的卖出位置看分时图。

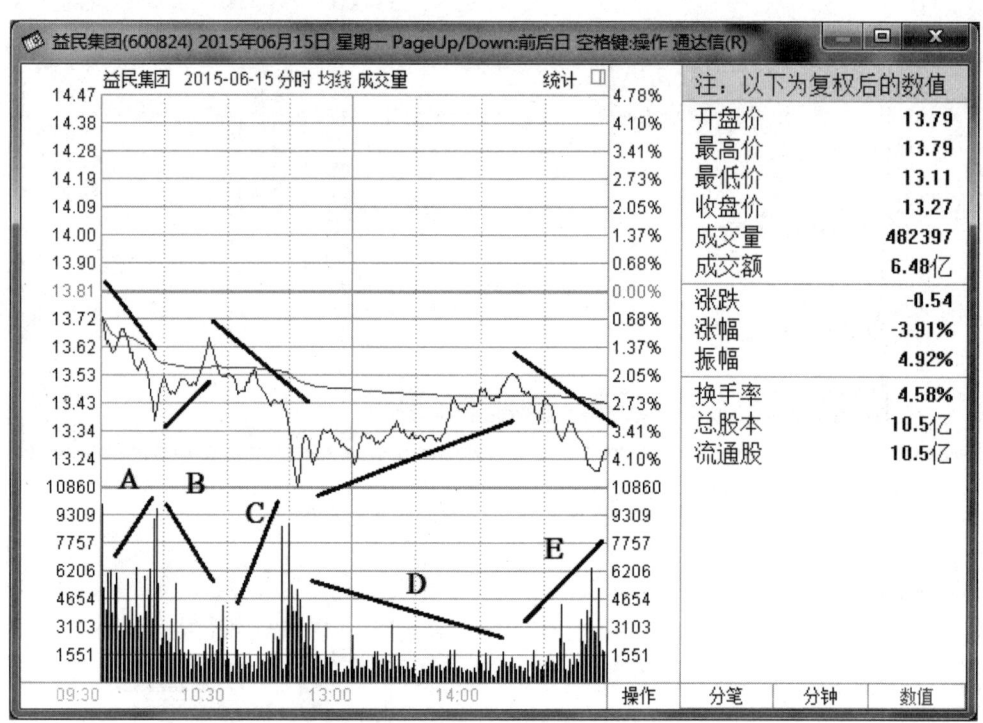

图2-28　益民集团2015年6月15日分时图

如图2-28所示是该股的当日分时图，可以看到开盘就放量下跌了，A处股价开始下跌，伴随成交量的增加，投资者都急着卖出了，B处小幅回调上涨却没有成交量的增加，可以看出投资者对后市看淡，C处股价再次深跌，再次引发大量成交，恐慌性卖出增加，D处股价缓慢回升，但是成交量没有同步增加，后续买入力量明显不足，这样的行情很难保证未来行情继续上涨，最后的E处则更是如此，越接近尾盘，股价再次下跌并引发又一次卖出潮。

此时不卖更待何时？从日线上看，股价同时又跌破了5日均线，更确认了本次卖出操作的可靠性。

到目前为止，20天均线仍未能站上密集区之上，足见该密集区阻力之强。

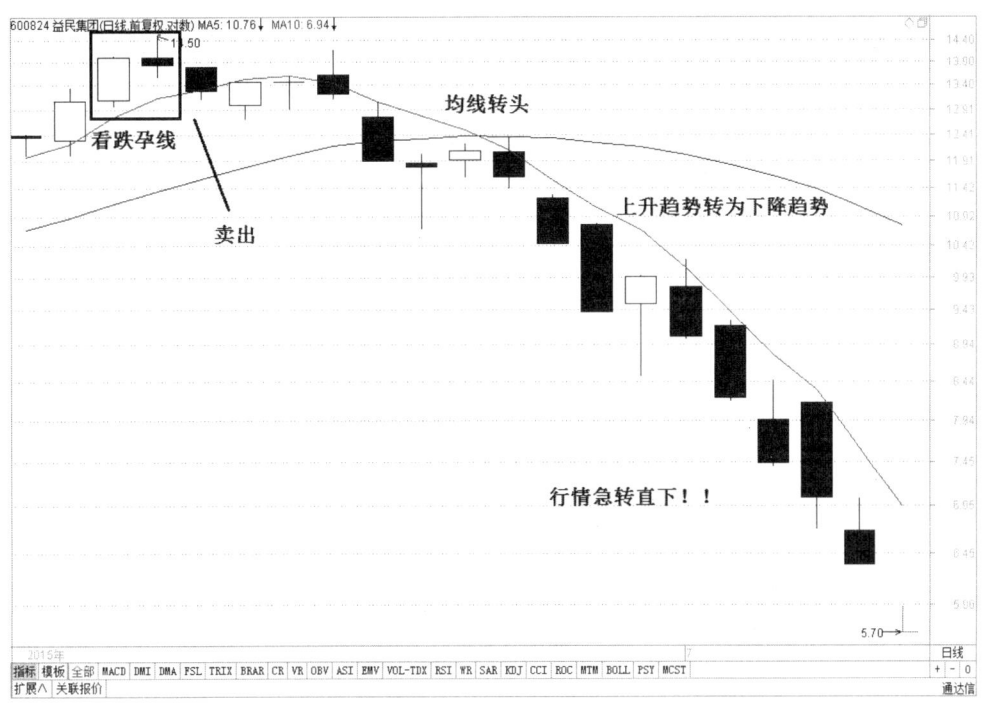

图2-29　后续走势

后续的走势正如我们所料，行情不再向上攀升，而是从分时图上所展现的那样，上涨跟进的人少，下跌交易的人多，影响不断放大，最终导致全局的失控，行情急转直下，随后趋势改变、密集区下滑、均线转头向下，对下降趋势来说，很难找到合适的买入信号，如图2-29所示。

信号本身可分为可靠信号和异常信号。异常信号是指内步信号有异常，此类异常信号都可做为反向信号。

（3）回调均线买入法。如图2-30所示，回调均线买入法是指"股价处在上升趋势中、筹码高位密集、20天均线向上并处在密集区之上"。同时从形态上看，股价回调到20天均线附近时，并没有跌破，而是得到了均线的支撑而继续向上行进的这类形态。

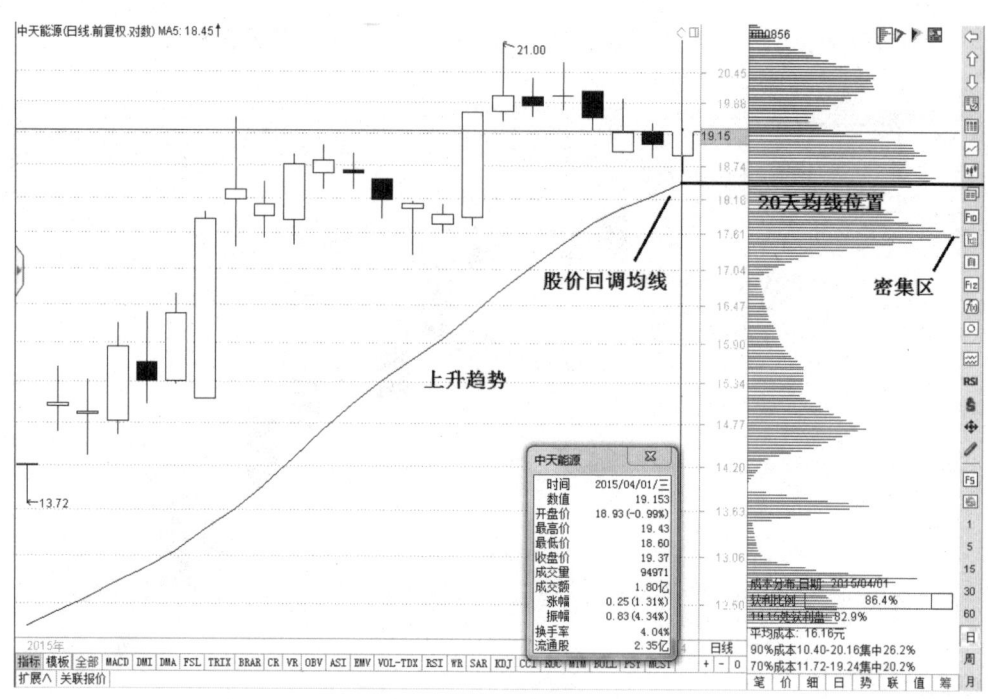

图2-30 回调均线买入法

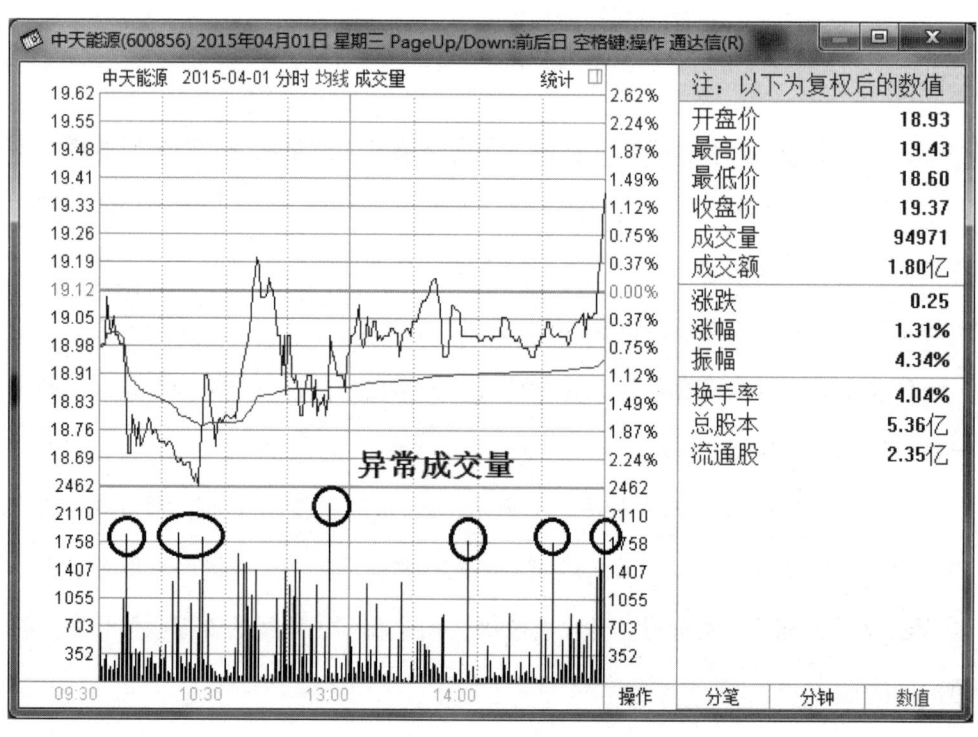

图2-31 中天能源2015年4月1日分时图

如图2-30所示，股价处在明显的上升趋势中，这对于看涨买入是十分有利的形态，然后可以看到筹码集中在高位，这说明近期在高位有大量频繁的交易，买卖热度足够，这些有利于行情继续火爆下去，且20天均线站在密集区之上，显示将来上涨的压力不是很大。

接近收盘前，调出它的分时图看看内部成交情况是否真的会继续上涨。

打开分时图来看看，全天成交量基本平行，有多次明显的等量成交，这是庄家机构的买入迹象，庄家机构都看好后市买入了，我们还有什么理由不跟着买入呢？如图2-31所示。

股价回调20天均线本身就意味着股价接近了庄家机构的成本价，这时又出现大量的买入迹象，证明庄家机构在吸筹，未来看涨的概率极高。

通过上面的分析可以确认这次出现的回调均线买入信号是真实可靠的。

我们决定在该股尾盘收盘前买入这只股票。

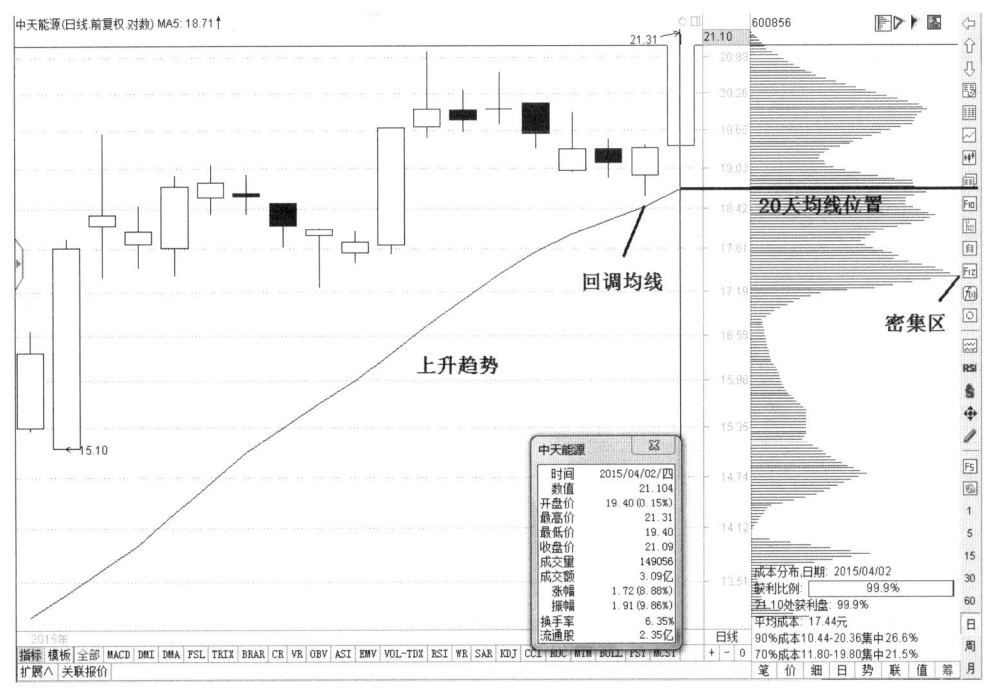

图2-32　股价回调均线买入

次日该股开盘根本没有回调，直线拉开了昨天的收盘价，全天报收一个大阳

K线，证实了前一交易日股价回调并且盘中有异常成交量的情况确属实情，故而当日股价大幅上涨，势头不错。

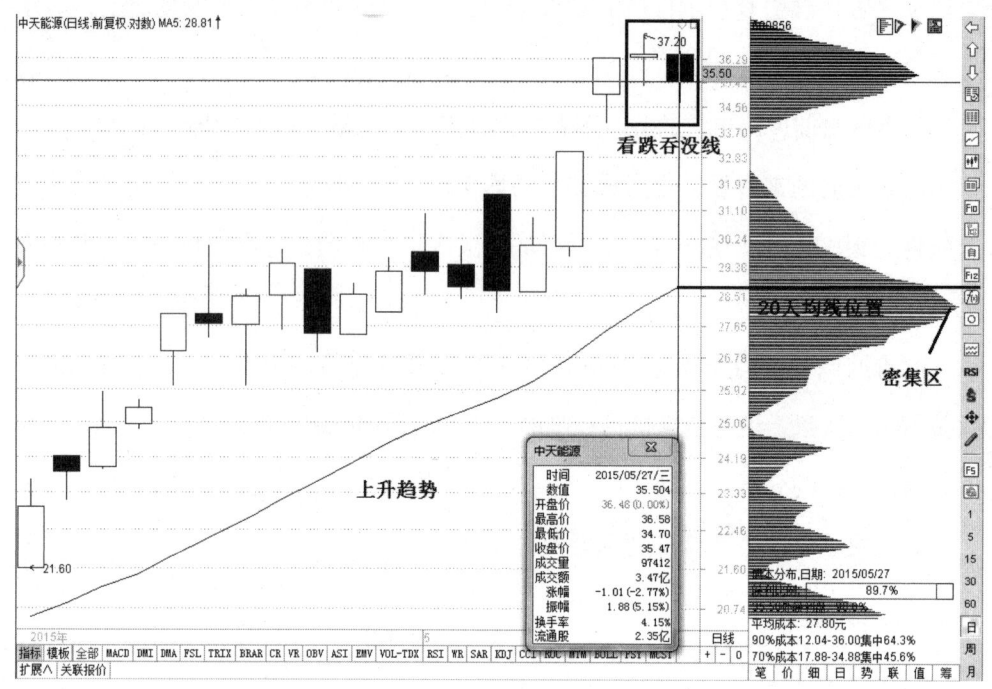

图2-33　卖出

那么这次交易的卖点怎么分析？此时均线也是向上的，而且筹码分布各项都属正常，如图2-33所示。

既然如此我们就要观察分时图走势，如果分时图上透露出来的信息与此同步则确认信号的可靠性，如果不同步就是异常，凡是异常的都属于不可靠的买卖信号，这类信号也可以反向利用。

调出分时图分析价量之间的配合，看到早盘价跌量增，表明股价的下跌将导致大量的卖出量，看好后市的投资者在减少，随后小幅回升却没有引来成交量的增加，反而是减少，尾盘更是继续价跌量增，都是不看好后市的表现，如图2-34所示。

分时图上的分析与均线和筹码分布所表现出来的情况不同步，所以这就是卖出的信号，而不能在这个位置买入，不能把这个异常的买入信号当真，而应该把它当成"卖出"信号。

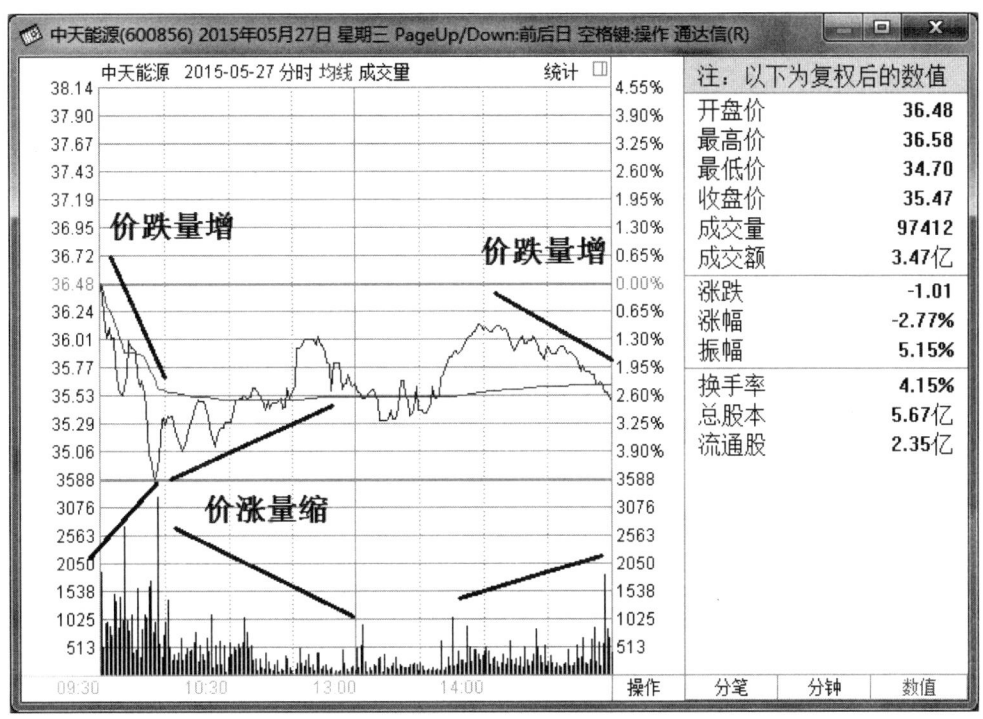

图2-34 中天能源2015年5月27日分时图

图2-35 卖出后的后续走势

股价在我们卖出的位置见顶，以后不能再创新高，虽然股价还能在高位盘整，但最终还是跌穿了20天均线，随后就是涨势急转直下，如图2-35所示。

正常信号买卖法则不变，但异常的买卖信号出现就意味着我们应该反向使用。

2. 20天均线向上并处在密集区之下

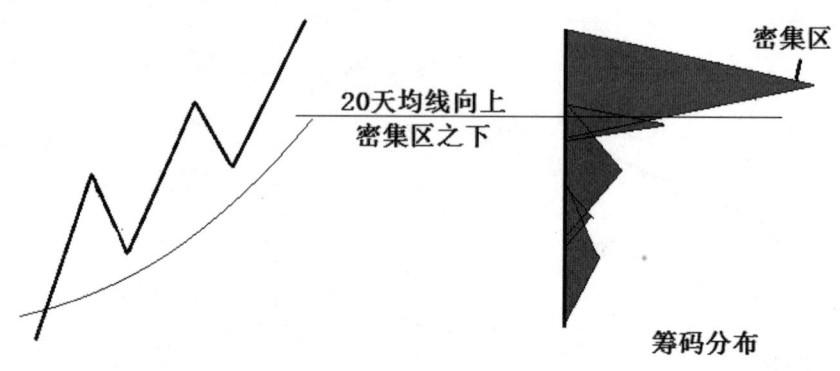

图2-36　20天均线向上并处在密集区之下

股价在上升趋势中，证明股价走势向好，适合看多做多，买入或持有，而20天均线向上也证明了短线行情也同步向好。

随着高价位的成交段在高位聚集，使得筹码分布指标的密集区出现在高位，而20天均线在这个密集区之下时，就意味着行情上行面临着较大的阻力。

是否能够成功上破，要看后续走势是否能有效站于其上，特别是盘中的价量所展现出来的情况能否与外在表现出来的形态同步，如图2-36所示。

该形态下主要有"大阳突破买入法、回调20天均线买入法"这两大买入法。

（1）突破形态买入法。如图2-37所示，突破形态买入法是指"股价处在上升趋势中、筹码高位密集、并且20天均线向上并处在密集区之下"。另外，当日的收盘价还突破了某些形态的压制线，我们就把这类形态称为"突破形态买入法"。

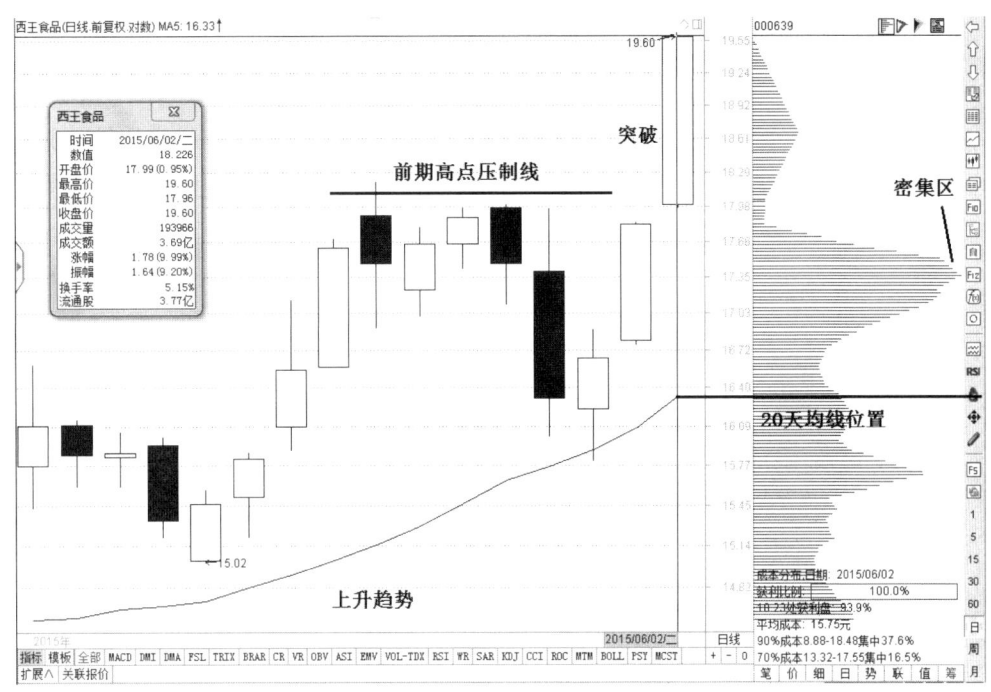

图2-37 突破形态买入法

突破前期高点压制水平线之前，股价处在明显的上升趋势中，对准备看涨买入的投资者或已经持有该股的来说是较有利的形态，筹码分布的密集区也处在高位，这说明近期在高位有大量频繁的交易，这些大量的交易与前期的高点压制线有关。股价多次试图上破这条水平压制线，均未能成功站在其上，而后股价回调到了20天均线附近，但不久后又得到了20天均线的支持而反转回涨，这说明20天均线具有强大的支撑力，主力庄家不允许股价跌破这个价位之下，这对后市来说是极大的鼓舞。

接近收盘前调出它的分时图，观察内部成交情况是否符合外在形态所表现出来的情况。

查看分时图时，我们发现股价盘中一路上扬，并伴随着成交量的递增，这说明投资者追高买高的愿望增强，未来上涨的动力较足，如图2-38所示。

总体上来说，确认这次出现的突破形态买入信号是可靠的。

在接近收盘前几分钟，可择机买入。

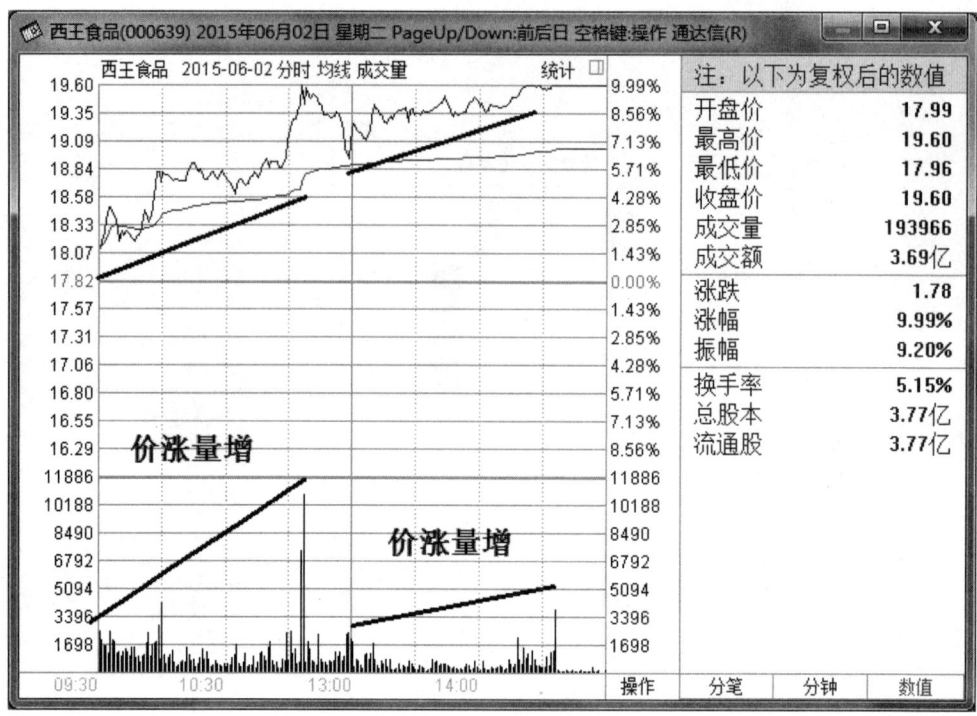

图2-38 西王食品2015年6月2日分时图

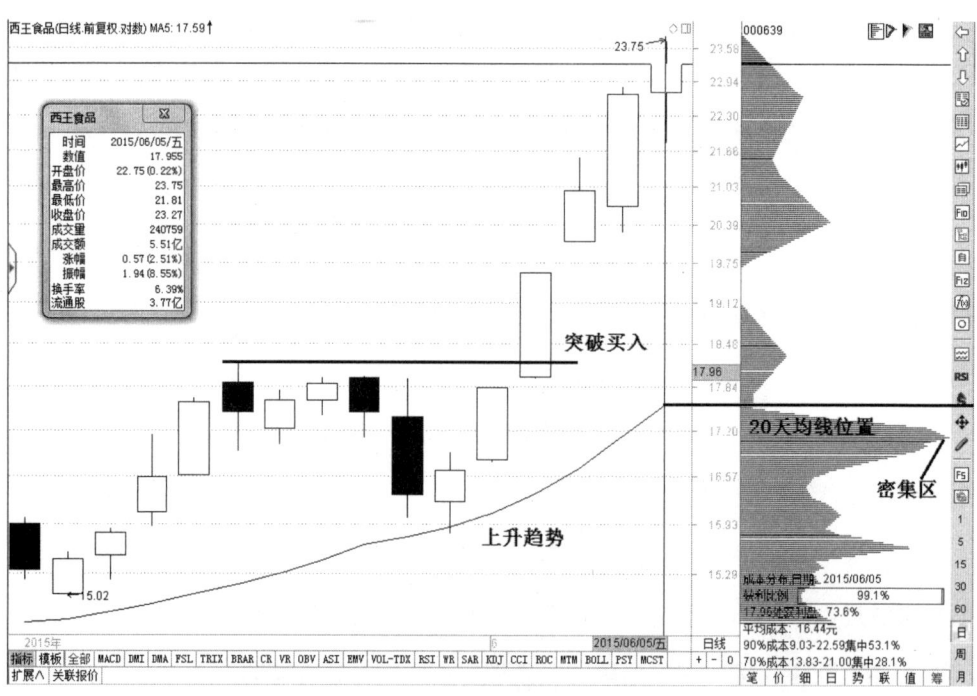

图2-39 突破买入

买入后的第四个交易日，股价继续高走，并且这时的20天均线也向上越过了密集成交区，这表示股价继续上行的压力减少了，更有利于持股待涨，如图2-39所示。

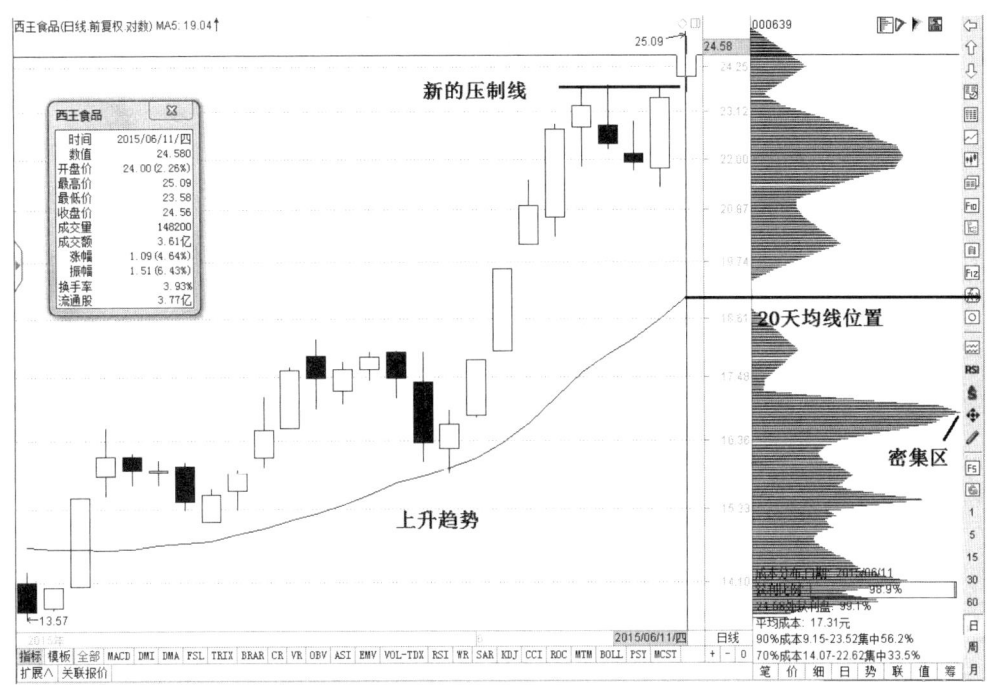

图2-40　新的压制线

当我们持股数个交易日后，股价又在高位盘整了一阵，形成一个较大的密集区，虽然没有之前的密集区大，但是这次的高位盘整成交也显得格外热闹。

再来看20天均线，从图上看20天均线刚刚脱离了低位的大部分筹码，但是它上面所面临的筹码堆积也足够对买入持有者形成强大的威胁，如图2-40所示。

表面上看这是一个很好的突破买入信号，那么是不是真的如此呢？

调出分时图来细细研究。

如图2-41所示，开盘后虽然一直勉强上涨，但是成交量明显萎缩，这是看好后市的投资者在减少的征兆，非常不利，然后午盘后股价回落，却带动了成交量的增加，这意味着持股的投资者也开始看淡后市。

这样的分时图与外在表现不一致的情况，就称为"异常信号"，应该反向使用，所以这次的突破买入信号就应该当成是卖出信号。

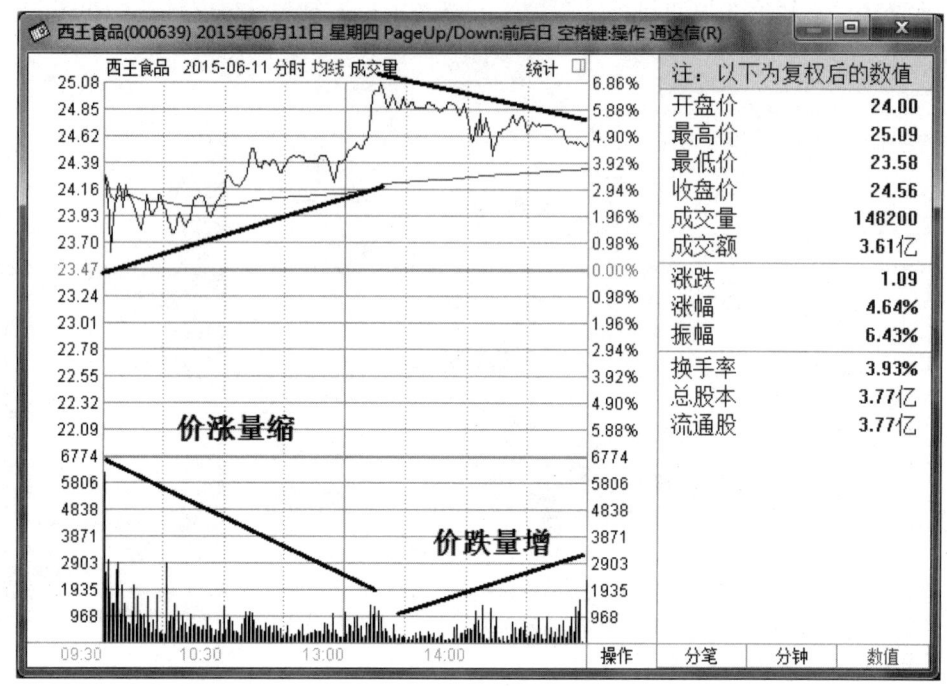

图2-41 西王食品2015年6月11日分时图

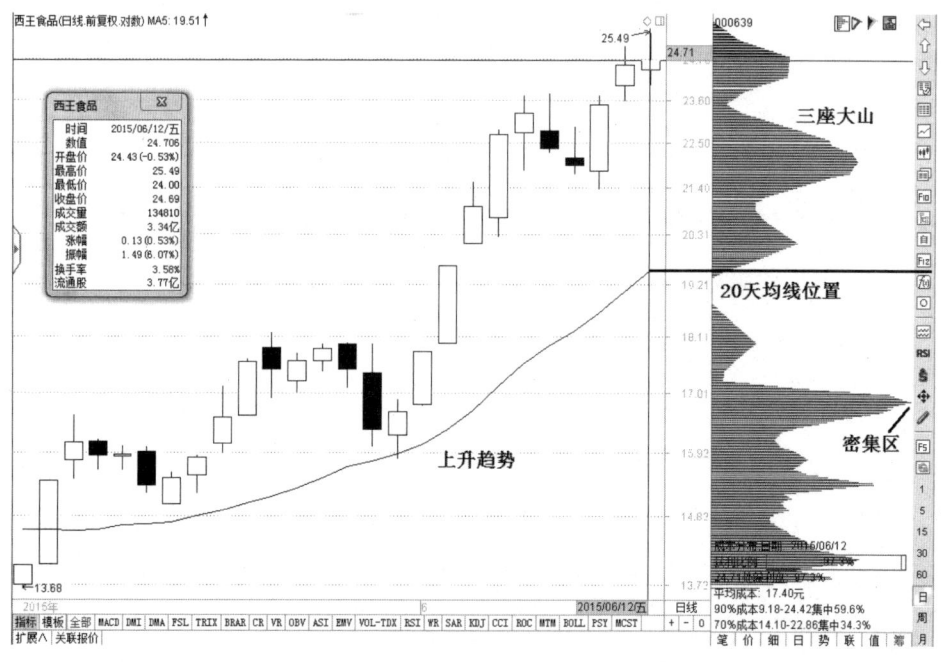

图2-42 上方有三座大山

按理说我们应该在上一个交易日卖出该股，我们再来看看行情后续的走势。可以看到，当日又收一个阳K线，但是上影线更长，20天均线正要向上攀登"三座大山"，显得非常吃力，如图2-42所示。

种种迹象表明，我们卖出操作做得非常正确。

图2-43 后续走势

就在卖出后的两个交易日，股价又形成了看跌吞没K线形态，后续高位盘整更证明了股价很难再向上攀升，20天均线最终也未能爬过"三座大山"，随后股价开始暴跌，如图2-43所示。

信号本身可分为可靠信号与异常信号。异常信号是指外在形态与分时图的走势相背离，此类异常信号都可反向利用。

（2）回调均线买入法。如图2-44所示，股价收出一个长上影长下影的十字形K线，并且下影线的末端非常接近20天均线，而且似乎得到了20天均线的支撑，所以全天没有跌破均线反而转而上升回开盘价，此时观察20天均线仍然向上，大势上对看多做多买入持有有利，而20天均线的位置也快要突破密集区了，一旦过了这关，向上升就没有什么大的压力了。

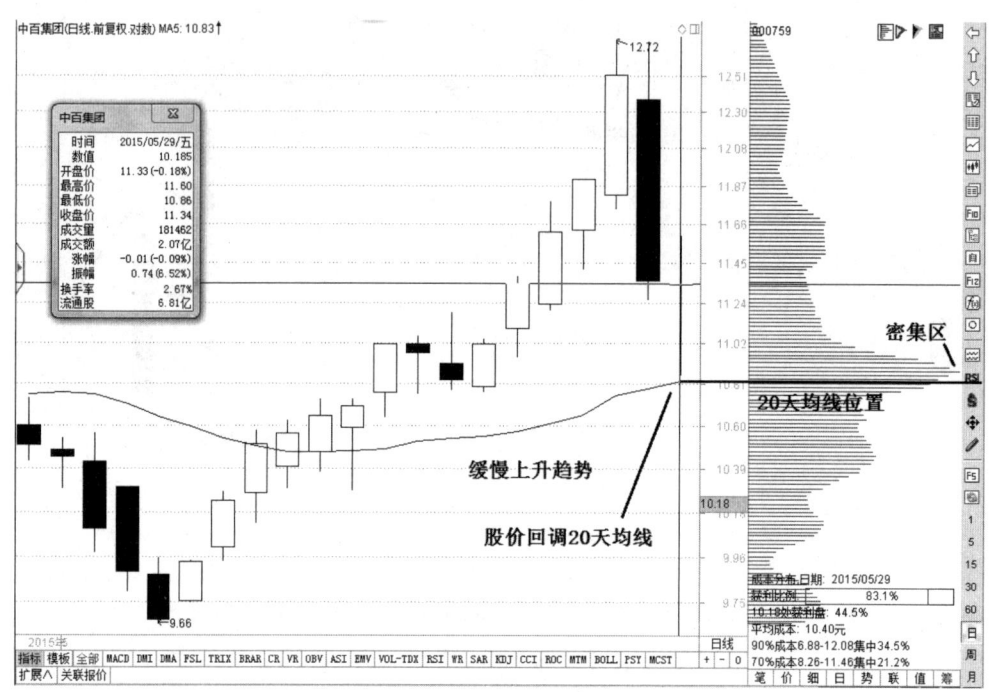

图2-44　回调均线买入法

调出该长上下影十字星线的分时图，观察到价格一旦上涨，成交量都是递减；而价格下跌时成交量总是放大的增加，不利于买入操作。

就该日走势看，还不能做出买入的决策，如图2-45所示。

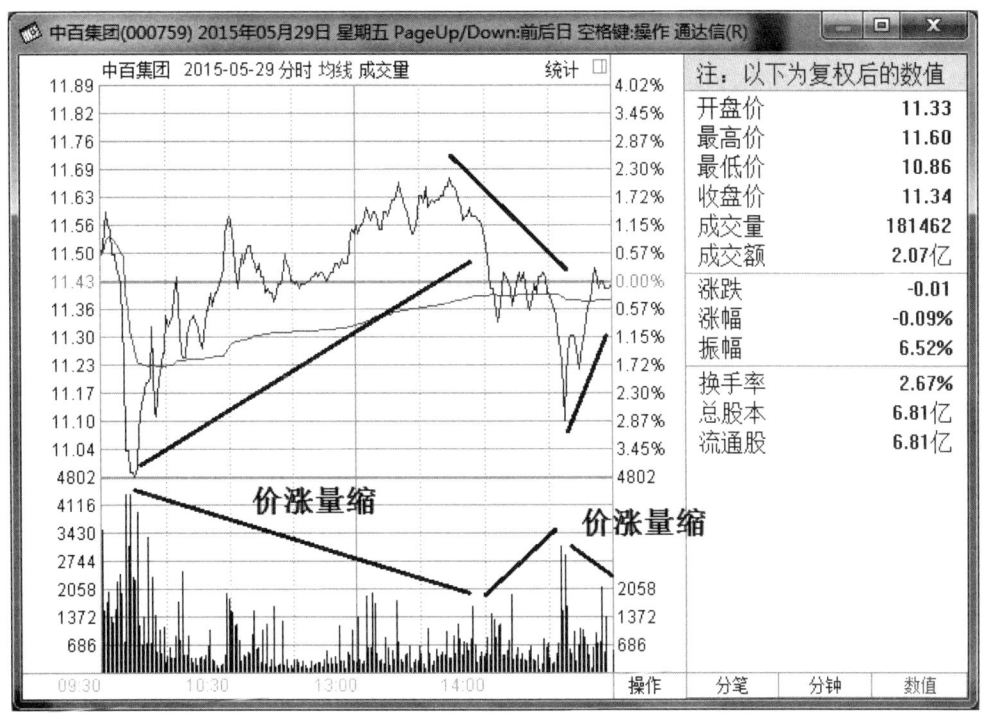

图2-45　中百集团2015年5月29日分时图

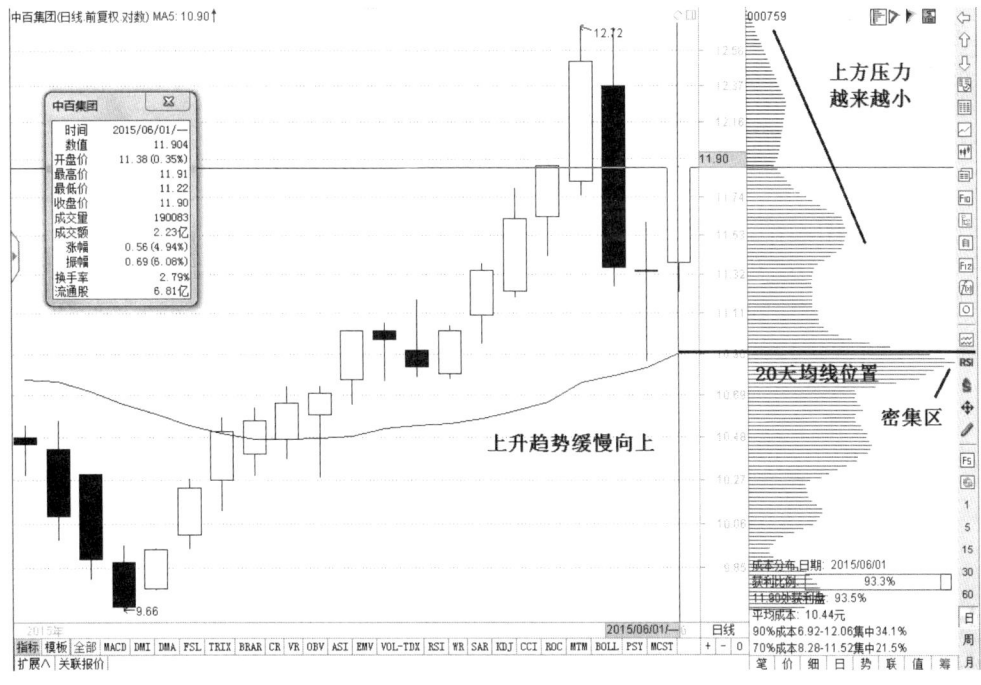

图2-46　回调均线买入

这是十字星回调均线得到支撑的买入信号之后的下一个交易日，股价大幅上涨，使得20天均线也向上越过了密集区，上方压力也越来越少了，如图2-46所示。

那么分时图上是否有所好转呢？

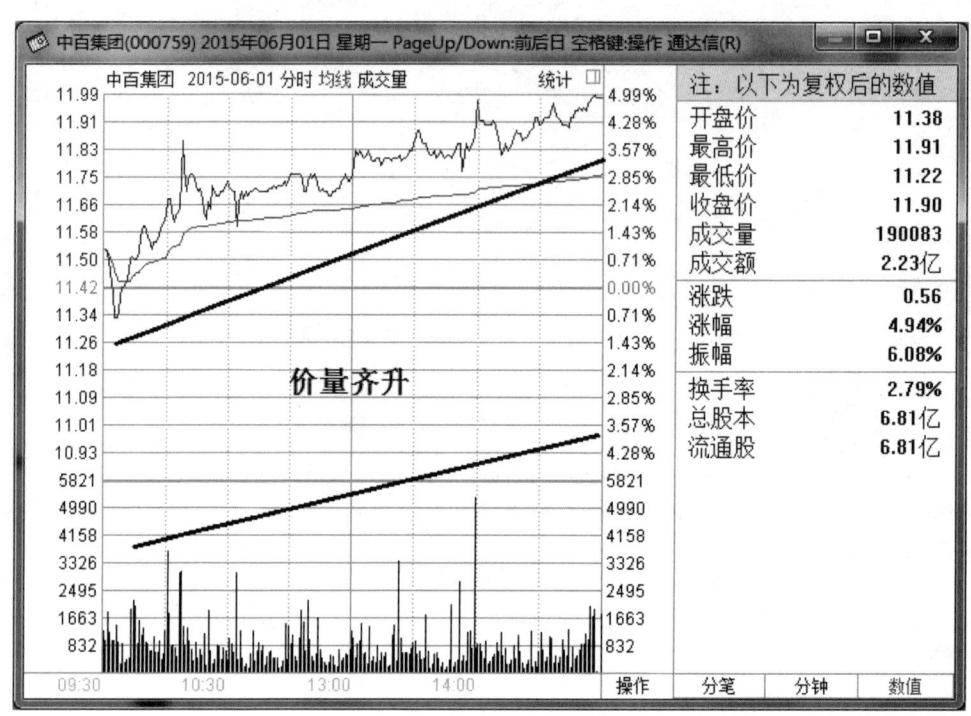

图2-47 中百集团2015年6月1日分时图

从分时图上看，一反前日之势，价量齐升，如图2-47所示。

这说明前一交易日回调20天均线确实得到某种强力支撑，盘中的大幅度震荡属于主力机构的震仓行为，让大家卖在低价、卖在起涨点。

当日一反前日态势，直接带量飞涨，带动20天均线向上越过了筹码密集区，上行压力越来越小。

总的看来，后市上升潜力不小，可以在尾盘收盘前买入。

当行情进入到该日时，股价已经在高位形成了大量的筹码堆积，快要成为新的密集区了，与次前买入时的筹码分布不同，当时是20天均线刚刚向上越过筹码密集区，所以上行压力越来越小，对后市看好，但时至今日，密集区在高位集结，20天均线要想再次穿越有极大困难，如图2-48所示。

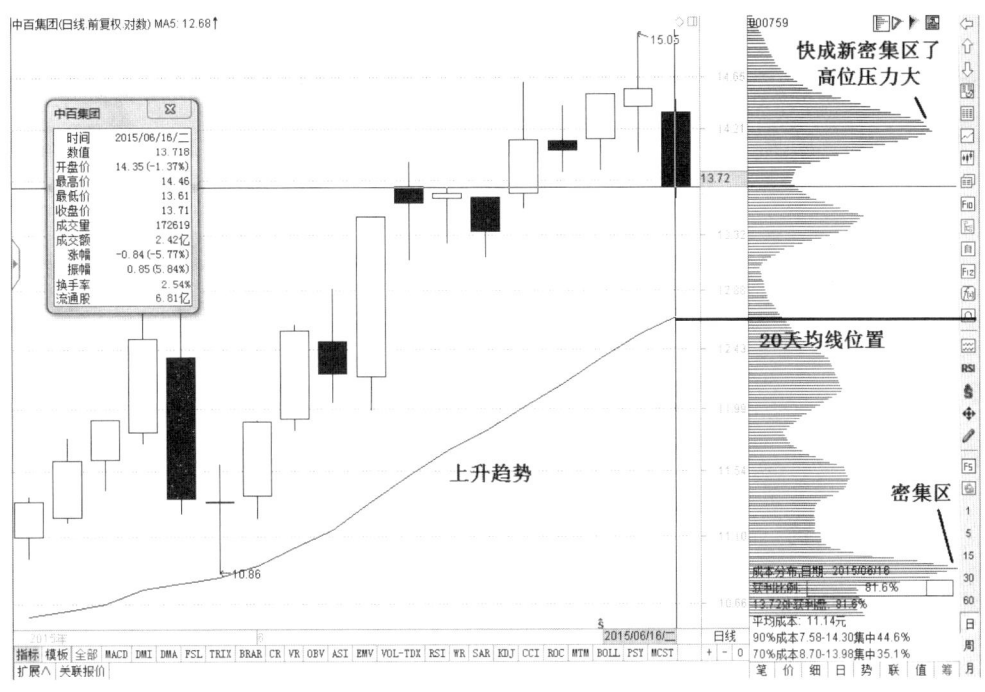

图2-48 高位筹码堆积

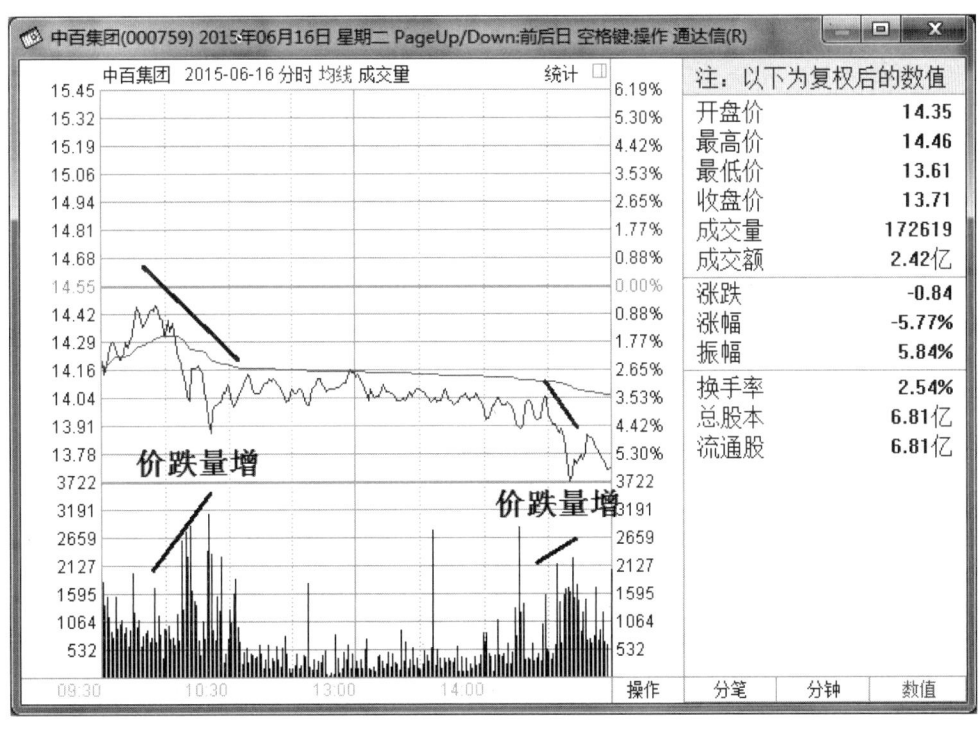

图2-49 中百集团2015年6月16日分时图

打开当日分时图来看，确实两次明显下跌都伴随成交量的增加，这是大多数投资者都不看好后市的表现，所以决定卖出该股，避免已经到手的利润进一步缩水，如图2-49所示。

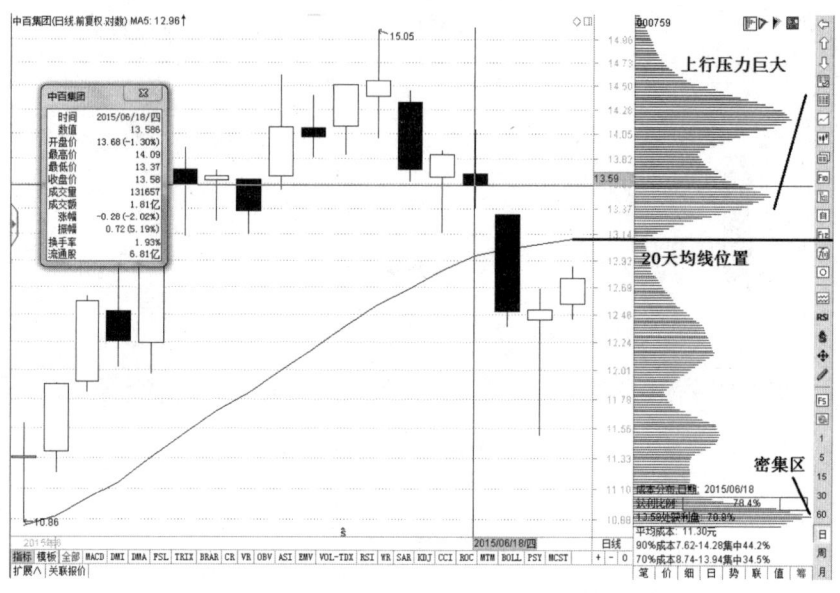

图2-50　后续走势

在我们卖出后不久，股价开始回落，先是跌破20天均线，说明20天均价附近已经没有任何支撑力了，这一点说明行情很可能就要反转下跌。

另外从筹码分布上看，20天均线始没能向上攀升，并且已经转头向下了，这证明我们的卖出决策是正确的，如图2-50所示。

3.20天均线向下并处在密集区之上

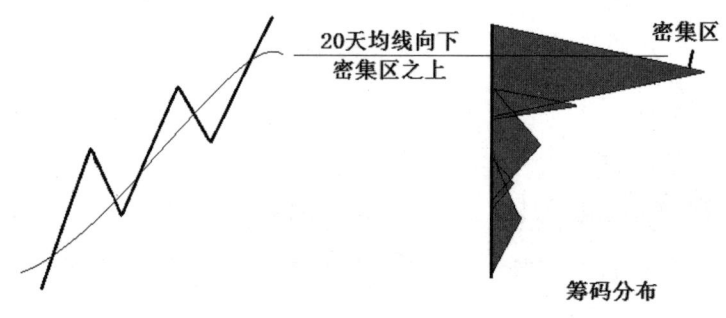

图2-51　20天均线向下并处在密集区之上

股价走势整体处在上升趋势中，这表明行情对于看多做多和买入持有最为有利，这种趋势越多，越能形成牛市。20天均线原来也呈现着上升之势，但是近期却出现了转头向下的情况，这种情况还要具体而论。从目前这个形态来看，20天均线虽然转头向下了，但是如果能维持在密集区之上时，还有回旋的余地，如果行情能在这之上继续上涨，说明这次的20天均线向下属于主力机构的震仓行为，目的是把持有该股的投资者都卖在较低的价位，让他们自己能买到更便宜的价格。

高位的成交量不断聚集更说明有震仓吸筹的可能，当然事情都有两面性，也有可能是主力机构的出货迹象，这就要具体事情具体分析了。

是否能够成功维持在密集区之上呢？只能通过分时图上观察买卖双方的反应，如图2-51所示。

这类形态大体有"大阴线跌破买入法、大阴线跌破后再向上突破买入法"这两大类买入法。

（1）跌破形态买入法。如图2-52所示，跌破形态买入法是指符合"股价处在上升趋势中、筹码高位密集、且20天均线处在密集区之上，但是短期20天均线转头向下"另外，当天的收盘价还跌破了某些形态的支撑线！如20天均线或是各种形态的支撑线等，我们就把这类形态买入法称为"跌破形态买入法"。

图2-52　跌破形态买入法

跌破支撑线前，股价处在明显的上升趋势中，这对准备看涨买入的投资者或已经持有该股的投资者来说是较有利的形态，筹码分布的密集区也处在高位，这说明在高位有大量频繁的交易，这些大量的交易是主力机构的震仓还是出货，需要看股价后续的走势。

股价没有实质性跌破某些支撑线，且也没有真正跌破过密集区，这类情况都属于主力机构的震仓行为！目的是让持有该股的投资者卖在较低的价格，这样他们也就能买到更低的优惠价而从中获利！

具体的情况调出它的分时图一看就可以。

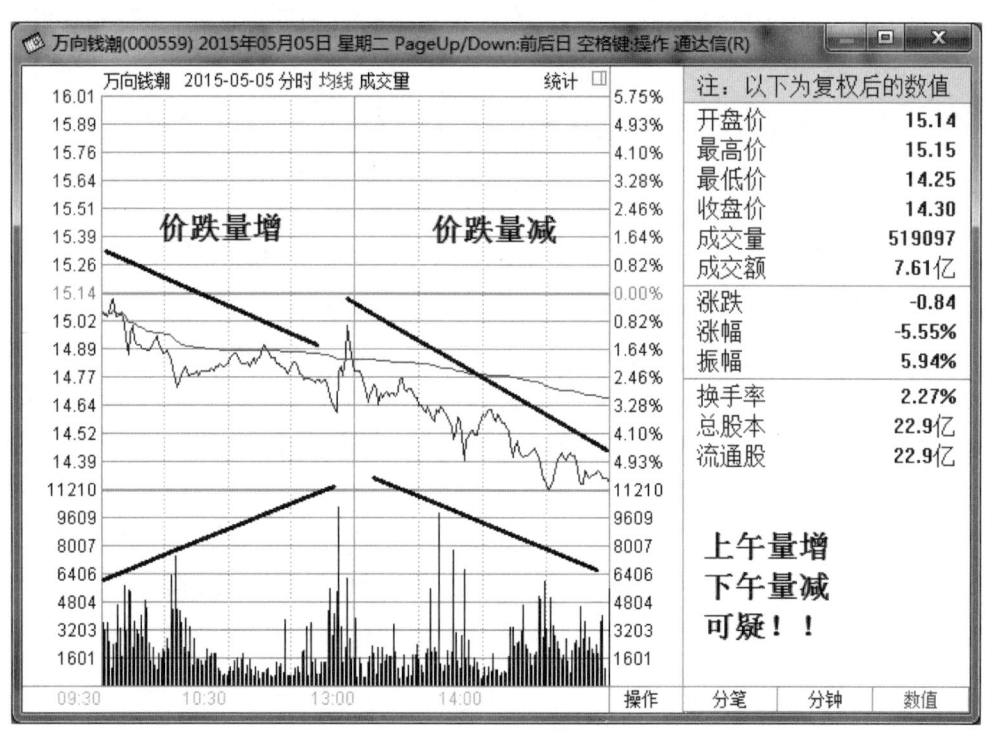

图2-53 万向钱潮2015年5月5日分时图

该日的分时图表现很奇特！上午盘表现出来的是价跌量增之态，给人感觉大伙都在卖出手中的股票。而到了中午开盘以后，股价继续深跌，但是卖出的量却是越来越少，更多的人宁愿死扛也不愿卖出了！这说明还有很多的投资者看好后市，否则肯定急于卖出！如图2-53所示。

那么凭这些条件，能在该日买入吗？当然可以！

不过笔者更倾向于等待更大的跌幅和分时图上更大的下跌伴随着大量成交，这样洗盘才洗得彻底，未来上涨的劲道更强！

图2-54 横向震荡行情

行情随之继续往下震仓洗盘，结果虽然股价创出新低，但20天均线的位置仍在密集区之上！如图2-54所示。

从分时图上看，盘中两次较大幅度的下跌引来了全天最大的量次交易量！但是越跌得深、跌得猛，成交量反而增多了，这很有可能是洗盘最大限度的完成了任务！

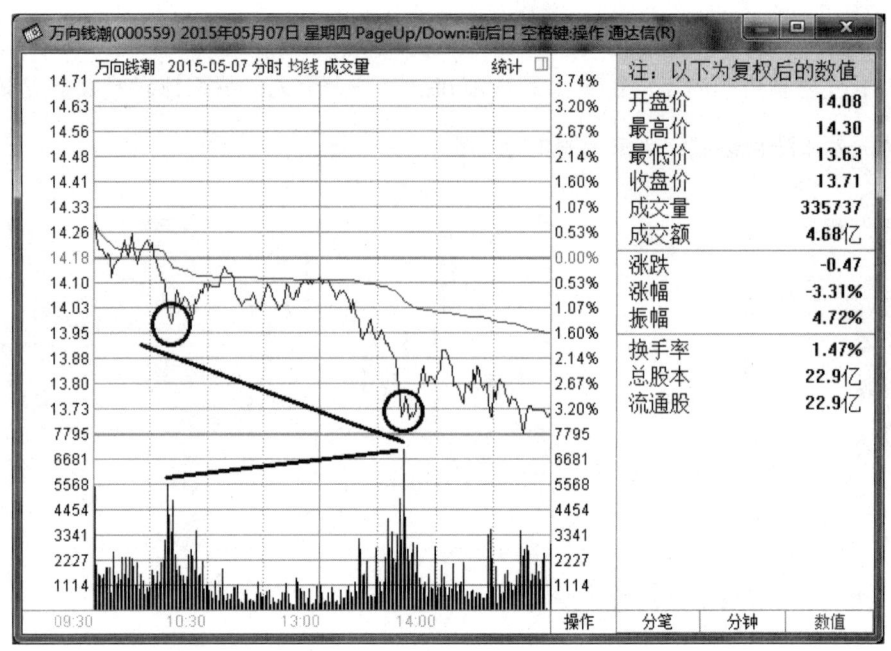

图2-55 万向钱潮2015年5月7日分时图

随后尾盘小幅度下跌,量能没有其它异常,所以收盘前适合买入。本次交易买入法就是跌破买入法,然后依据情况适机在低价买进,如图2-55所示。

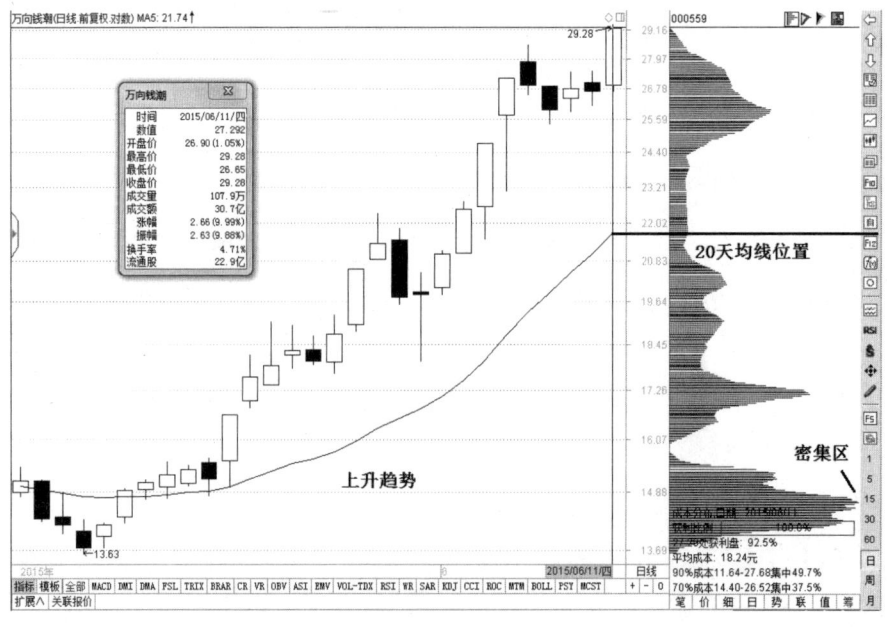

图2-56 卖出分析

持股待涨到了后期，股价在高位小幅度盘整了四个交易日后，开始以大阳线向上突破并创出新高，形态上看均线势头仍然向上，但是距离密集区有一段距离，如图2-56所示。

要想了解行情是否还有动力向上爬升，得再看分时图给出的信息。

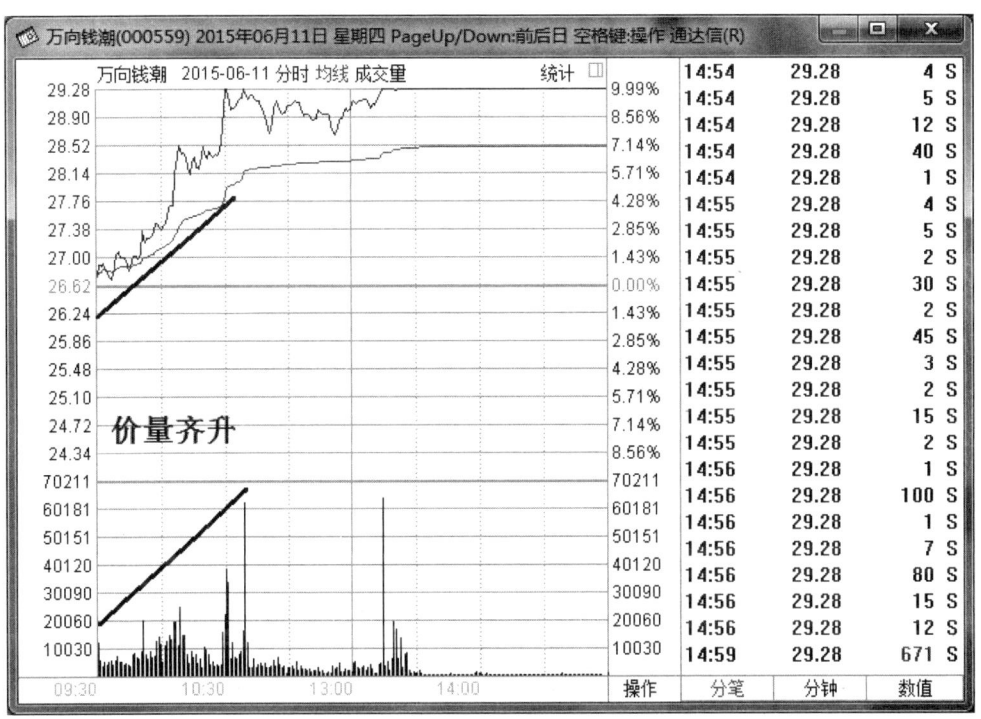

图2-57　万向钱潮2015年6月11日分时图

从分时图上看，价量配合还未见任何异常，所以继续持股待涨，暂不作卖出决策，如图2-57所示。

如图5-58所示，股价收出一个长上阴的类似十字线的阴K线，筹码分布上看又在高增添了一座小山，这样一来，20天均线向上攀爬的阻力又增加了一桩，所以从形态上看，情况不是很好。

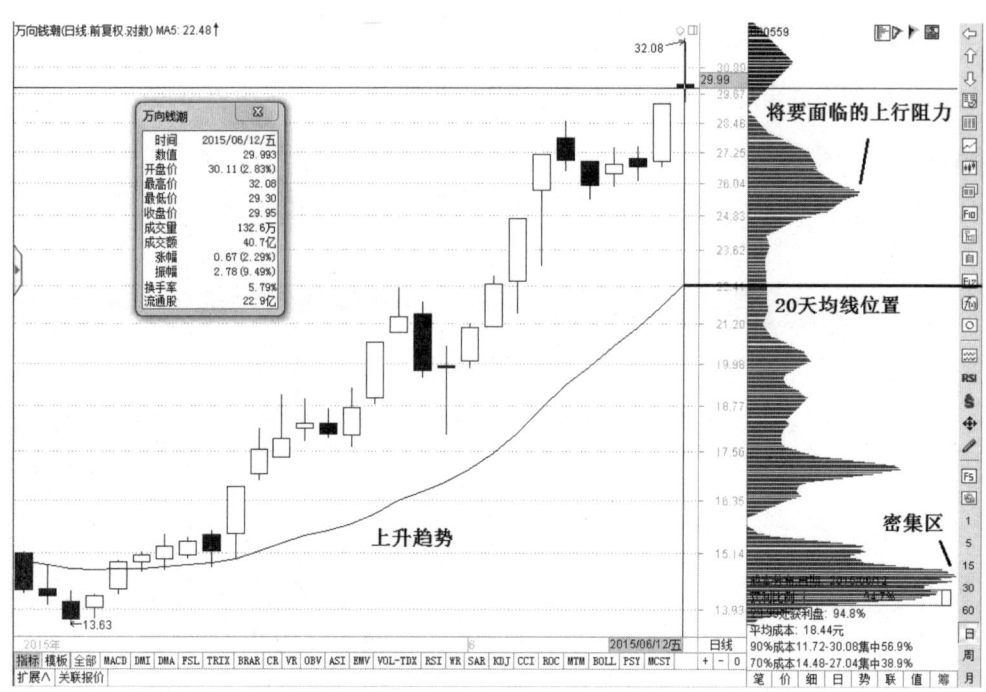

图2-58 形势不好

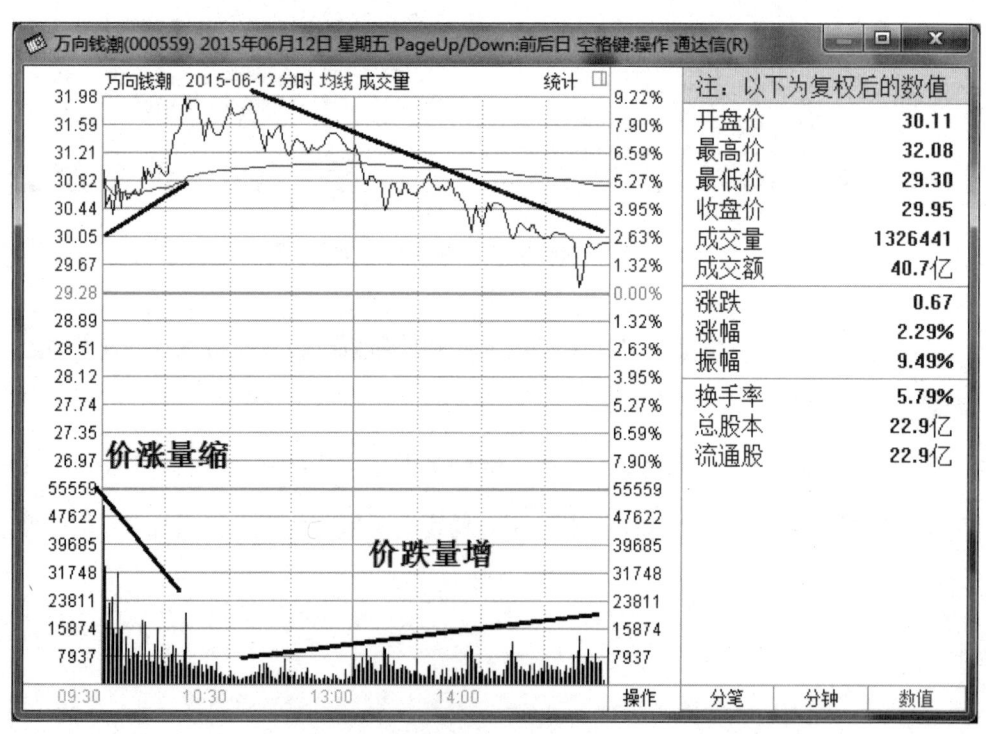

图2-59 万向钱潮2015年6月12日分时图

打开分时图之后，我们看到了价量的不同步，价格上涨时成交量在缩水，说明追高买入的投资者开始减少，这就意味着上涨将会很乏力，而价格下跌时，成交量却在缓慢增加，这说明价格的下跌越来越触动持股者的信心。

种种迹象表明，上涨行情恐将终结，就算还有后续的高位盘整行情，也很难再向上创出新高。

所以我们决定在该日收盘前卖出手中的股票，如图5-59所示。

图2-60　后续走势

后市果然在高位盘整了一段，也没再创新高，五个交易日后，买方实在无力上攻了，最后卖方开始不断涌出，都纷纷不惜价格的卖出，导致连续暴跌，行情随即急转直下。幸好我们卖在了相对高的价格，避免已到手的利润缩水，甚至变赚为亏，如图2-60所示。

这就是跌破形态买入法，下面要介绍的是股价回调均线买入法。

（2）跌破之后再上破形态买入法。如图2-61所示，当日收出了大阴线，跌穿了20天均线，同时也带动20天均线转头向下，这就意味着20天均线很难再向上攀登更大阻力的筹码密集区了，这时就不宜当成是跌破买入信号，应该再观察几个交易，等待更可靠的买入信号发出。

图2-61 股价跌破均线

图2-62 跌破均线又有上破均线的倾向

行情继续下探，五个交易日后，股价有所回升，成交量有所增加，在筹码分布上看，原密集区已经被新密集区取代，这表明有新的主力机构在进场吸筹，这无疑为20天均线提供了强力支撑，如图2-62所示。

如果股价能成功向上突破20天均线，将会带动20天均线继续向上攀登，继续维持短期上升趋势的强劲势头，直到股价真正站上20天均线时，如图2-63所示。

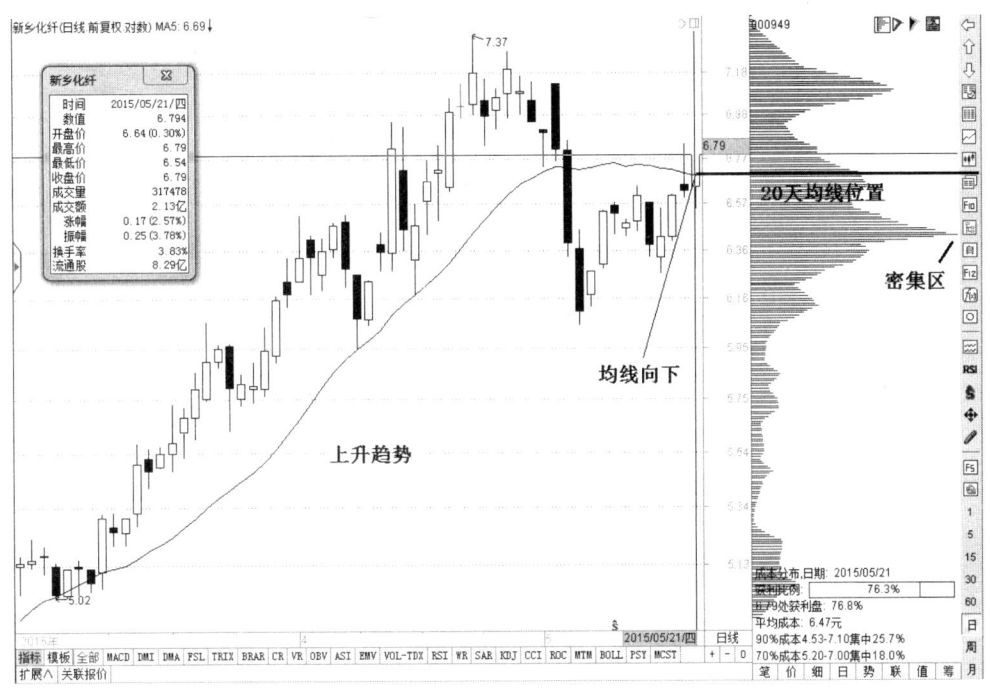

图2-63　买入分析

再分析一下突破当日的分时图走势。

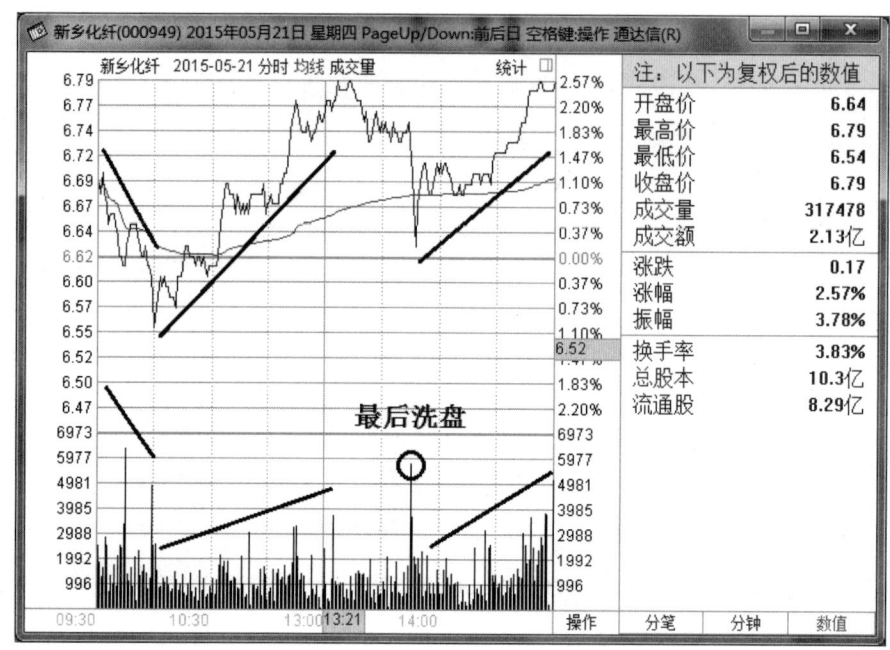

图2-64　新乡化纤2015年5月21日分时图

从分时图上看，价量同步，唯独有一次明显的洗盘迹象，这表明本次的突破是真实可靠的，可以做为最终的买入信号买入，如图2-64所示。

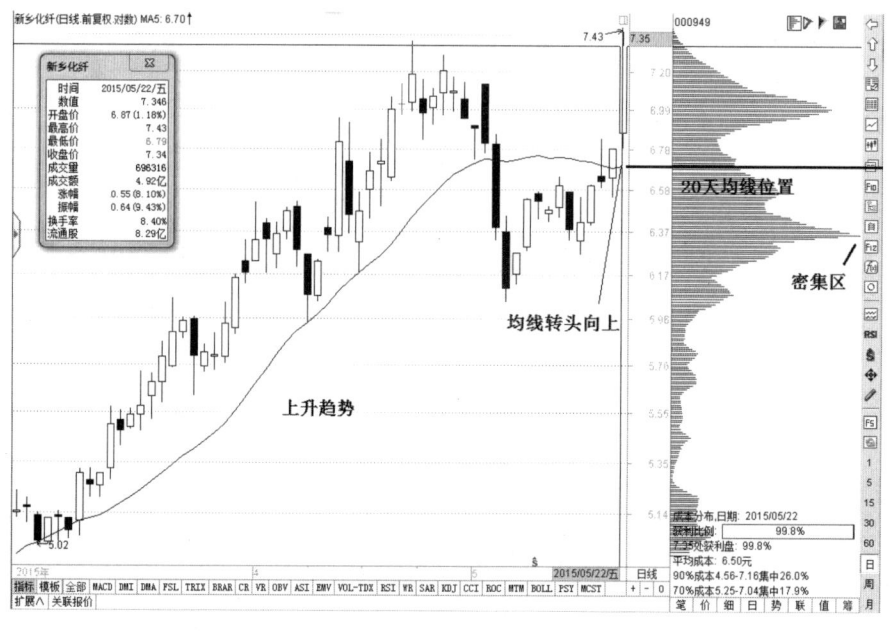

图2-65　买入后暴涨

果不其然，直接账面盈利8%之多，大涨甚至带动了20天均线转头向上，这样的涨势也吸引了不少超短线投资者的目光，为后市拉高提供了良好的基础，所以继续持股待涨，如图2-65所示。

图2-66　进入上升趋势，但上方筹码压力很大

继续持股待涨，带来了较大的利润，但是行情进行到今日，筹码密集区已经改为20天均线上方了，20天均线面临着"三座大山"的压制，是否还能一往如前呢？如图2-66所示。

从调出来的分时图上看，早期价量都属正常，但到了午盘前后，价量表现出的情况让人感觉购买力度开始减弱的迹象，上攻力度显得乏力，因为原来还盼望20天均线能再向上爬过三座大山，现在看来，困难度进一步加大了，尾盘的回落下跌还引发了抛售潮，这证明后市再向上走的空间极为有限，更有利于卖出，如图2-67所示。

因此，整体上看，当日的长上影K线应该卖出更妥。

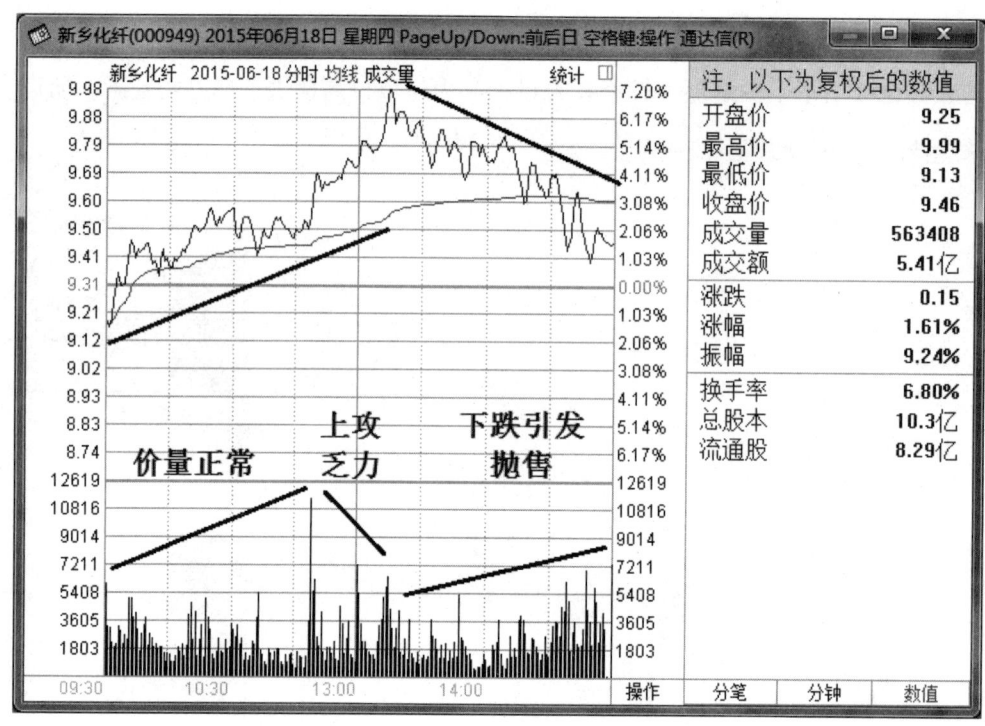

图2-67 新乡化纤2015年6月18日分时图

图2-68 后续走势

卖出后，股价直接进入了下降通道中，证明我们的筹码和价量分析都是正确的，如图2-68所示。

4.20天均线向下并处在密集区之下

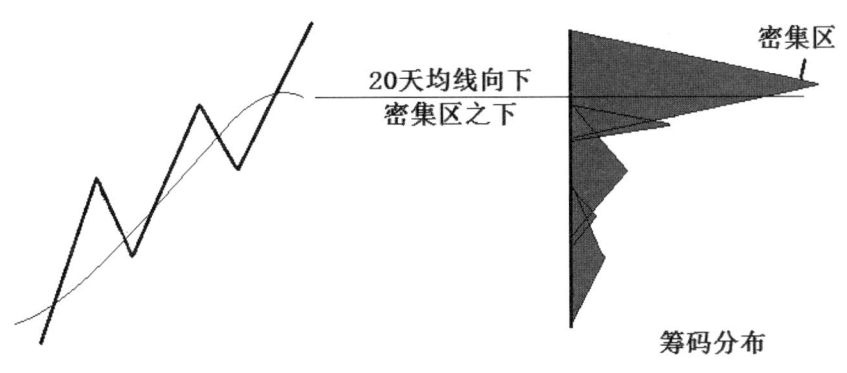

图2-69　20天均线向下并处在密集区之下

股价在上升趋势中，说明股价走势向好，适合看多做多，买入或持有，而20天均线转头向下，这说明短期上升的可能性在逐渐降低。

随着高价位的成交断在高位聚集，使得筹码分布指标的密集区出现在高位，而20天均线在这个密集区之下时，则表示行情上行面临着较大的阻力，20天均线转头向下，更能证明上涨面临的困境。

是否能够继维持原有的上升趋势，还要看后续走势是否能有效站于其上，特别是盘中的价量能否出现有利于继续看涨做多的相关信号或迹象，如图2-69所示。

该形态下主要有突破形态买入法、突破后回调均线买入法这两类买入法。

下面我们举例说明。

（1）突破形态买入法。突破形态买入法是指符合"股价处在上升趋势中、筹码高位密集、但是20天均向下并处在密集区之下"。另外，当日的收盘价还突破了某些形态的压制线，我们就把这类形态称为"突破形态买入法"，如图2-70所示。

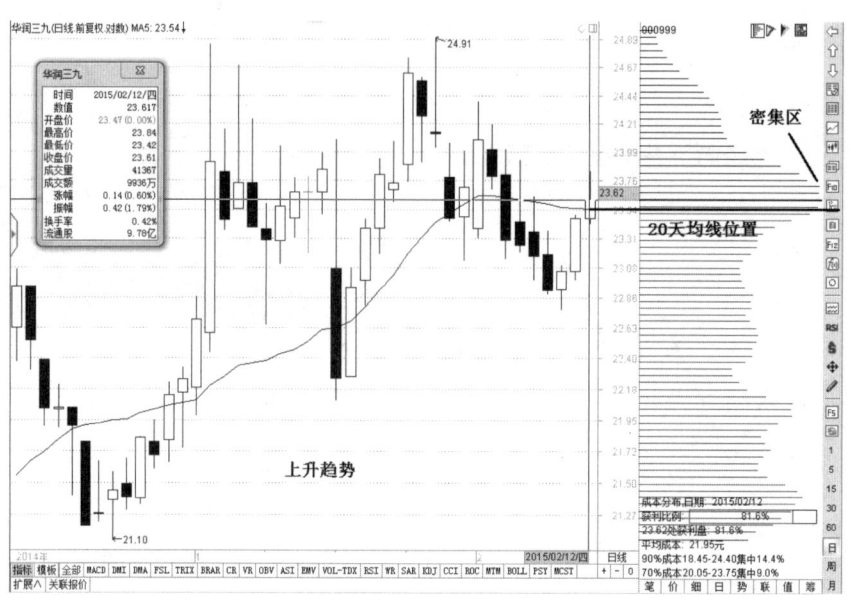

图2-70 突破形态买入法

如图2-70所示,股价向上突破了下降中的20天均线,但是上方却出现了较长的上影线,表面上看,这是上方压力较大的表现,但是还得进入分时图界面去看价量是否支持这一观点才好下最后结论。

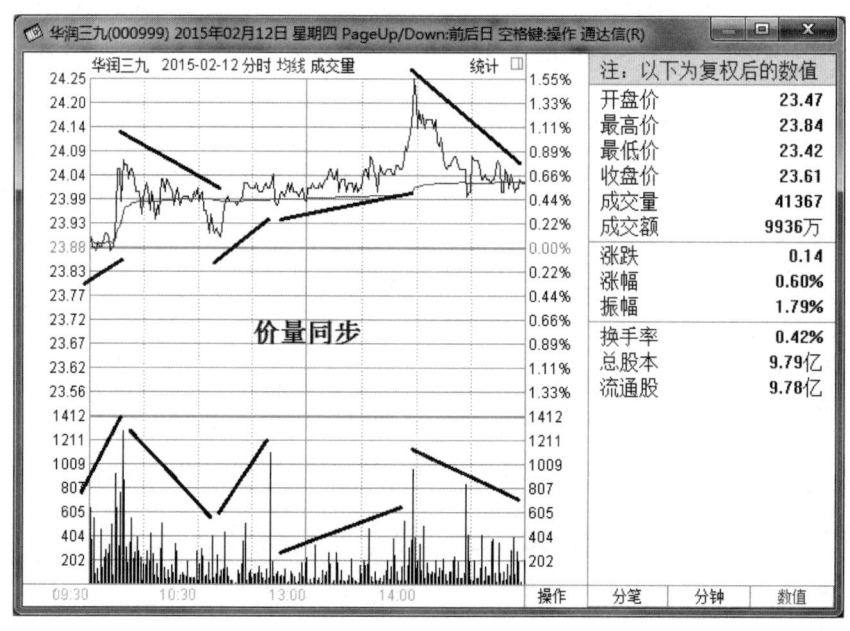

图2-71 华润三九2015年2月12日分时图

在分时图中，价格上升时成交量也增加，说明愿意买入的人气开始增加，而价格下跌时量没有随之增加，量能的减少则表示愿意卖出手中股票的投资者开始惜售了，不愿卖在低价或是继续坚持持股！如图2-71所示。

这样的价量形态说明行情很可能已经酝酿着反转，不，已经开始了反转！股价已经站上了20天均线，故此做出了买入决策，如图2-72所示。

图2-72　新乡化纤2015年6月18日分时图

买入后股价又横向震仓盘整了差不多一个月时间，随后大阳线直接突破了20天均线，接着又一个大阳线将20天均线拉到了密集区之上，上方压力逐渐减少，上涨空间越来越大，如图2-72所示。

后市不负众望，一路向上，远离了低位密集区，但是上行似乎略显疲态，如图2-73所示。

在创出新高后开始回落，看筹码分布上方的阻力并不多。

图2-73 后续走势

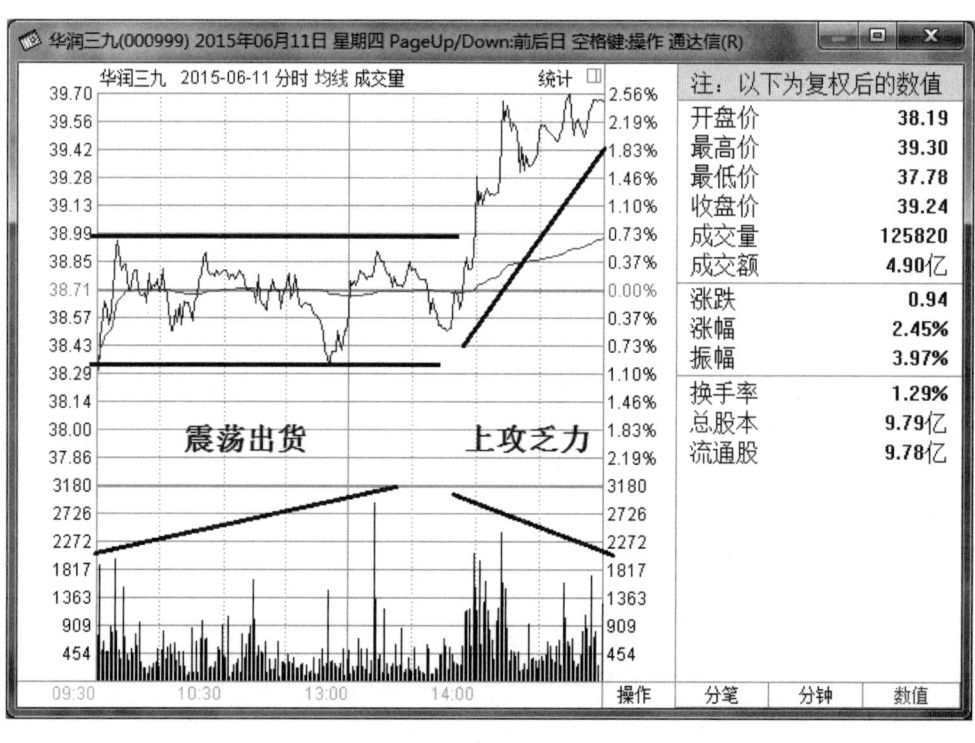

图2-74 华润三九2015年6月11日分时图

展开分时图看，从开盘到午盘一直在大幅震荡，似有主力庄家出货之嫌，但是尾盘股价的上升却没有量的支持，这表明愿意高价买入的动力已显不足，如图2-74所示。

与外在形态的表现一致，所以决定卖出，落袋为安。

图2-75 卖出后走势

后续走势可以看到我们卖在了相对高的价位，并且就在我们卖出后不久，股价反转向下暴跌，如图2-75所示。

本例买入时有价量支撑，所以我们买入；而卖出时也有价量的支持，所以卖出，不管什么信号，都应该得到价量的支持，否则所有的信号都应该反向利用。

（2）突破后回调均线买入法。该股长期处于上升趋势之中，近期股价有所回落并处在震荡行情之中，股价的下跌还带动了20天均线转头向下，并且20天均线始终没有能够向上爬越筹码密集区，如图2-76所示。

当日股价收一个大阴K线，目前还不适合买入，期待股价后续的突破。

图2-76 突破后回调均线买入法

图2-77 买入分析

就在大阴K线引发的下跌行情之后，股价在更低的位置反转上涨，并且突破了20天均线的压制，又在短短的两个交易日内股价再次回调至20天均线附近价位，如图2-77所示。

这次股价的回调是否是合适的买入点需要分析分时图。

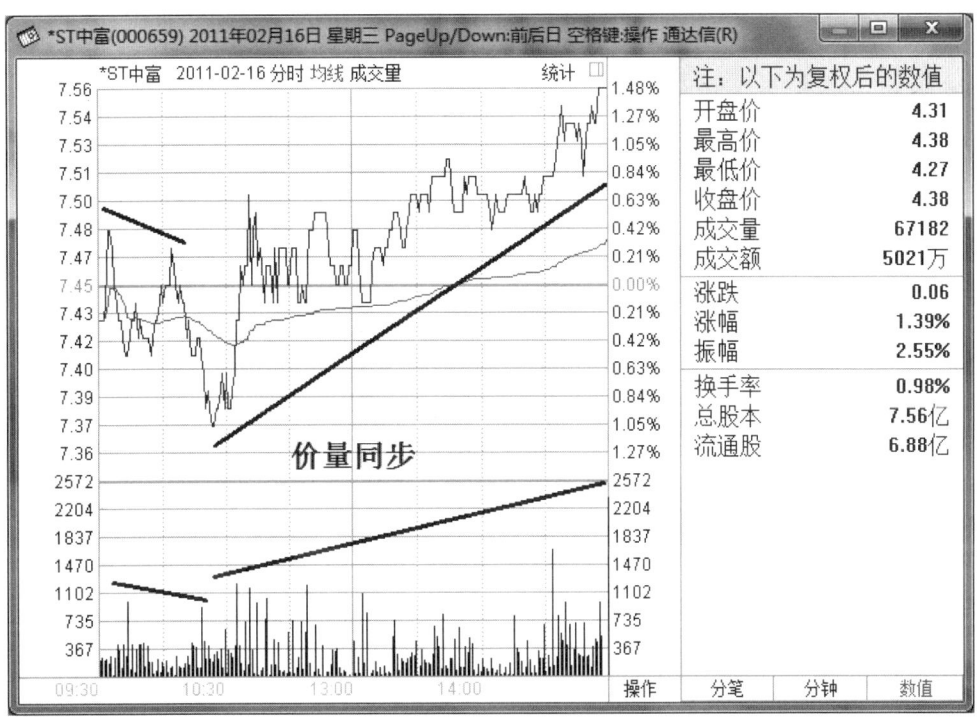

图2-78 ST中富2011年2月16日分时图

以分时图看价量同步，说明这次出现的买入信号是真实可信的，不要犹豫，在尾盘最后几分钟内完成买入操作，如图2-78所示。

就在买入之后，行情快速脱离了低价区，20天均线也大幅度向上爬升，但是，近期行情在高位盘整且成交量较大，使得筹码反而在高位密集，而且20天均线的位置最好在新的密集区之下，对均线继续上爬形成极大的压力，如图2-79所示。

图2-79 买入后及其走势

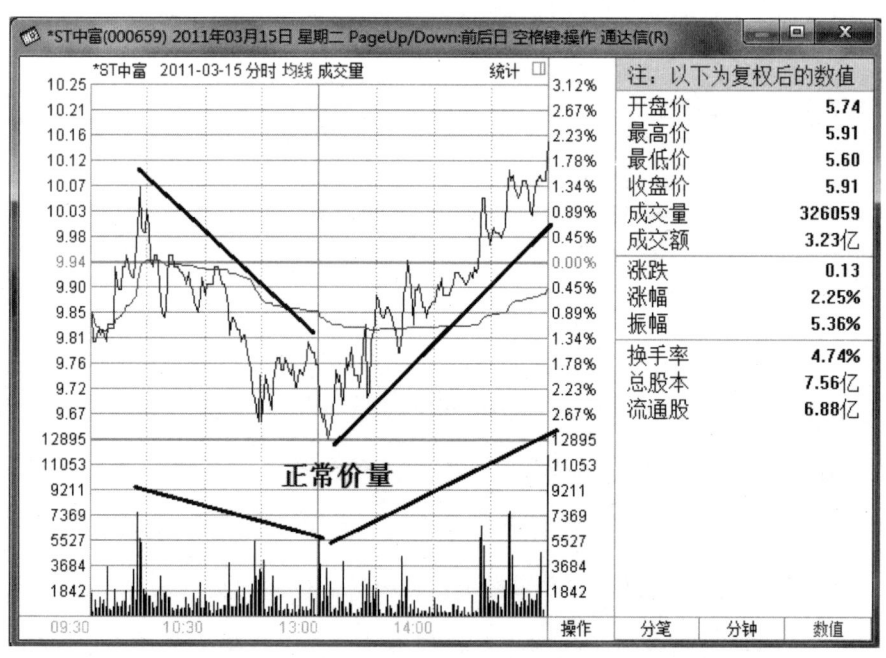

图2-80 ST中富2011年3月15日分时图

为了一探究竟,看该日的分时图,可以看到价量都很正常,不像是外在表现的那样,这说明行情只是正常的横向盘整,而盘整之后很大可能会继续延着原有的上升趋势上涨，如图2-80所示。

图2-81 行情分析

果然，后续行情连续攀升，最后20天均线也顺利站上了筹码密集区！可是上方又出现了一个新的稍小一点的密集区，行情再次面临着上行压力，如图2-81所示。

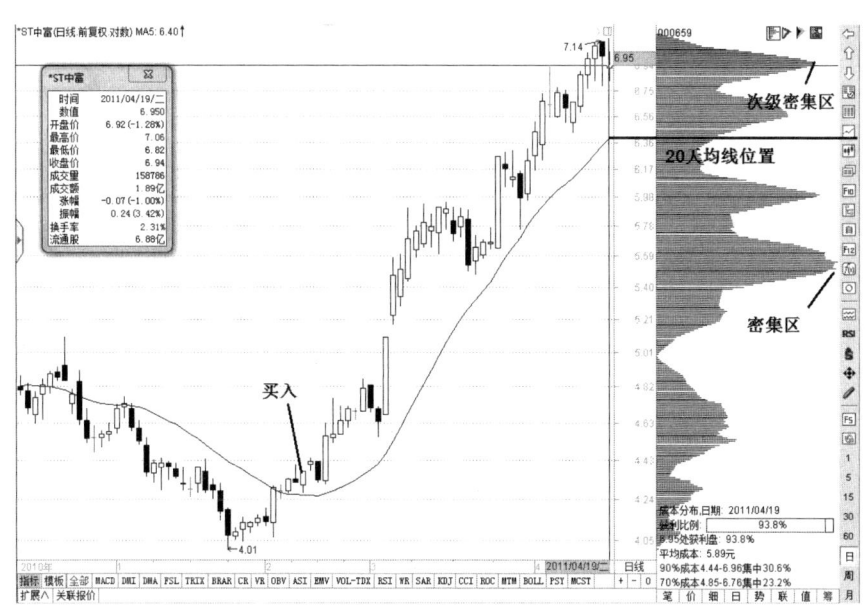

图2-82 筹码分析

行情很争气，价量同步一直维持着原有的上升趋势，但股价近期高位不再创出新高，而筹码堆积量却越来越大，反而对20天均线形成了又一轮压制，这次20天均线还能顺利越过吗，如图2-82所示。

图2-83 上升行情是否还能延续

之后股价再次创出新高，20天均线刚刚越过上一层筹码的压制，但是面临着新的更大的压制，如见图2-83所示。

是否还能再往上破呢？调出该日的分时图，如图2-84所示。

价格全天上升，但是价格上升时，量能在上午还能维持同步，但到了午盘以上，价格再次拉升，量能却逐渐减少，这已经是不好的兆头了，再坚持持股观察后续走势。

图2-84 ST中富2011年4月20日分时图

图2-85 股价高位分析

如图2-85所示，股价勉强再次向上攀升，但是仍然没有爬上其上方的筹码山峰，价格却又在高位堆积了新的筹码，这时再看一下当日的分时走势如图2-86所示。

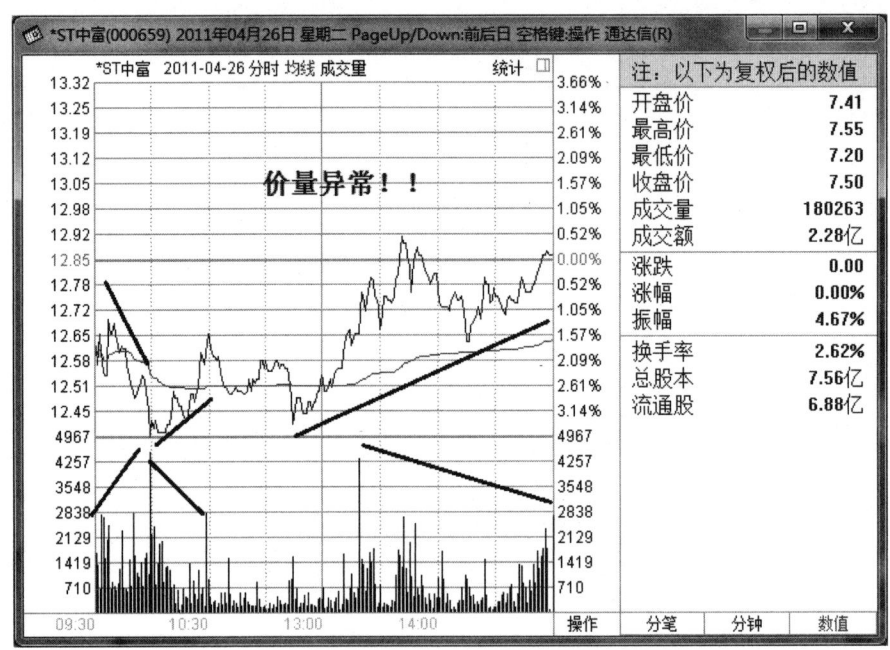

图2-86　ST中富2011年4月26日分时图

图2-87　卖出与后续走势

早盘开始不久就可以看到，价格下跌量能增加，卖出者络绎不绝，都不看好后市，而股价上涨时却没有量的增加，说明持币的投资者不愿再买入该股。

午盘后，股价继续勉强回升，但成交量仍然逐步递减，购买力量已显不足，加上外在形态所表现出来的那样，都一致不看好后市，因此我们决定卖出。

后续走势是20天均线仍然没有能够向上攀越筹码高峰，最后20天均线终于体力不支转头向下，带动股价进入下降通道中，如图2-87所示。

二、筹码低位密集

筹码低位密集的形成过程模拟：

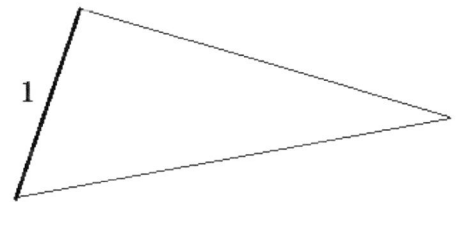

图2-88 第一波上升

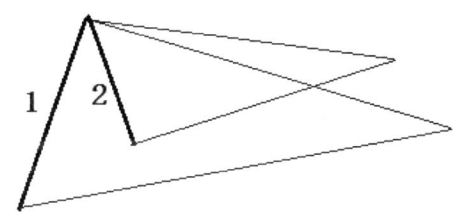

图2-89 第二波下降

波段1是个上升波段，该波段里的成交量极大，这就导致波段底部形成一个明显的筹码密集堆积，如图2-88所示。

波段2是个小幅的下降波段，最低没有跌破波段1的起点，该波段里的成交量也较大，这将导致波段底部形成两个筹码密集区，如图2-89所示。

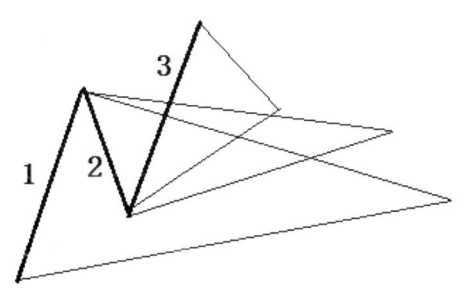

图2-90 第三波上升

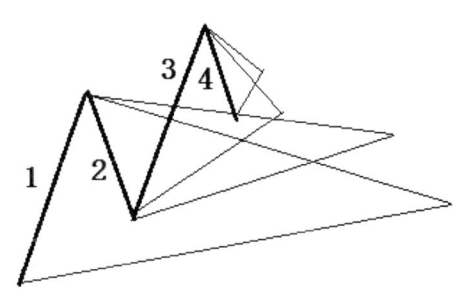

图2-91 第四波下降

波段3是另一波上升波段，波段里的成交量较波段1、2减少，如图2-90所示。

波段4是又一波下降波段，波段里的成交量更少，导致波段底部的筹码密集区更加明显，如图2-91所示。

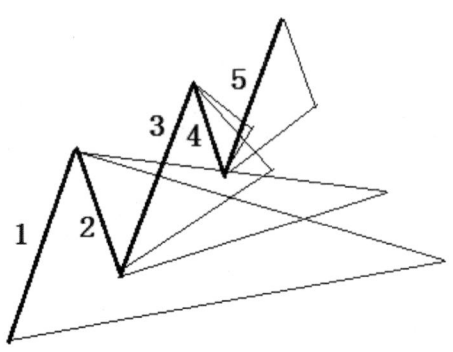

图2-92　第五波上升

波段5是另一波上升波段，波段里的成交量还是不多，那么这连上升趋势最后在筹码分布上就形成了低位集中形态，如图2-92所示。

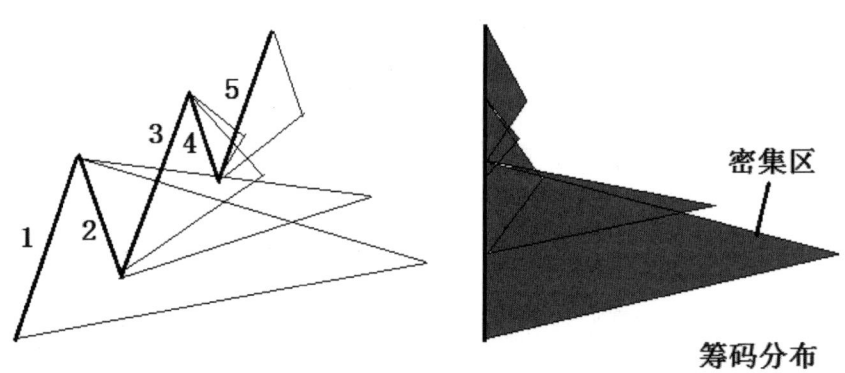

图2-93　筹码分布

在整个上升趋势中，波段低位的成交量相对于波段之上的成交量明显多出很多，这种情况我们就把它称为筹码低位集中，如图2-93所示。

意味着在波段低位时就发生了大量且频繁的交易，是哪些先知能买到波段的低价区域呢？主力？机构？这些还有待后面进一步通过一些指标分析来判断。

1. 20天均线向上并处在密集区之上

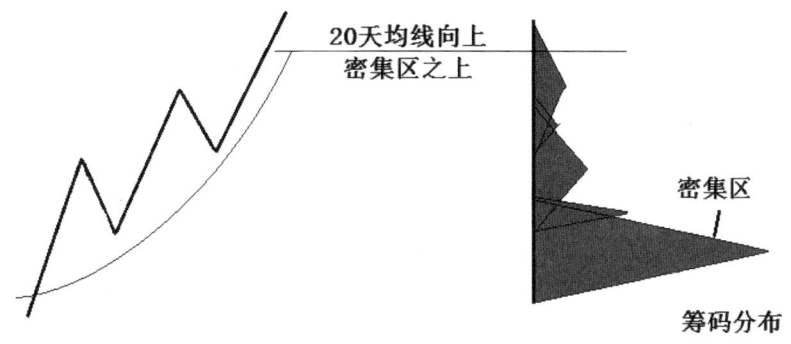

图2-94　20天均线向上并处在密集区之上

股价一直处在上升趋势之中，说明股价走势适合看多做多或买入持有，而20天均线向上则表示短线行情也同步向好，适合短线操作。

随着股价不断远离低位的密集成交量区，显得上方压力不断减小，而20天均线如果能一直保持向上势头，那么未来的行情仍是一片光明的，如图2-94所示。

本形态下主要有：大阳突破买入法、回调20天均线买入法这两大买入法。

下面举例说明。

（1）突破形态买入法。如图2-95所示，突破形态买入法是指"股价处在上升趋势之中并且筹码低位密集、20天均线向上行走并处在密集区之上"。此外，当日的收盘价还突破了某些形态的压制线，这类情况我们就称为"突破形态买入法"。

突破前期高点压制水平线之前，股价盘中突破了上方巨大的筹码压力，虽然20天均线没有马上跟上，但是直接触碰到上方新生的筹码压力还有一段距离要走，还不至于形成上涨趋势的威胁。

调出分时图看看这次突破的可靠程度，以便分析是否可以在今日买入该股。

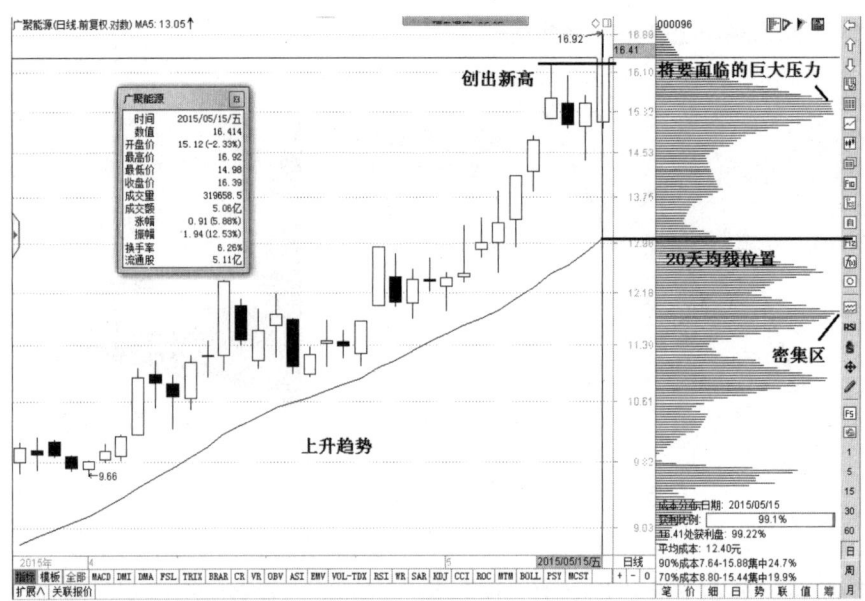

图2-95 突破形态买入法

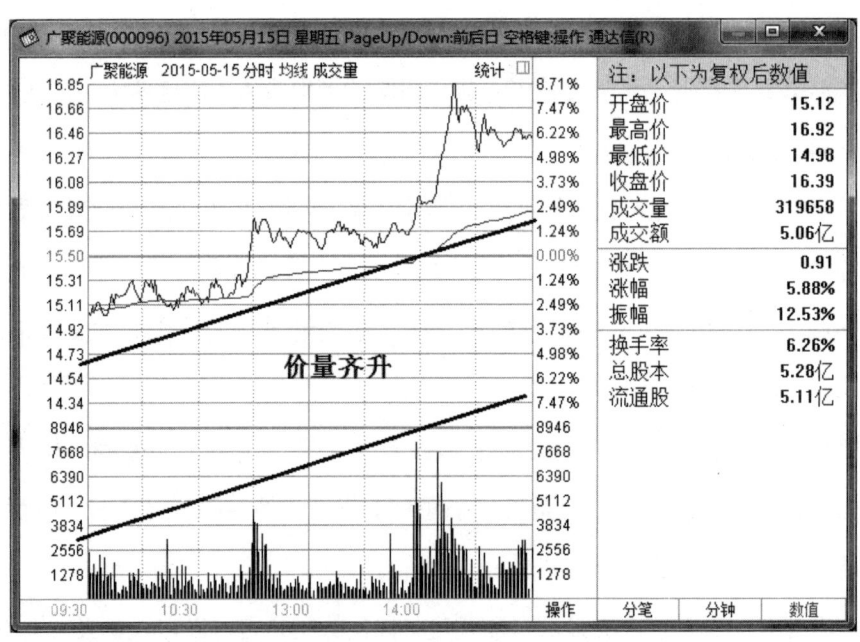

图2-96 广聚能源2015年5月15日分时图

盘中看到价量的配合基本是同步的,很少出现异常,这样的话在尾盘买入这只股票并持有,如图2-96所示。

持有到20天均线向上翻越了三座大山之后，如图2-97所示，上方应该说短期内不会造成太大的压力，看似前景一片向好，那么分时图上是否支持这一观点呢？

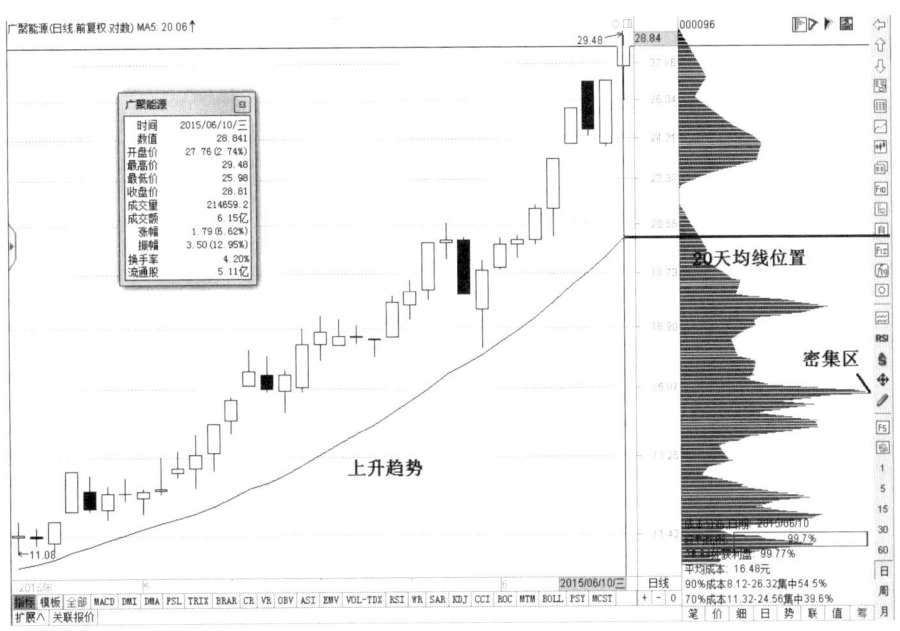

图2-97 筹码分析

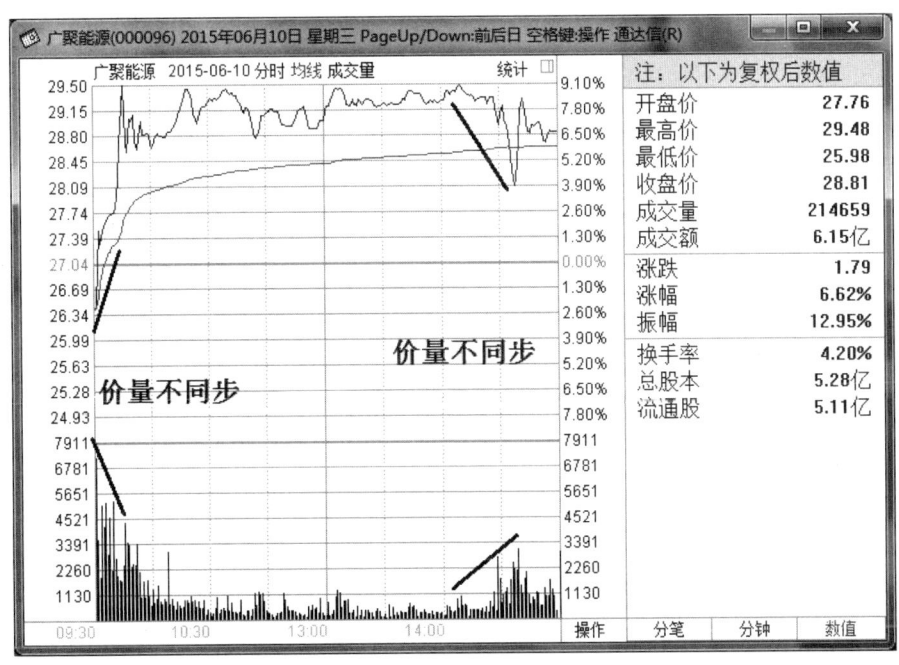

图2-98 广聚能源2015年6月10日分时图

如图2-98所示，股价表面上上涨得很风光，但从成交分时图上看，价量却不支持继续上涨，因此最后决定卖出该股票。

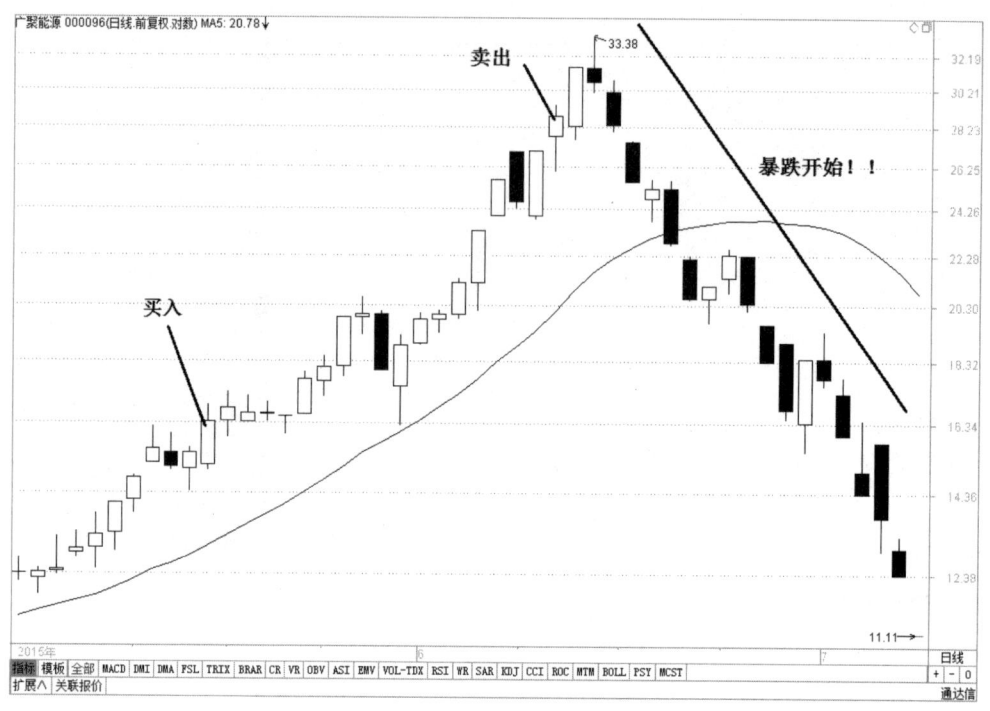

图2-99　卖出与后续走势

就在我们卖出该股后的两个交易日，虽然股价勉强又大涨了一次，但是好景不长，马上就被空方打压下来，并且直接步入了下降通道中，让众多的投资者血本无归，如图2-99所示。

（2）回调均线买入法。如图2-100所示，回调均线买入法是指"股价处在上升趋势中且筹码低位密集、20天均线向上并处在密集区之上"。同时从形态上看，股价回调到20天均线附近时，收盘价并没有跌破，而是得到了均线的支撑而继续向上行进的这类形态。

从图2-100上看，股价仍处在明显的上升趋势中，这对于看涨买入是十分有利的形态，然后可以看到筹码集中在低位，这很可能是主力机构的筹码，股价又没有真正跌穿20天均线。

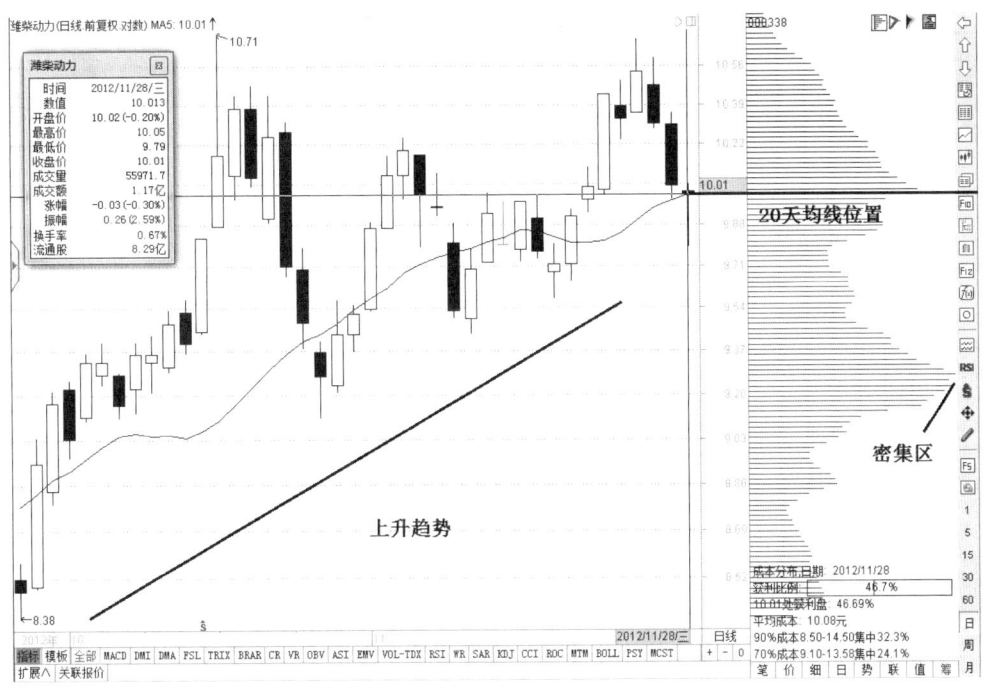

图2-100　回调均线买入法

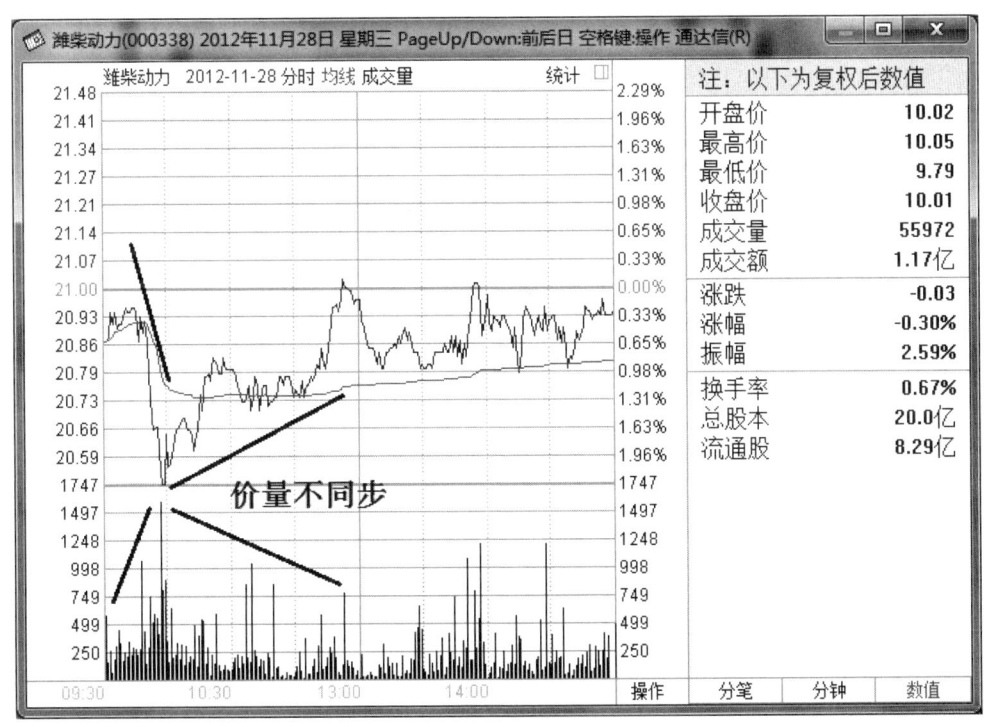

图2-101　潍柴动力2012年11月28日分时图

如图2-101所示，价量的不同步，说明目前还不是很好的买入信号，要想买入这只个股的投资者最好等待后续可靠的信号发出。

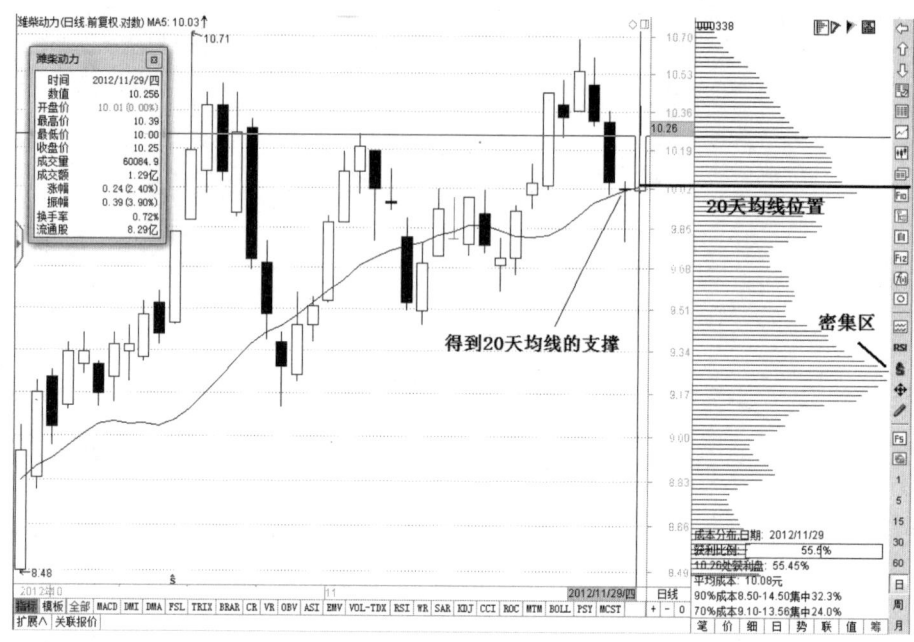

图2-102 买入

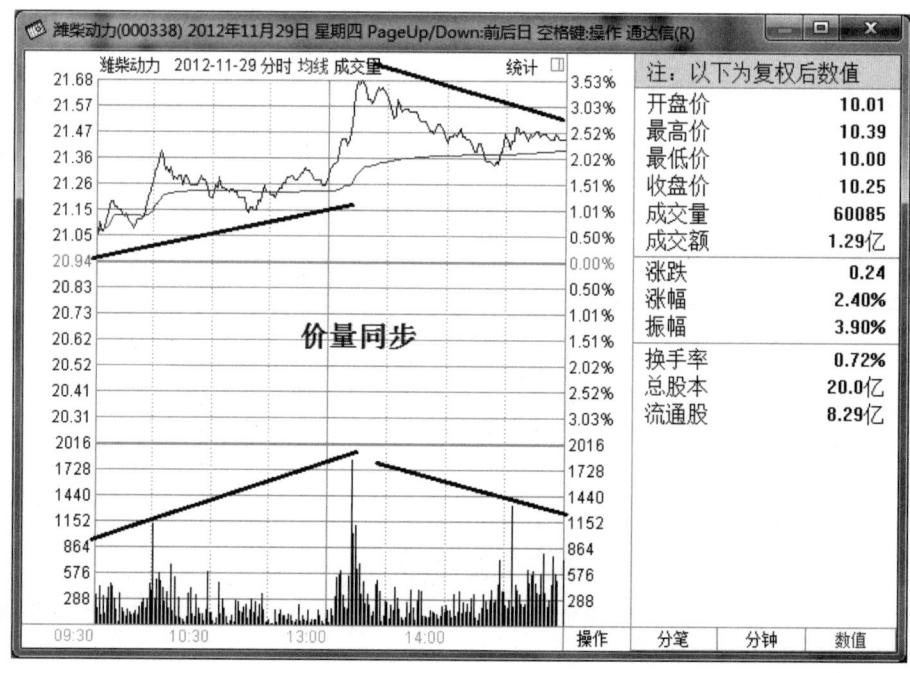

图2-103 潍柴动力2012年11月29日分时图

股价开始暴发后多方一直控制着局面，显然是得到了之前20天均线的强力支撑，从筹码分布上看今天的20天均线也越过了上方的筹码堆积的较大峰值，如果又能得到分时图上的支持，那该日就是一个很不错的买点，如图2-102所示。

由于该股盘中价量呈现一致同步的情况，因此毫不犹豫地买入该股。如图2-103所示。

图2-104　筹码分析

持有该股到了高位，如图2-104所示，虽然震荡相当频繁，但是我们还是没有卖出，从近期盘面上看，20天均线已经面临着上方密集区的挤压，开始走平了，股价盘也曾跌破20天均线，这样的势头不能再坐视不理，马上调出分时图，如图2-105所示。

果然，价量不同步在全天的分时图上看得还是很清楚的，下跌时成交量增加说明很多持股者都不看好后市，而股价上涨时却没有多少成交量来推高股价，说明投资者也一样不看好该股后市。

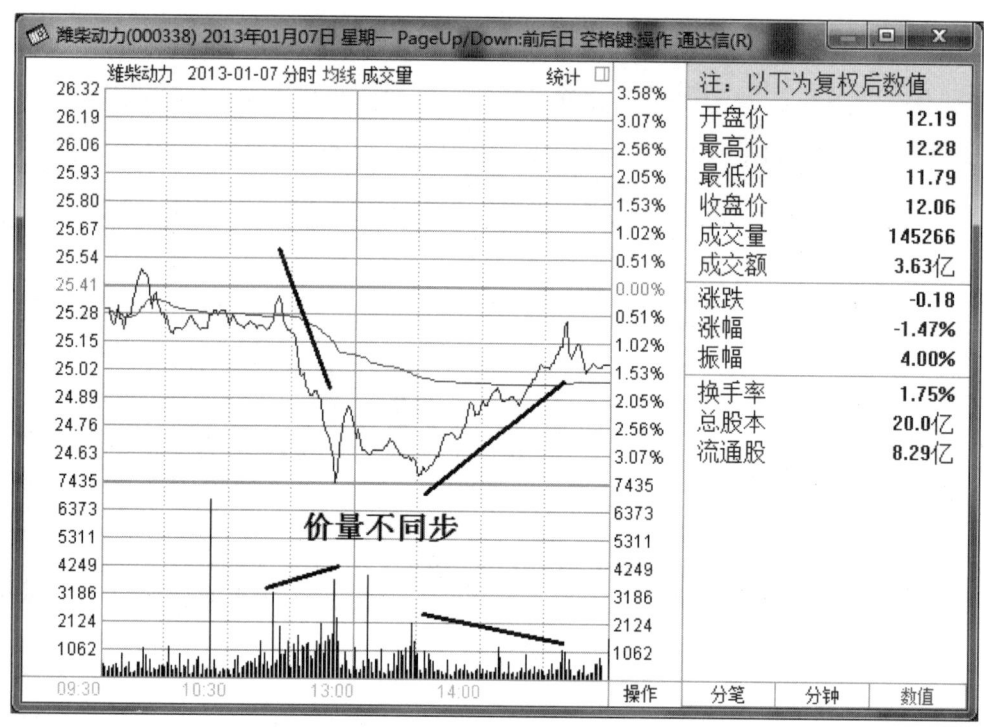

图2-105 潍柴动力2013年1月7日分时图

所以我们决定在收盘前卖出该股,本次交易虽然不是买在最低、卖在最高,但是落袋为安还是很重要的,股市中不缺机会,缺的是知足之心。

2.20天均线向上并处在密集区之下

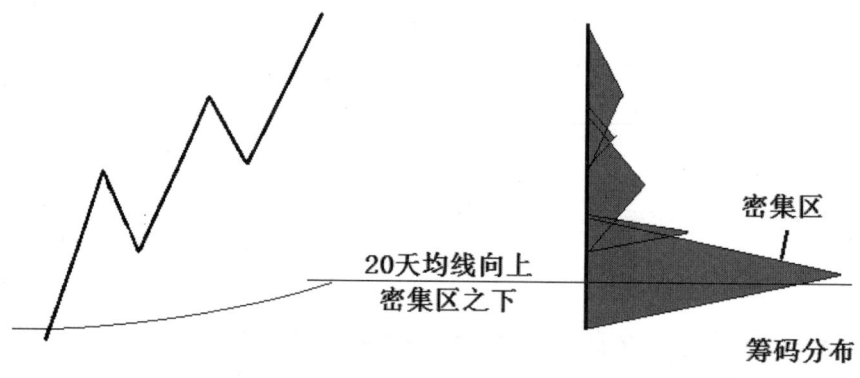

图2-106 20天均线向上并处在密集区之下

股价处在上升趋势中，证明股价走势向好，适合看多做多，买入与持有，而20天均线向上也证明了短线行情也同步向好。

股价虽然远离低位的密集区，但是20天均线仍在试图向上攀爬密集区山峰，如果这一关能突破成功，未来将一片光明。

是否能够成功上破，要看后续走势能否有效带动20天均线站于其上，特别是盘中的价量所展现出来的情况能否与外在表现出来的形态同步，如图2-106所示。

这类形态下只有突破买入法最为可靠。

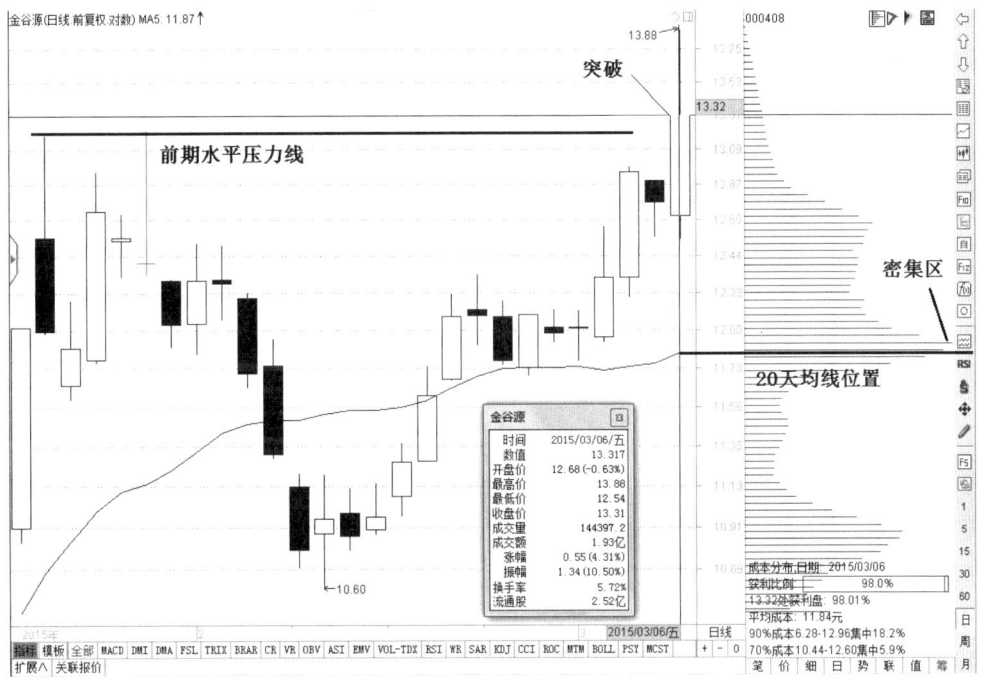

图2-107　突破形态买入法

如图2-107所示，突破形态买入法是指"股价处在上升趋势中、筹码低位密集、且20天均线向上但是处在密集区之下"。另外，当日的收盘价还突破了某些形态的压制线，我们就把这类形态称为"突破形态买入法"。

就目前这只个股来说，突破前期高点压制水平线之前，股价确实处在上升趋势中，对准备看涨买入的投资者或已经持有该股的来说是较有利的形态，筹码分布的密集区也处在低位，这说明近期只要20天均线能向上翻越密集区的山峰，就很可能一飞升天。

就当日来看，大阳K线突破了前期的水平阻力线，形成突破形态，另外从筹码分布指标上看，20天均线已经快要爬上密集区的山顶了，形态上看，只要股价能带动20天均线再向上一点就能翻越这一密集区了。

分时图如图2-108所示。

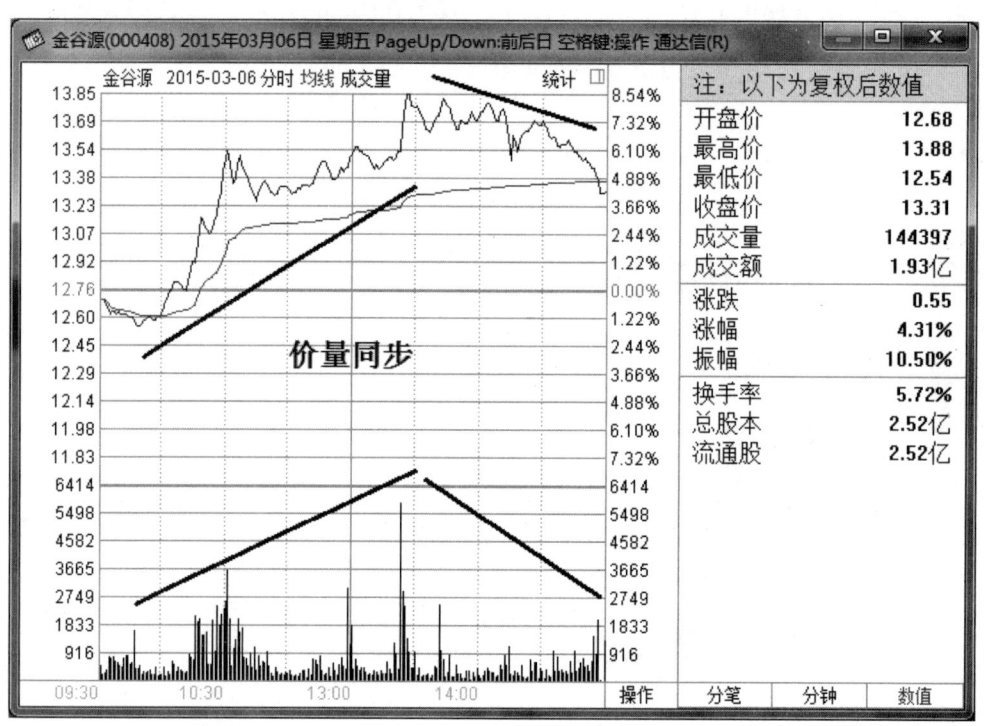

图2-108　金谷源2015年3月6日分时图

既然又有了价量同步的一致性，更说明未来行情很可能将继续延续原有的上升趋势，因此买入半仓。（半仓即50%的成本资金）

如果后续走势确属强势时，再买入另外半仓。

就在买入半仓后，股价虽然盘整了一段时间，但是也带动了20天均线继续向上攀登，终于向上越过了筹码密集区。

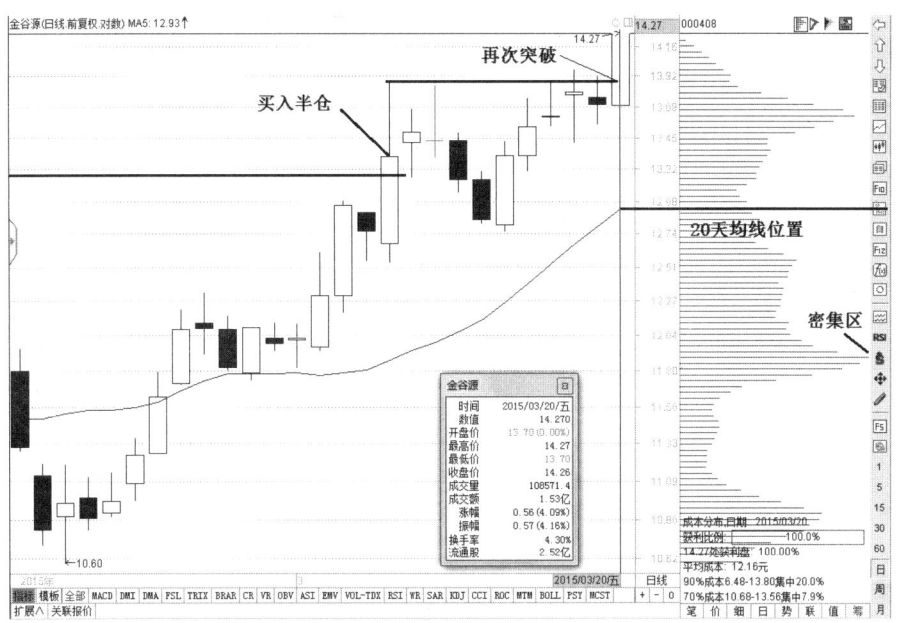

图2-109　买入

如图2-109所示，又出现了一次突破形态，并且此时20天均线又将面临上方新的巨大压力和新的筹码密集区。

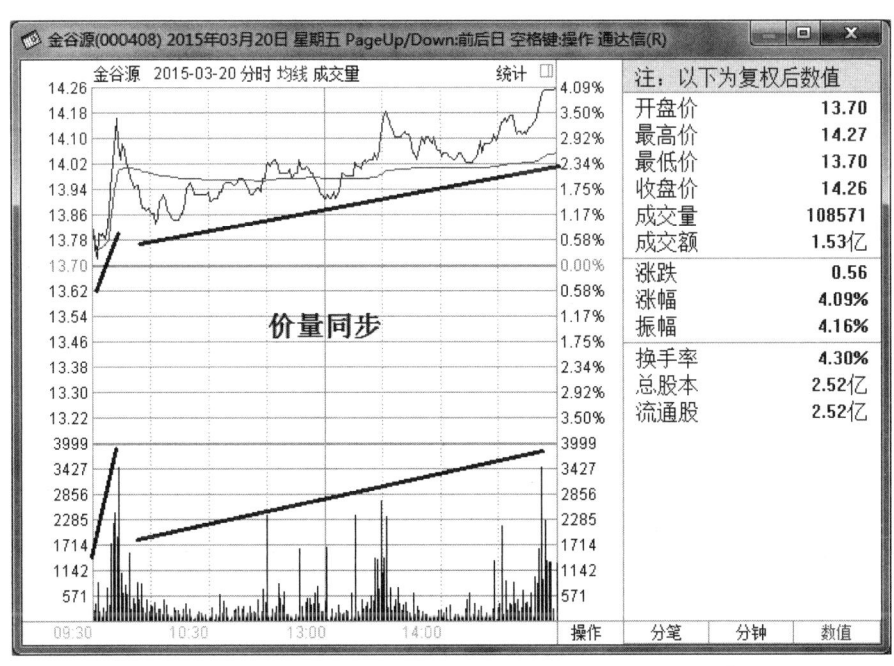

图2-110　金谷源2015年3月20日分时图

如图2-110所示，价量一致同步，又是成功突破形态，买入另外半仓。

图2-111 走势良好

就在连续两次突破形态发出后，分别以半仓买入，直到股价上升到图上右上角位置卖出，如图2-111所示。

这类形态最容易出现在波段起涨之前，一旦20天均线成功站上密集区，而且密集区上又没有较大的阻力时，就是股价腾飞之时。

3.20天均线向下并处在密集区之上

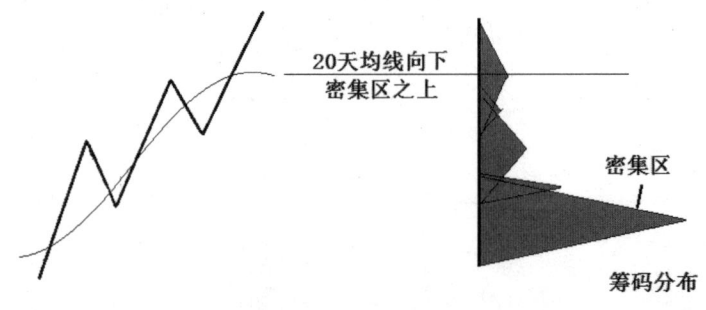

图2-112 20天均线向下并处在密集区之上

该形态股价走势整体处在上升趋势之中，这种情况对于看多做多买入持股有利，在上升趋势中怎么买都是对的，最后都能卖到好价钱，但是20天均线原来也呈现着上升之势，近期却转头向下，这种情况可说好也可说不好，因为还要具体而论。现在从目前这个形态来看，20天均线虽然转头向下了，但是如果能维持在密集区之上时，未来还有继续上涨的余地，如果行情能在这之上继续上涨，说明这次的20天均线向下属于主力机构的震仓行为，目的是把持有该股的投资者都卖在较低的价位，让他们自己能买到更便宜的价格。

低位的成交量不断聚集更说明有主力庄家入场，需要时刻关注筹码是不是在偷偷流出，这个可以从盘中分时图上看出端倪，如图2-112所示。

这个形态下只有大阳线突破买入法最为可靠了。

图2-113　突破形态买入法

如图2-113所示，突破形态买入法是指"股价在上升趋势中、筹码低位密集、且20天均线在该密集区之上，但是近期20天均线转头向下"。另外，当天的收盘价还向上突破了某些形态的压力线，如20天均线或是各种形态的压制线等，我们就把这类形态称为"突破形态买入法"。

突破压力线之前，股价处在明显的上升趋势中，这对准备看涨买入的投资者或已经持有该股的投资者来说是有利的，筹码分布的密集区处在略低的位置，说明较低价位附近有大资金入场，意图可能是建仓买入，既然如此我们不妨将计就计，也在这附近选择一个好的买点买入。

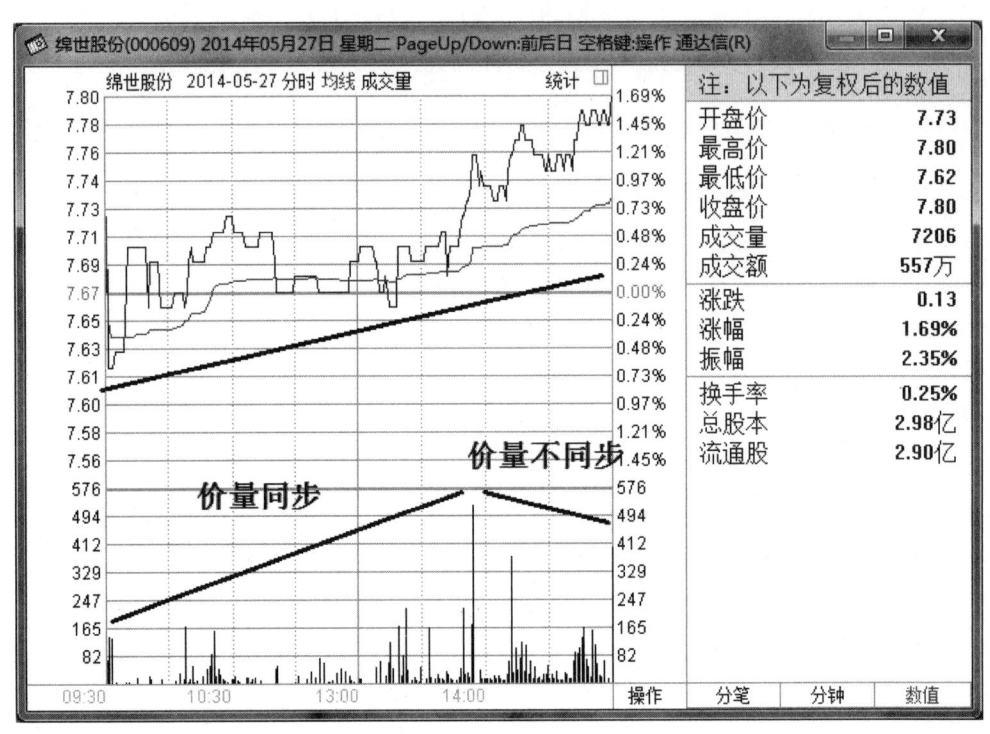

图2-114　绵世股份2014年5月27日分时图

如图2-114所示，上午还以为价量配合得不错，预计尾盘能买上一些，但是到了尾盘，价量开始不对劲了，价格上升而追高的意愿反而不高，这让我们不由得谨慎起来，暂不买入。

过了四个交易日，股价再次大阳线向上突破了20天均线，并成功站于其上，如图2-115所示。

图2-115 买入

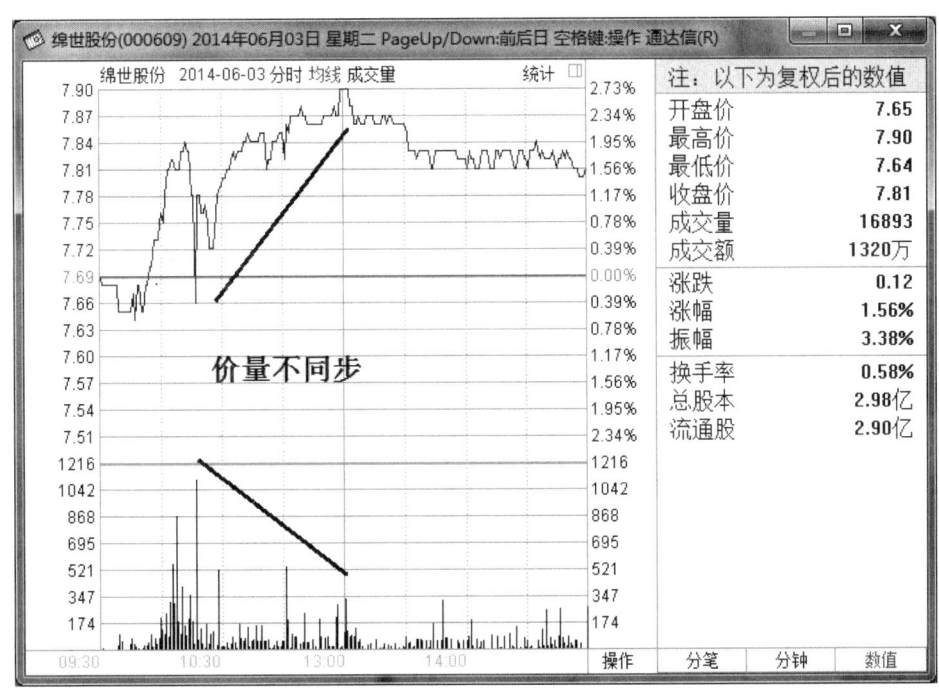

图2-116 绵世股份2014年6月3日分时图

如图2-116所示，该股上午盘出现了价量不同步的情况，说明后市追高买入的投资者越来越少，不过相对于上涨乏力来说，尾盘绵绵阴跌却没有引发强烈的抛售潮，可见持股的投资者还是坚持看好后市的。

从这样的一个情况来看，还是暂不买入，再等待新的更可靠的买入信号出现。

图2-117　买入分析

行情继续围绕20天均线上下震荡，数个交易日后股价再次以大阳线站上了20天均线之上，如图2-117所示。

这次的突破信号是否可信呢？

为什么决定在尾盘前买入呢？全天价格整体上涨，量能也逐步抬高，是股票热卖现象，在日线界面下看到20天均线已经处在密集区山顶上，就差一步就越过了，不管是日线形态上看还是分时图，都支持买入，所以我们最后决定，买入该股，如图2-118所示。

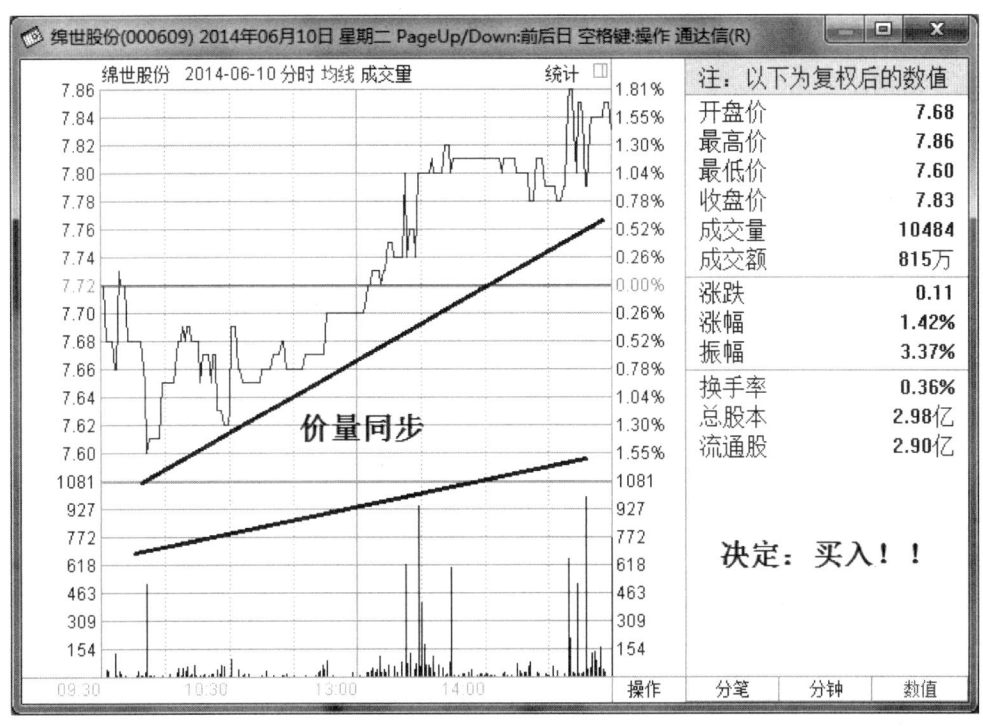

图2-118 绵世股份2014年6月10日分时图

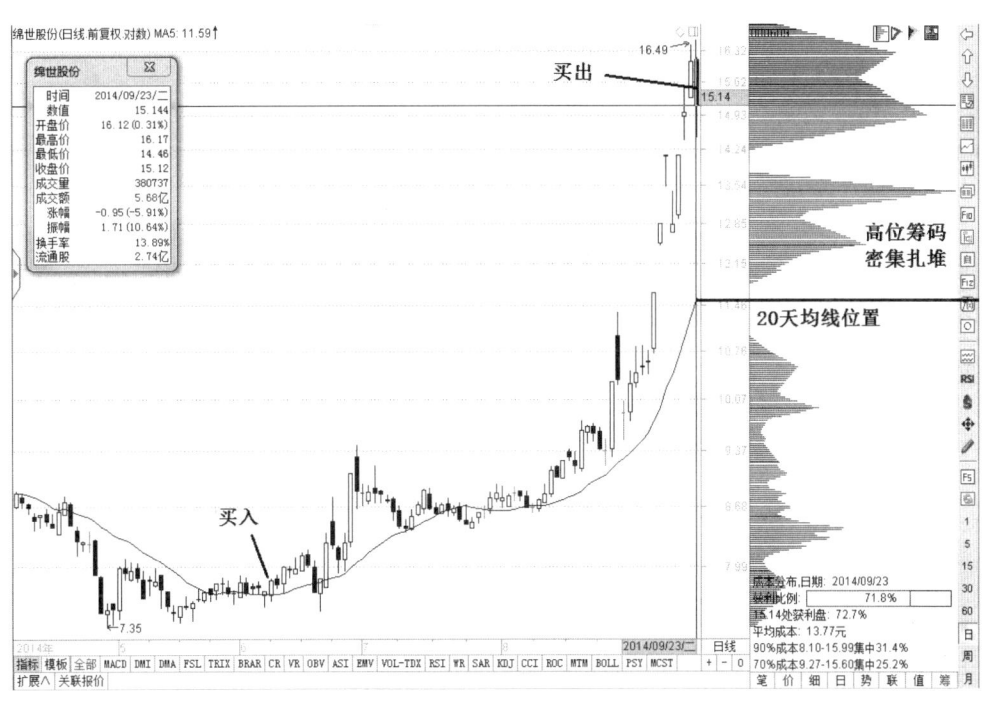

图2-119 卖出

持有该股一段时间后，虽然行情有所回落，但是还未发出可靠的卖出信号，到了上图右上角时，股价在高位成交量增大，20天均线虽然目前仍能向上爬升，但上方的"四座大山"可不是好攀登的，如图2-119所示。

该日报收的大阴线也给看多者当头一棒，从日线上看前景不是很好。

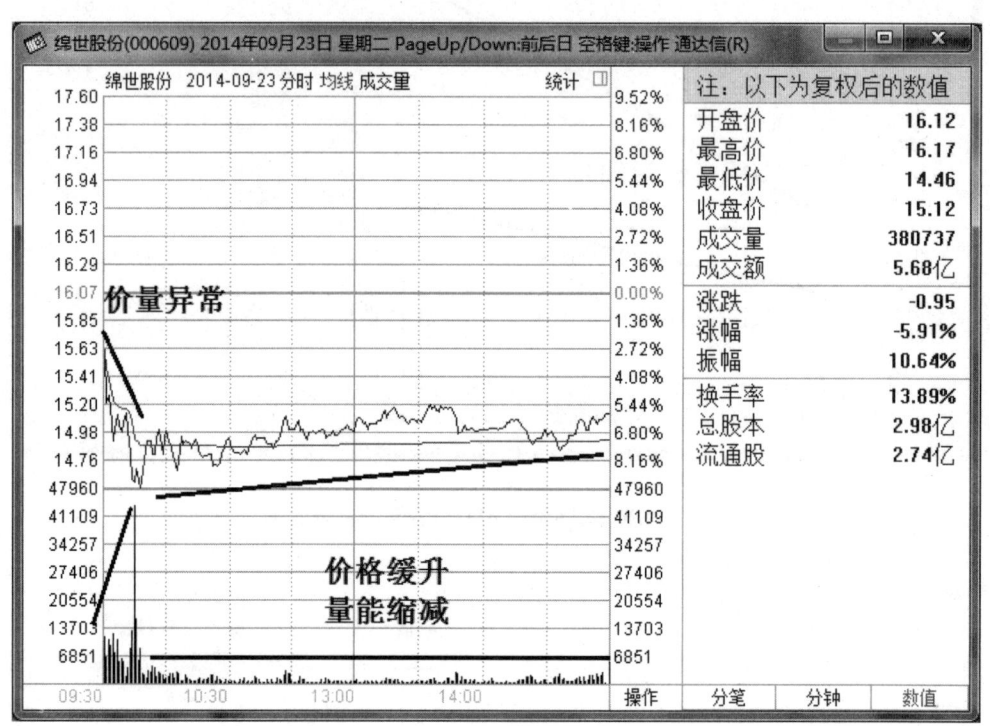

图2-120　绵世股份2014年9月23日分时图

由分时图看，价量确实表现出了上涨乏力现象，买力不足、卖出反而增加，股市谚语"跟着大势走"，所以在当日卖出该股如见图2-120所示。

4.20天均线向下并处在密集区之下

股价在上升趋势中，说明股价走势向好，适合看多做多，买入并持有，而20天均线转头向下，这说明短期上升的可能性在逐渐降低。

低价位的筹码聚集说明主力庄家的成本位置，当前股价虚高，大幅脱离这一成本区，说明股价可能将有所回落，如图2-121所示。

趁这个机会，我们设计了突破买入法、回调均线买入法。

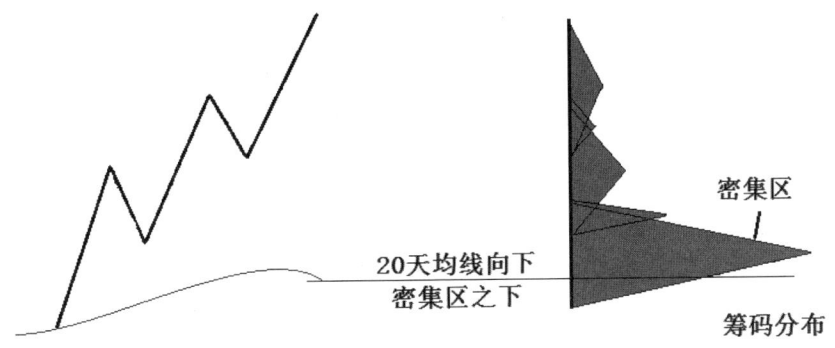

图2-121 20天均线向下并处在密集区之下

下面举例说明。

（1）突破形态买入法。突破形态买入法是指"股价处在上升趋势中、筹码低位密集、但20天均向下并处在密集区之下"。另外，当日的收盘价还突破了某些形态的压制线，这种形态再有分时图上价量齐升的配合，就可以确认信号的可靠性了。

图2-122 突破形态买入法

如图2-122所示，股价近期还处在下降趋势中，股价不断创出新低，带动20天均线向下跌落至密集区下，更不用说突破买入信号了，连一个像样的反弹都没有，要是看好这只个股的投资者，还需要时间观察。

图2-123　或将上破

就在观察的数个交易日内，股价在低位盘整了好一段时日，成交量堆加到了一定程度，筹码分布上看将要成为新的成交密集区了，如果如此，局面反而改观了不少，因为在这区域敢大量买入的人不多，很可能是主力机构所为，目的是买到足够低廉的价格，但我们要是以此为依据买入的话不太妥当，因为如果不是庄家主力在建仓买入的话，就不可轻易跟进，如图2-123所示。

股价开盘没几分钟就大阳线直奔涨停，全天封在涨停板上，看着势头强劲，盘中又有价量配合，适合跟进，如图2-124所示。

图2-124　突破买入

图2-125　买入后股价一路上扬

买入后股价强势上升,延着向上走的20天均线不断上升,其间可以看到20天均线多次起到了支撑作用,那么我们就把卖出点设在了20天均线上,如果股价跌破了它,就说明短期上升趋势就此告一段落,如图2-125所示。

本次交易获利不小。

(2)突破后回调均线买入法。该股长期看是处于上升趋势中,近期股价有所回落并处在震荡行情之中,股价的下跌带动了20天均线转头向下,并且20天均线始终没有能够爬上上方的筹码密集区,但是短期看已经形成了明显的上升趋势,股价也多次向上尝试突破20天均线的压制,特别是今日这只大阳K线,如图2-126所示。

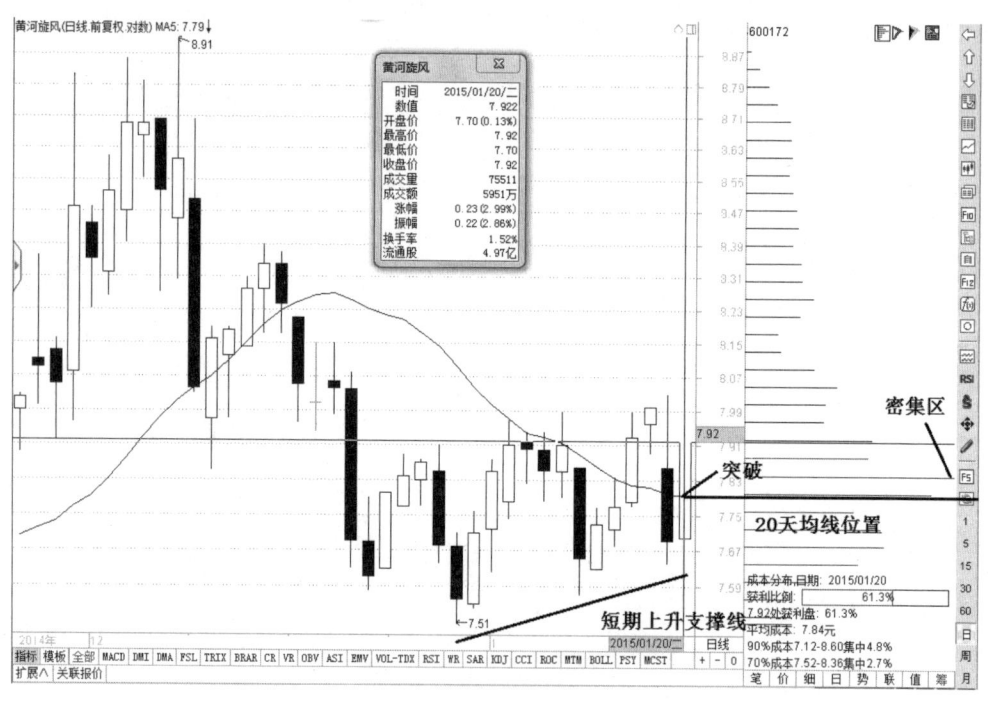

图2-126 突破后回调均线买入法

从盘中分时图2-127上看,价量的同步配合,说明本次突破是真实可靠的,决定买入这只股票。

如果是价量不同步的话,便不可轻易买卖。

要是在当日因为其它原因没能及时买入的话,还有机会等待股价回调到20天均线上时再行买入!

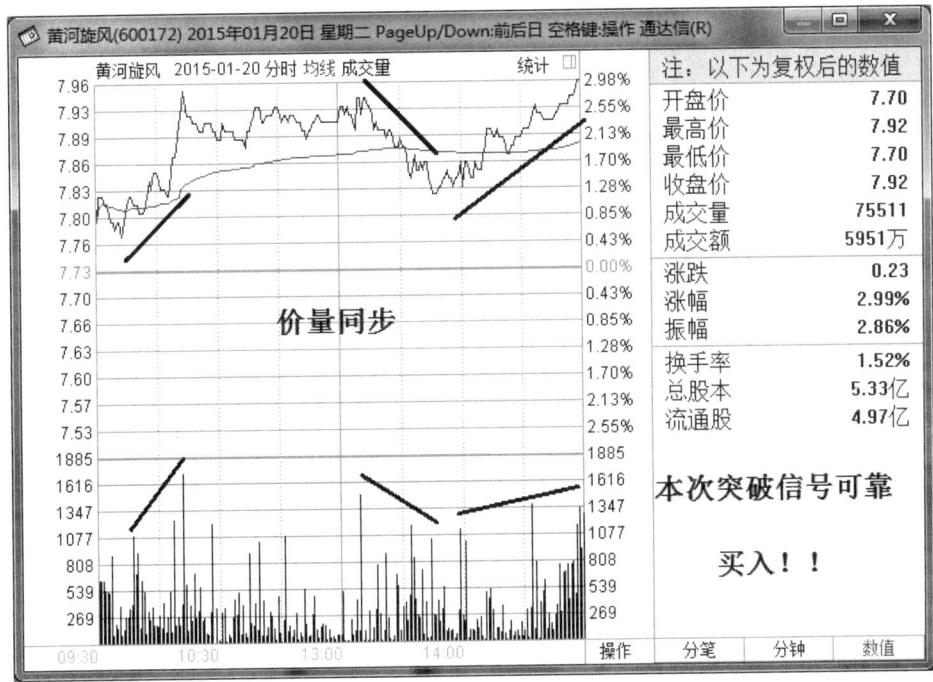

图2-127 黄河旋风2015年1月20日分时图

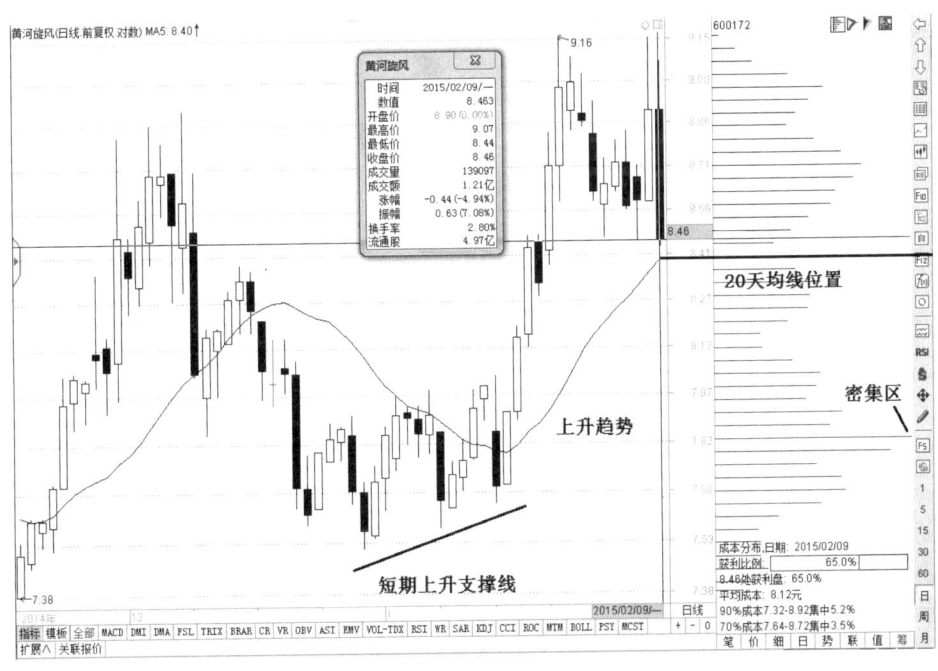

图2-128 买入分析

就在股价成功突破后不久,股价就展开了一轮气势磅礴的暴涨行情,但维持的时间不够长,随即进入大幅震荡行情中,如图2-128所示。

该日股价回调到了20天均线附近,是否是较好的买入机会呢?

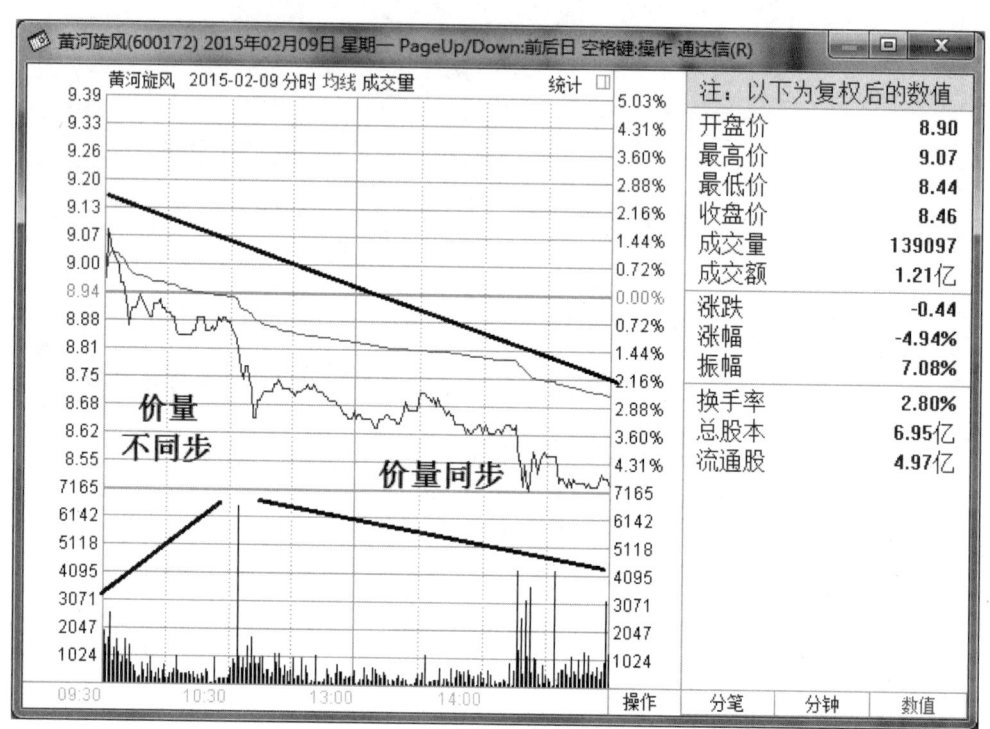

图2-129 黄河旋风2015年2月9日分时图

调出分时图,如图2-129所示,我们看到这个大阴线早盘还表现出价跌放量的恐慌性卖出潮,看似都对后市不看好,可是股价再往下跌,却有量能的增加,这是为什么?股价往下跌应该引发卖出潮的,应该都不惜价格拼命抛售,像大甩卖一样,成交量却不断减少,怀疑是震仓将要结束的预兆。

综合考虑后,前期如果没有买入这只股票的投资者可以选择在今日收盘价附近买入该股。

买入后股价走势如平步青云,顺着20天均线向上的势头,股价连续暴涨,带来了不小的利润,但是阳线震荡的幅度比较大。虽然从筹码分布图上看上方没多少筹码的压制了,但是股价这样的暴涨不可能永远下去,它总会有个终点。原来买入时的密集区较现在的密集区相距较大，而且现在的密集区明显大于之前的密集区，这说明行情这样的暴涨很可能是主力庄家拉高出货，如图2-130所示。

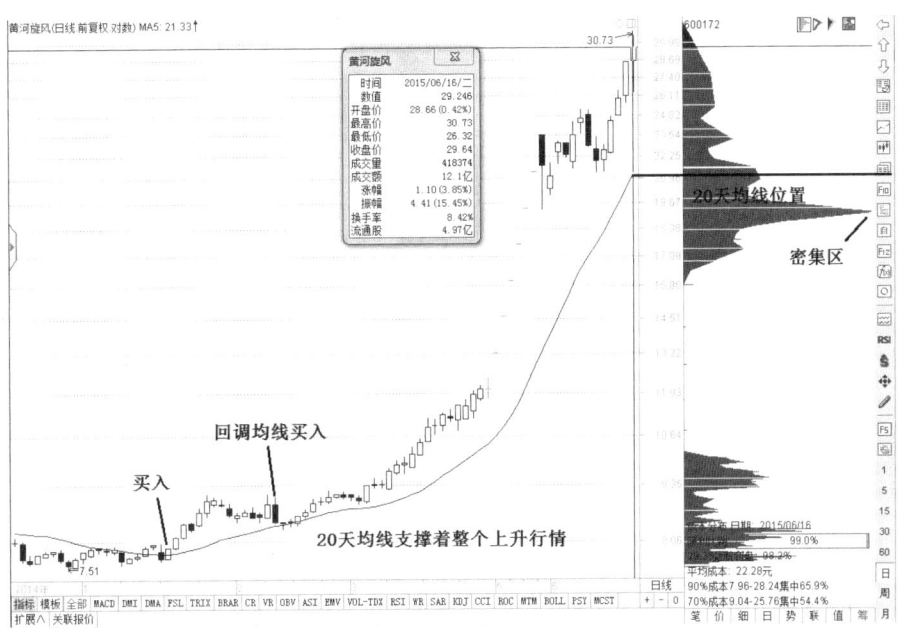

图2-130　卖出分析

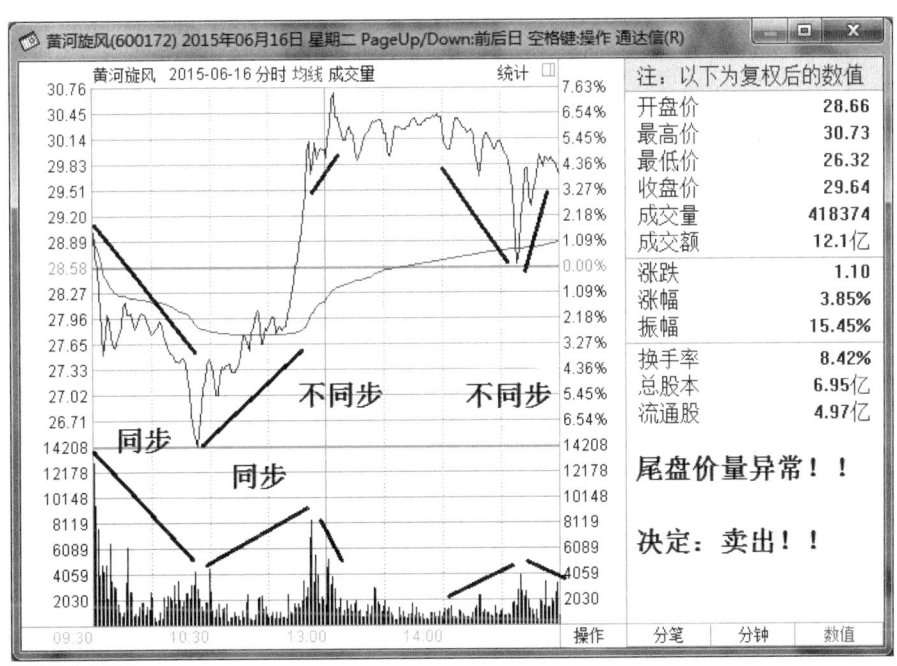

图2-131　黄河旋风2015年6月16日分时图

查看该日分时图，如图2-131所示，接近午盘以后发现价量的不同步现象，这表示行情上升已显疲软，上涨时成交量不增多反而减少，下跌时成交量反而增多，这就不支持继续看好后市，所以决定就在该日卖出。

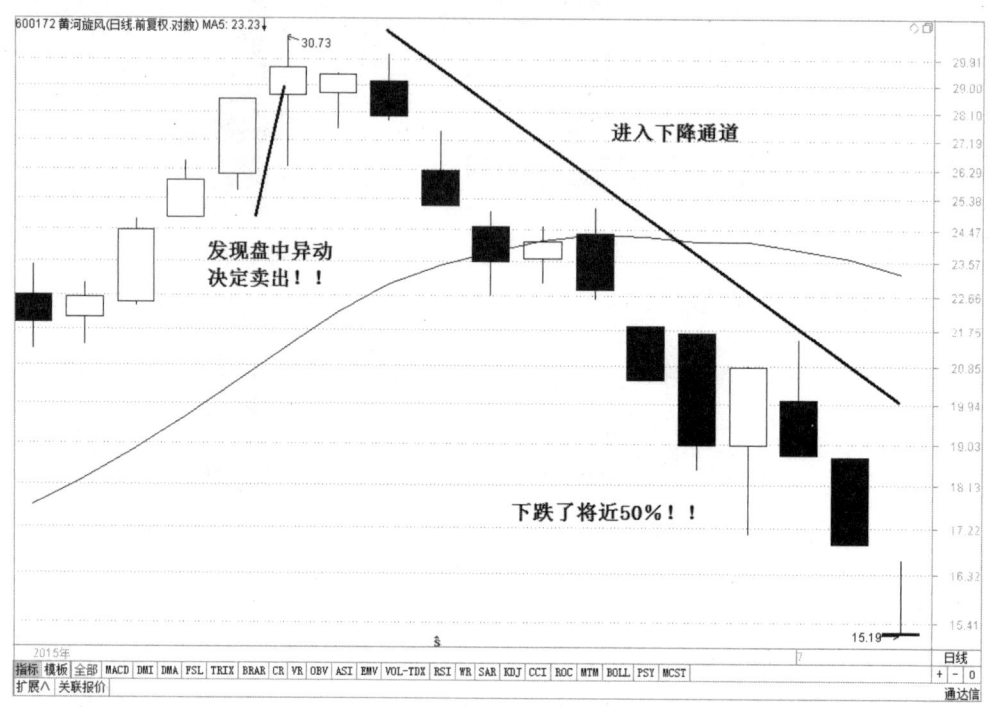

图2-132 卖出后走势

从后续的走势来看，我们正好卖在了相对高的价位，这次交易获利颇丰。如图2-132所示。

第三章

横向趋势中

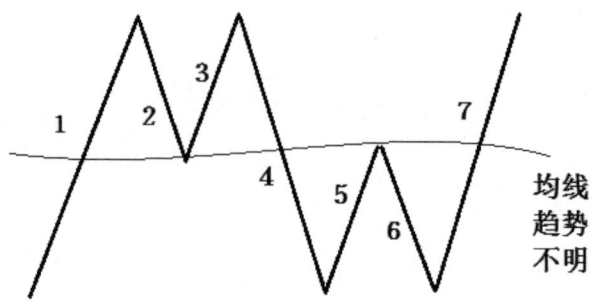

图3-1 横向趋势

什么是横向趋势?

如图3-1所示,股价的高点和低点基本上处在一个水平区域内,上下可以有略微的差异,均线所具有的趋势性在此时也不太可靠,这样的趋势就叫做横向趋势,也叫横向整理行情。

在这类横向趋势中,利于运用震荡类指标操作或短期均线的正向操作法则操作或长期均线的反向操作法则操作。

震荡类指标常见的有KDJ指标。

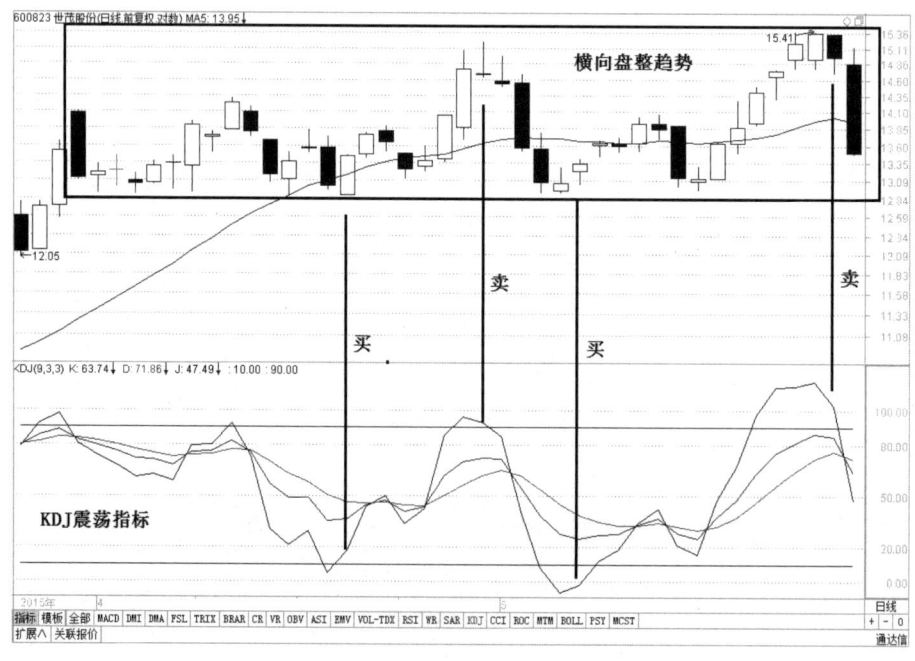

图3-2 KDJ指标与横向趋势

经典的KDJ指标最适合横向趋势或震荡行情。指标线能很好的描述短期股价的高低位置，短线投资者可以很好的利用它赚取短线利润，如图3-2所示。

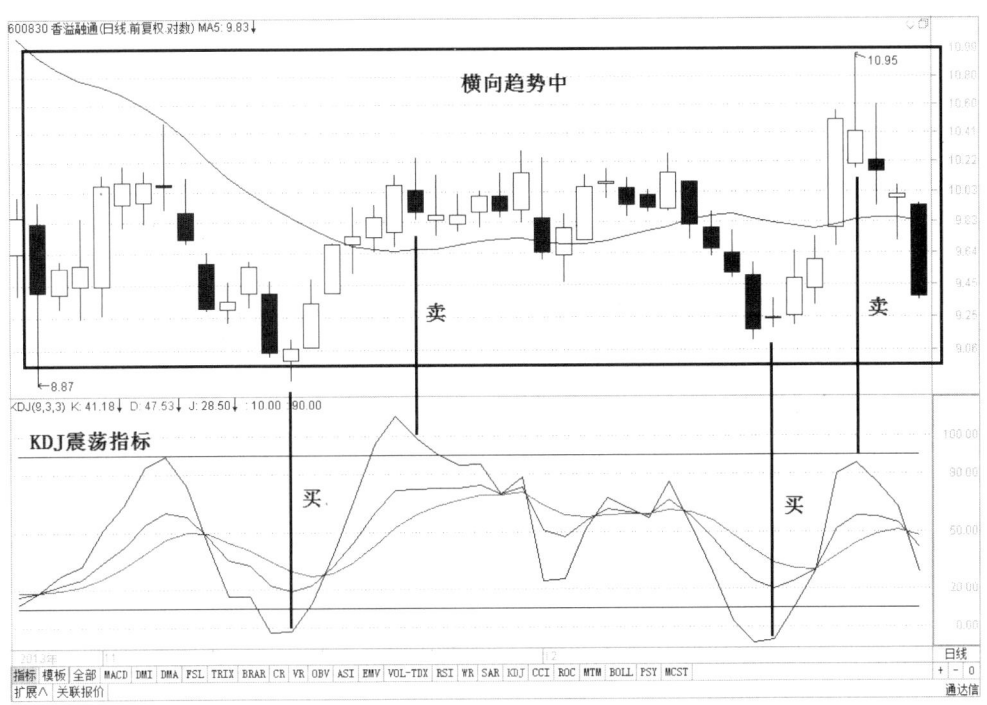

图3-3　震荡指标适合于横向趋势交易

不管行情怎样震荡，利用KDJ震荡指标都能很好地给出短线的买入、卖出信号，根据这些信号可以很好地加入横向趋势中来。

由于震荡指标适合于任何震荡趋势、横向趋势，因而震荡或横向趋势中较多的被投资者所采用，如图3-3所示。

一、筹码高位密集

横向趋势中筹码高位密集的形成过程模拟：

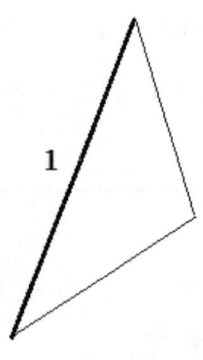 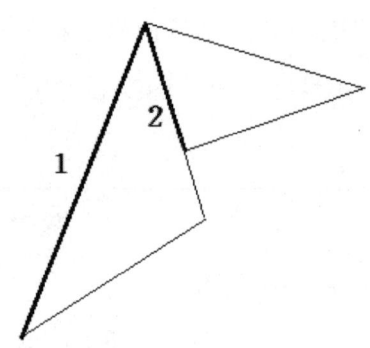

图3-4 第一波上升　　　　　图3-5 第二波下降

波段1是个较大幅度的上升波段,该波段里的成交量不管是多还是少,一般不会影响整个波段的筹码位置,能影响筹码密集移位的是那些如波段2、波段3、波段5、波段6这样偏高位或低位的小波段的成交量,如图3-4所示。

波段2是个小幅的下降波段,波段里的成交量较波段1显得更大,就波段1、波段2来说,筹码密集区已经上移于波段2了,如图3-5所示。

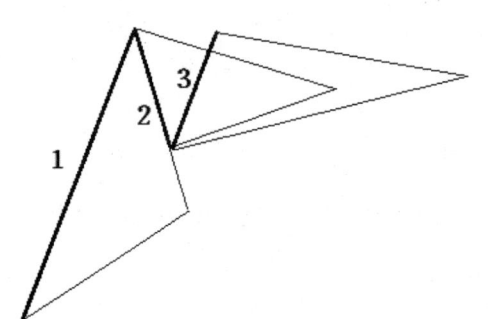 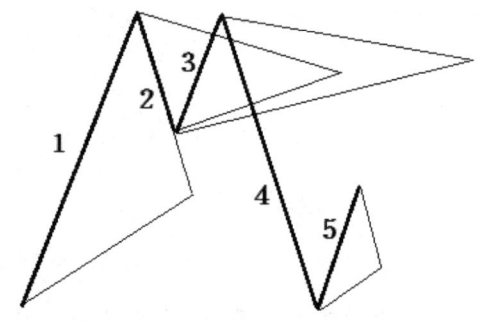

图3-6 第三波上升　　　　　图3-7 第四波下降

波段3是又一波的上升波段,波段里的成交量更多,这就基本上巩固了横向趋势的高位成为筹码密集区的地位,只要波段5、波段6的成交量较波段2、波段3少,就可确认筹码高位密集,如图3-6所示。

波段4不管是量大还是量少一般都不会影响横向趋势的密集成交区的高低,而决定密集成交区高低的是波段5和波段6,如图3-7所示。

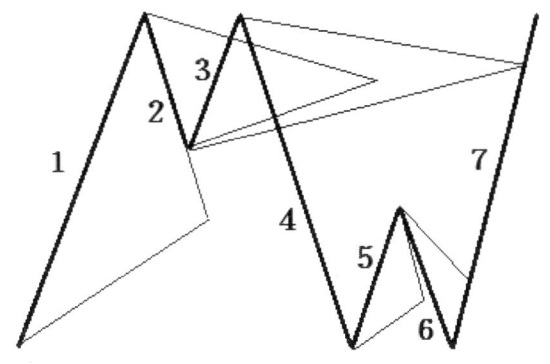

图3-8 第五、第六、第七波段

波段5和波段6的成交量都明显低于波段2和波段3,这就确认了在该横向趋势内,筹码高位集中,如图3-8所示。

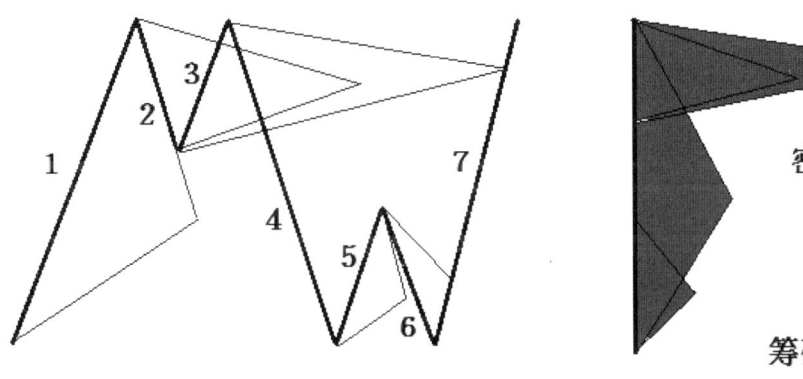

图3-9 筹码分布

整个横向趋势中,高价位的成交量明显多于低价位的成交量,这种情况就叫做横向趋势的高位筹码集中,如图3-9所示。

这意味着在高位发生了很多较大量而且较频繁的交易,怎么形成的呢?是庄家在震荡中出货?还是另有隐情?目前还不好说,应该具体事情具体分析,有待进一步通过形态与价量的配合或其他技术指标来分析才能得出最后的结论。

1. 20天均线向上并处在密集区之上

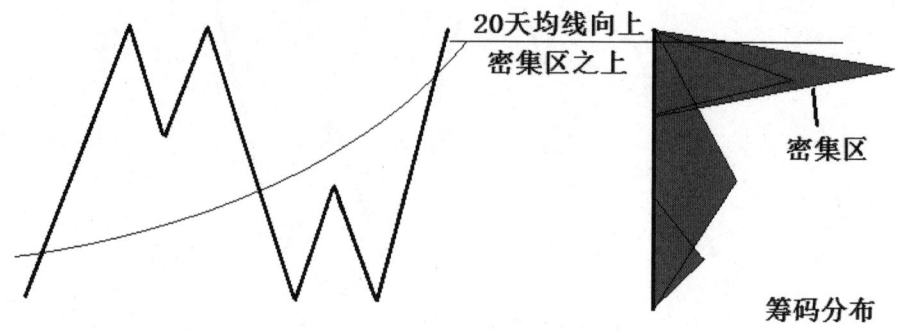

图3-10 20天均线向上并处在密集区之上

股价处在横向趋势中,说明股价走势处在震荡行情之中,持有股票的投资者适合观察是否出现卖出信号,手中没有该股的投资者需要等待买入信号的出现,20天均线向上仍表示短线行情仍然向好,也适合于短线操作。总体上说这个形态还是利于看多做多。

随着成交量不断在高位堆积,这就使得筹码分布指标的密集区出现在高位,而20天均线在这个密集区之上时,就意味着行情很可能一飞冲天,上行压力已经非常小了,只要行情继续顺着上升趋势或均线向上行走,股价就会一直保持迅猛的上涨势头,如图3-10所示。

该形态下主要有:大阳突破买入法、回调20天均线买入法这两大类。

(1)突破形态买入法。如图3-11所示,突破形态买入法是指"股价处在横向趋势中、筹码高位密集、20天均线向上并处在密集区之上"。另外,当日的收盘价还突破了某些形态的压制线,这类情况我们就称为"突破形态买入法"。

从图3-11上可以看到,股价向上突破了20天均线的压制。另外从筹码分布指标上看,20天均线也越过了筹码密集区,但是上方又增加了一个差不多等同原密集区的筹码压制,所以还有待进一步观察后再决定是否买入。

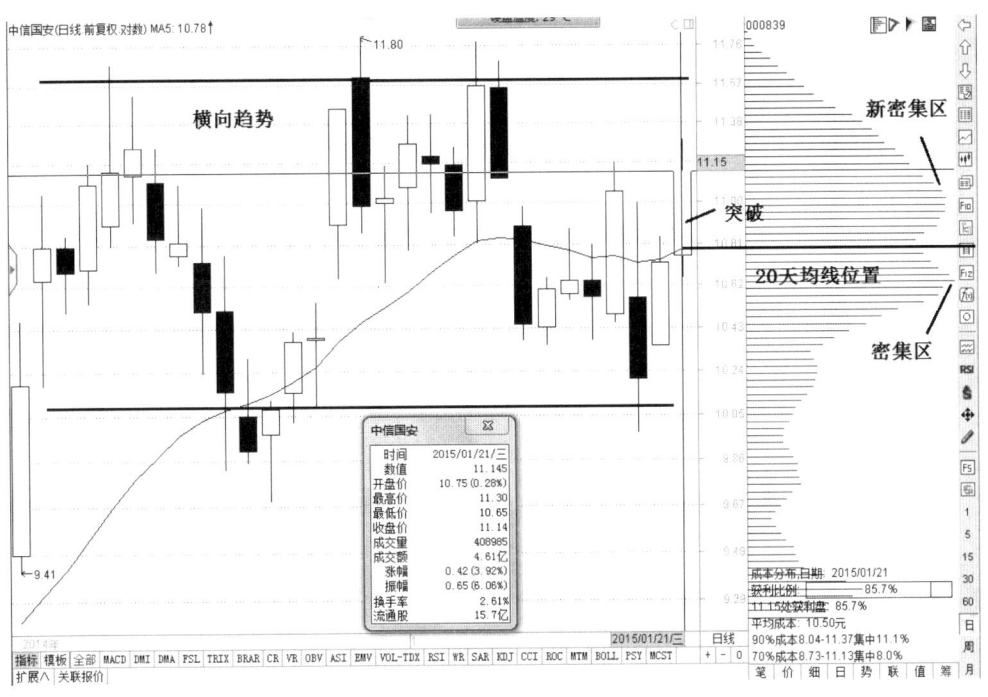

图3-11 突破形态买入法

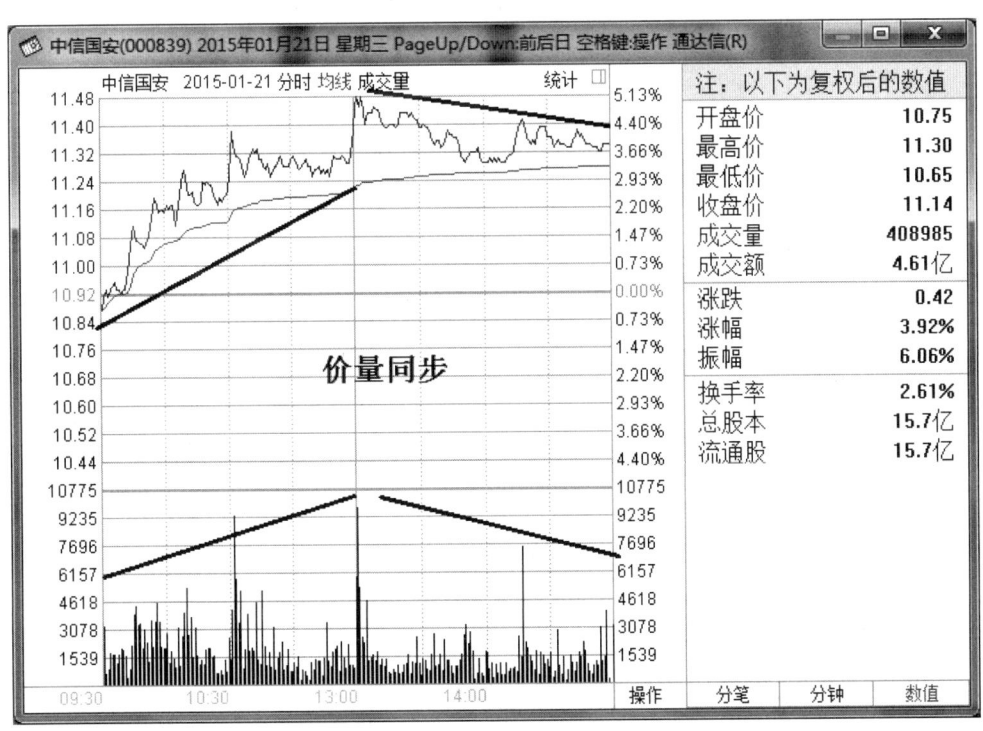

图3-12 中信国安2015年1月21日分时图

调出分时图，如图3-12所示，价量同步配合，按理应该可以在突破20天均线时买入，对于稳健的投资者也可以选择在股价再向上突破了整个横向区间上延时再行买入，这样可靠性就大大增强了。

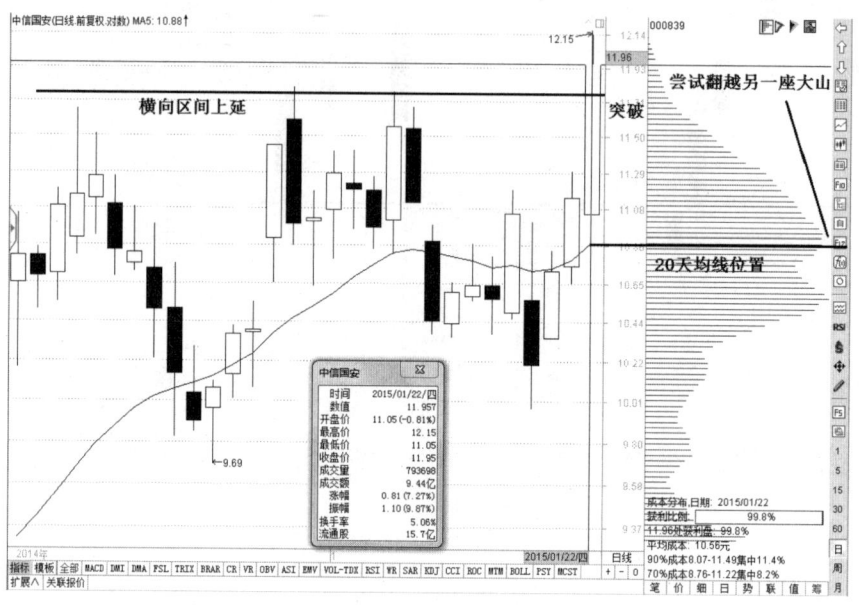

图3-13 等待买入机会

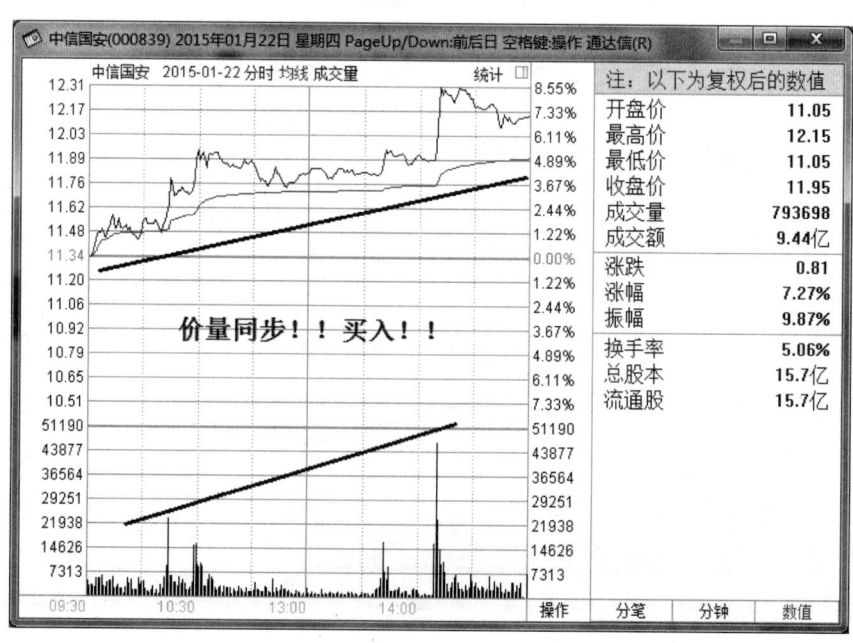

图3-14 中信国安2015年1月22日分时图

就在股价突破20天均线后的下一交易日，股价暴涨拉升，日线上突破了横向区间的上延，筹码指标上也带动了20天均线翻越上方的筹码密集区。如果价量还能如前配合，则是极好的买入时机，如图3-13所示。

果然，价量是同步的，说明未来涨势不小，应该马上在尾盘买入，如图3-14所示。

图3-15　买入后股价持续上升

这波买入没有买在波段最低点，虽然提高了成本但是也降低了风险。

出现买入信号未必个个都是可信的，这需要看盘中价与量是否呈现出同步的信号，如果两者信号同步，则是极好的买点或卖点。

当然，图3-15中股价曾多次回调至20天均线上，也是不错的追涨买入的好机会。

（2）回调均线买入法。如图3-16所示，股价向上突破了横向区间的上延，同时带动20天均线向上并且站上了处在高位的筹码密集区，这意味着行情再向上行的阻力已经没有了，上行空间很大。然后我们再分析一下分时图看是否与这个观点一致，如果一致，就可以在该日收盘前买入，如果没有抓住这次机会又想以更妥当的方式买入的话，可以考虑后期股价回调到20天均线附近时再视情况买入。

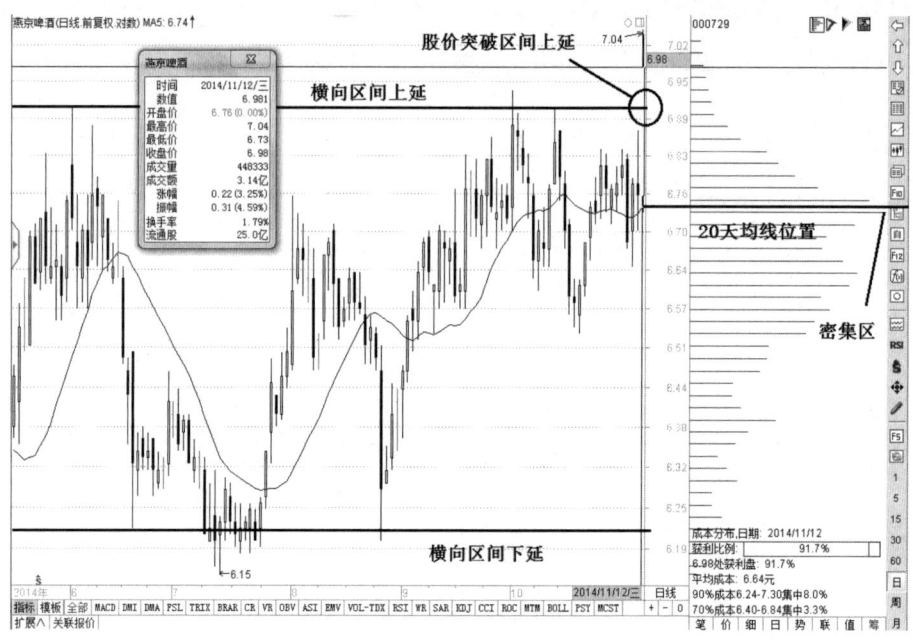

图3-16 回调均线买入法

图3-17 买入

如果前期的大阳线突破时没有能够及时买入该股的话，或是希望能以更低的价位买入的话，可以在股价回调20天均线并得到支撑后的尾盘收盘之前买入该股，就能买到较前一信号较低的价位，但不是每次突破信号出现后都会有回调较低价位的机会，如图3-17所示。

图3-18　买入后股价上涨

本次交易买入点买在了相对较低的区间里，虽然后市震荡幅度仍然不减，但是总体仍处在上升趋势中，如图3-18所示。

买入信号是否可信除了日线图上看到的那样之外，还要观察当日分时图，价量所表现出来的情况与日线及筹码指标同步时，买卖信号才可信。

2. 20天均线向上并处在密集区之下

股价之前处在横向趋势中，说明股价走势处在震荡行情中，持有股票的投资者适合观察是否出现卖出信号，手中没有该股的投资者需要等待买入信号的出现。20天均线向上仍表示短线行情仍然向好，也适合短线操作。总体上说这个形态还是利于看多做多,关键是股价能否带动20天均线越过筹码密集区。如果股价带动20天均线向上越过了筹码密集区,就说明股价上行的空间很大,是值得跟进买入的;如果不能,就说明密集区的阻力实在强大,股价再往上走的可能性越来越低,如图3-19所示。

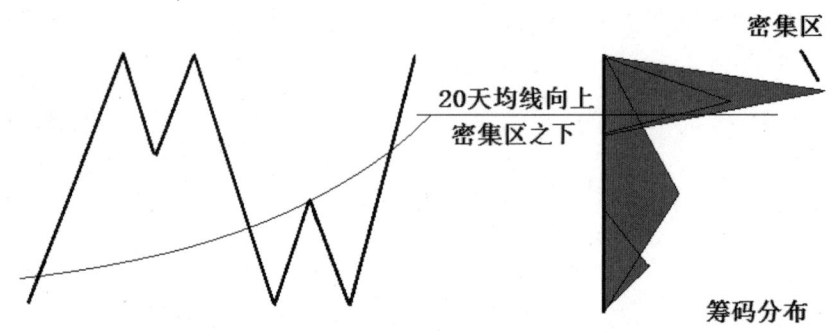

图3-19　20天均线向上并处在密集区之下

该形态下只有大阳线带量突破买入法这一类买入信号。

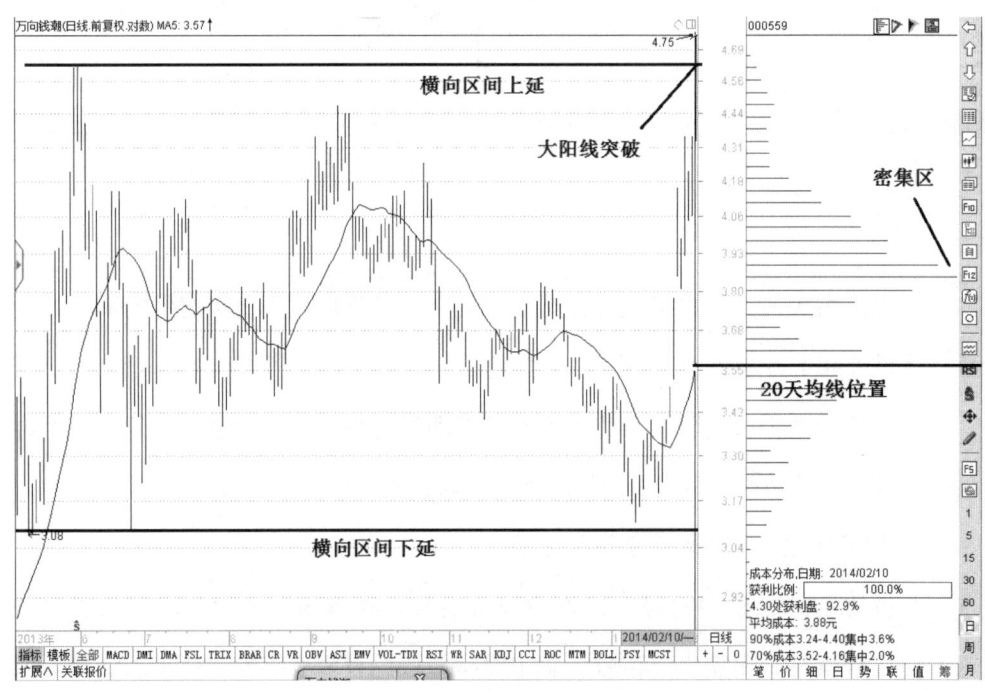

图3-20　大阳线带量突破形态买入法

如图3-20所示，股价之前处在一个较长周期的震荡区间中，这说明行情一直在横向行走中，筹码密集区集中于该横向区间的上部，所以称为"高位密集"。这说明行情在震荡区间的较高位置交易量大且频繁，如果行情向上突破了这个横向区间的上延，并且有量的支持，则这次突破就称为"大阳线带量突破形态"，是个较好且经常出现的买入信号。

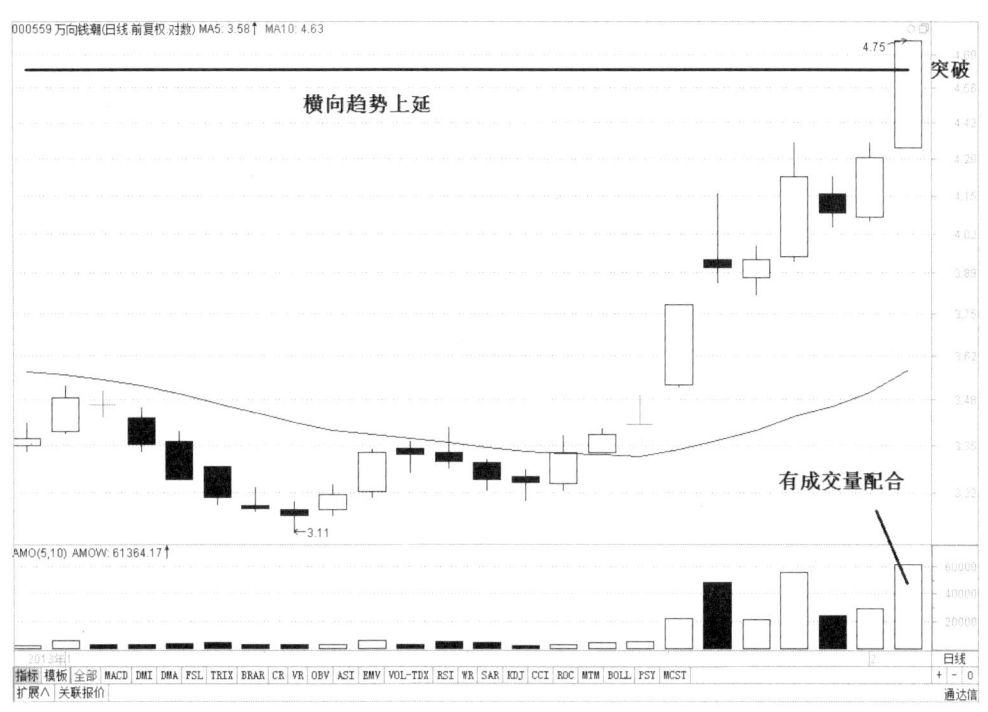

图3-21 大阳线带量突破

股价突破横向趋势上延时，当日的成交量急剧增加，在成交量指标上很明显。一般来说这样的突破又有成交量增加的配合，能吸引不少投资者的目光，所以短期趋势应该向好，如图3-21所示。

但是，如果后市没有带动20天均线向上爬越筹码密集区的话，还是尽快卖出为好。

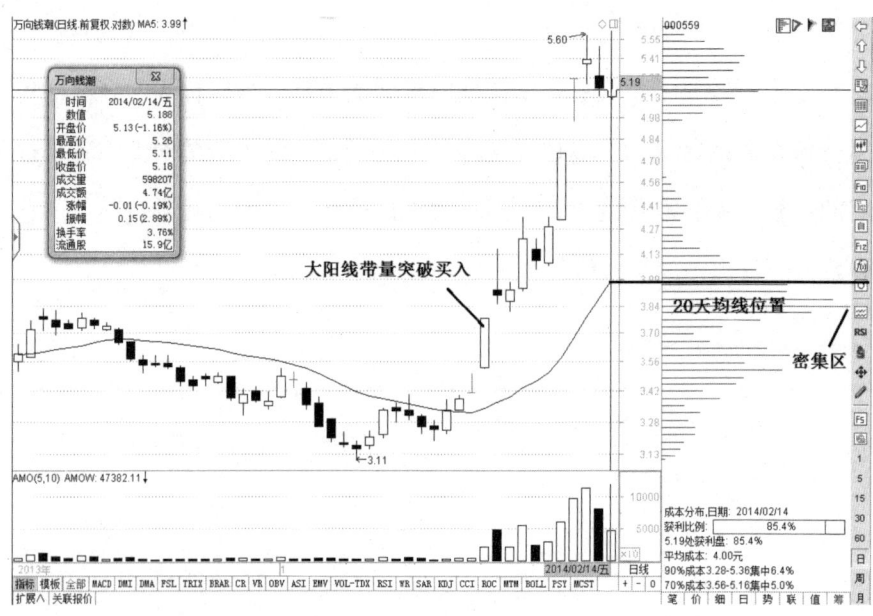

图3-22 筹码分析

自买入后数个交易日,股价一直向上涨,如图3-22所示,股价小幅回调的同时,从筹码分布指标上看,近来的上涨也带动了20天均线翻过了筹码密集区的压制点,这样的话上行的压力更小了。

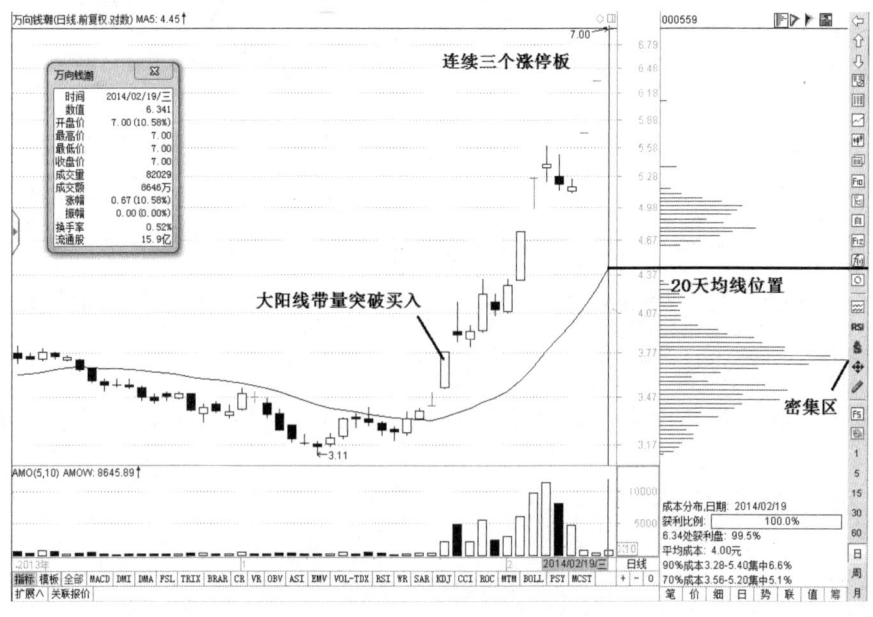

图3-23 股价继续攀升

果然，其后行情连收三个涨停板，连续上涨了30%，如图3-23所示。

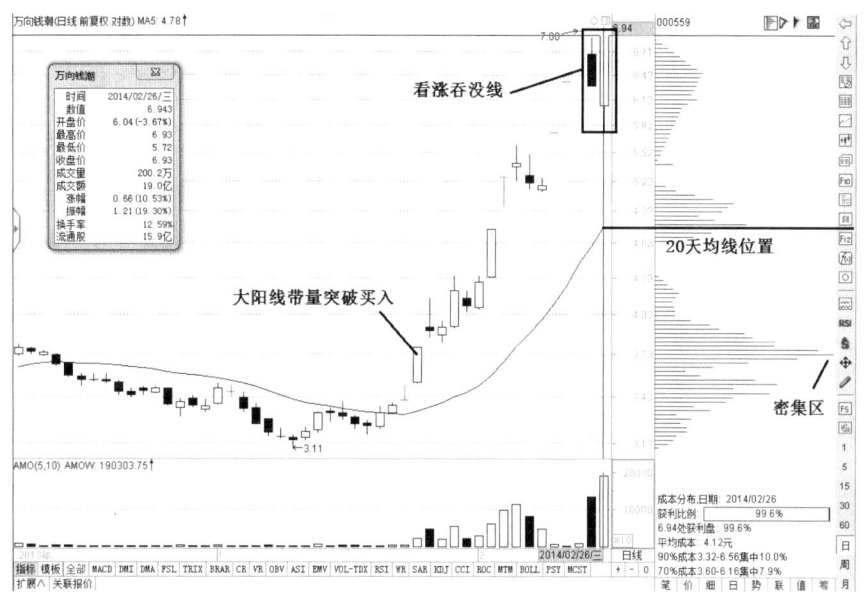

图3-24 卖出

紧接着小幅回调了一小段，然后出现了所示的"看涨吞没线"K线形态，预示行情还将继续上涨，应继续持有该股，如图3-24所示。

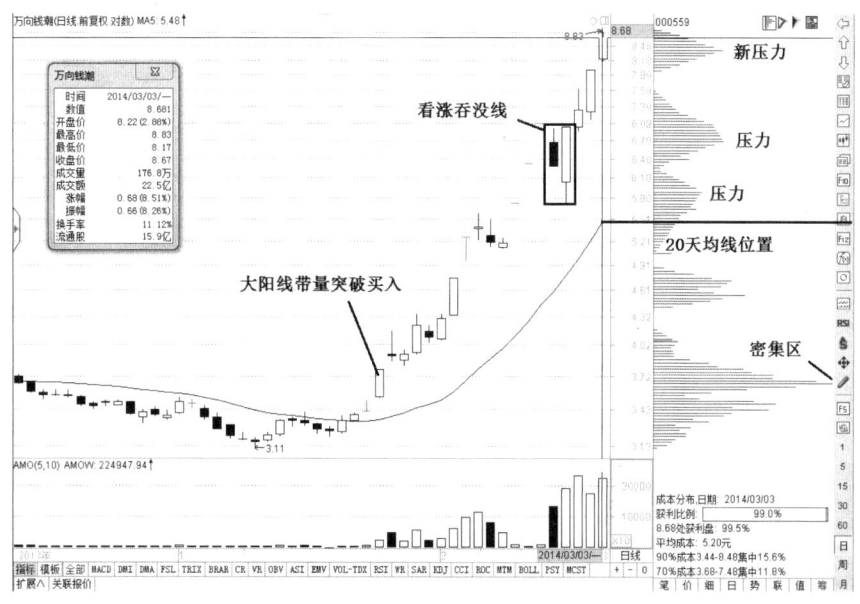

图3-25 卖出分析

股价继续上涨,但是每一个交易的成交量都显得异常的大,虽然20天均线站上了密集区,但是它上方的压力好像也不小,如图3-25所示。

发现量能的异常后,留意后续每一个交易日的分时图。

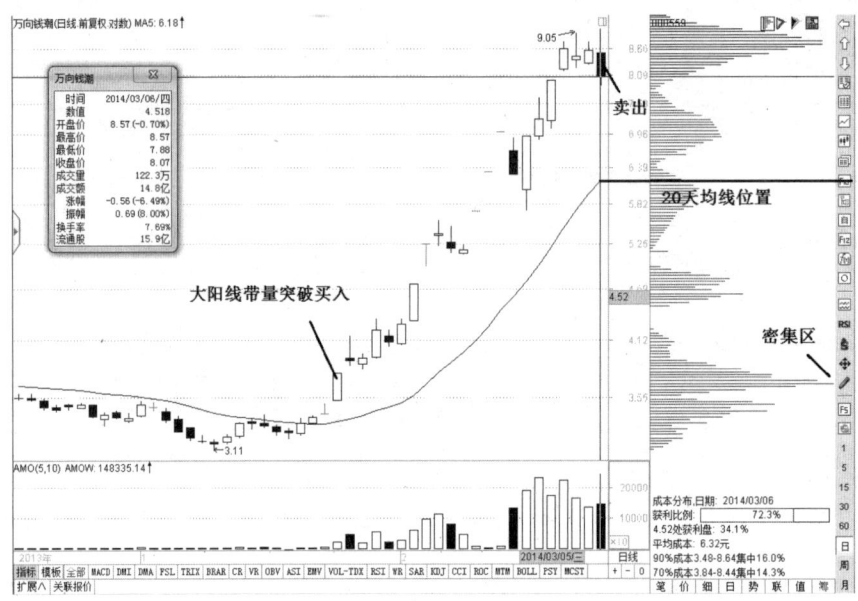

图3-26 高位筹码密集

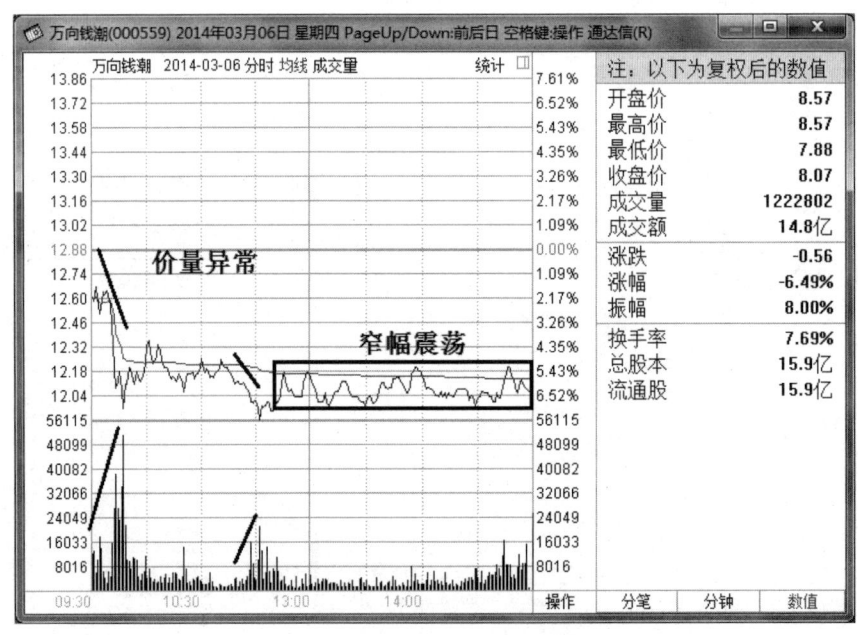

图3-27 万向钱潮2014年3月6日分时图

在股价高位盘整4个交易日后，从筹码分布上看已经在高位集结，长度上不比密集区短，可见未来20天要想继续上行突破这一密集区的话，有相当难度，从日线上看已经不适合继续持股了，如图3-26所示。

调出分时图看，该日确实应该卖出。因为价格下跌时带出了大量的卖出成交单，尾盘窄幅震荡时开始还是很犹豫的，接近尾盘时成交量开始增大，人们纷纷卖出了手中的股票，如图3-27所示。

因此应收盘前卖出该股，不再持有。

图3-28　卖出与后续走势

后续股价果然进入了下降趋势，从9元跌到了6元，如图3-28所示。

不管哪种买入信号都要观察当日分时图，以免误判。有价量支持的买入信号可以买入，没有价量支持的买入信号可当成卖出信号；有价量支持的卖出信号可以卖出，没有价量支持的卖出信号可以当成是买入信号来使用。

3. 20天均线向下并处在密集区之上

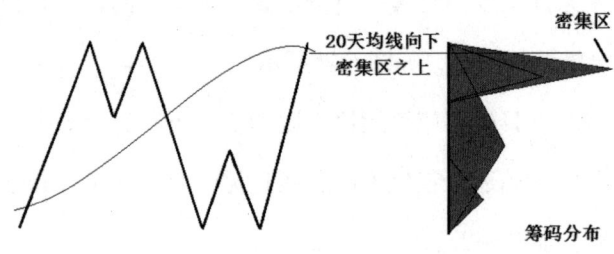

图3-29 20天均线向下并处在密集区之上

股价处在横向趋势或大幅的震荡行情中，但近期20天均线转头向下，表示短线行情仍未向好。但从筹码分布上看20天均线仍处在密集区之上，只要该密集区仍具有支撑作用的话，股价将来还有上涨的动力和上升的空间，如图3-29所示。

该形态下只有均线转头向上买入法、大阳线带量突破买入法这两类买入信号。

（1）均线转头向上买入法。如图3-30所示，股价处在横向震荡的区间中，筹码密集区集中于该横向区间的上部，所以称为"高位密集"。这说明行情在震荡区间的较高位置交易量大且频繁，如果该股的20天均线转头向上时，就是较好的买点，当然这得配合同样看好后市的价量分时图，否则万不可轻易买入。

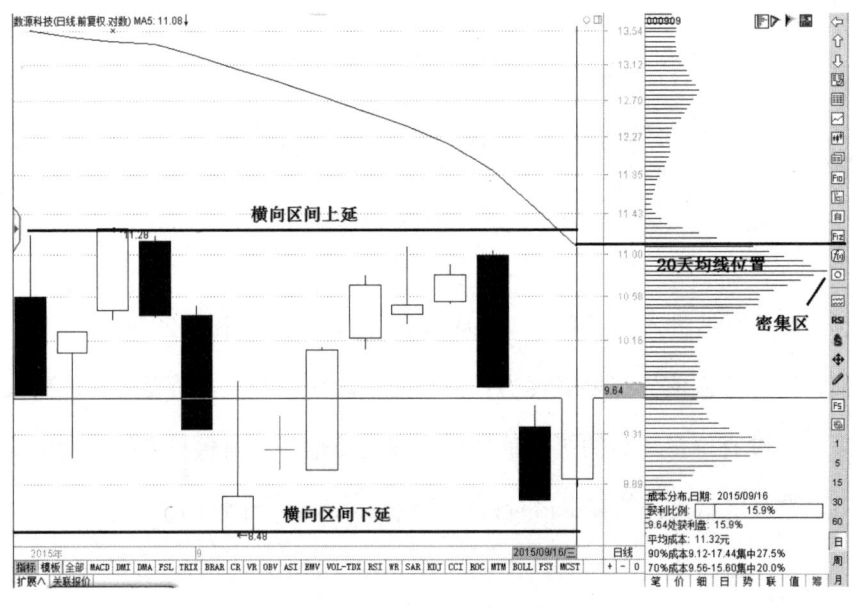

图3-30 均线转头向上买入法

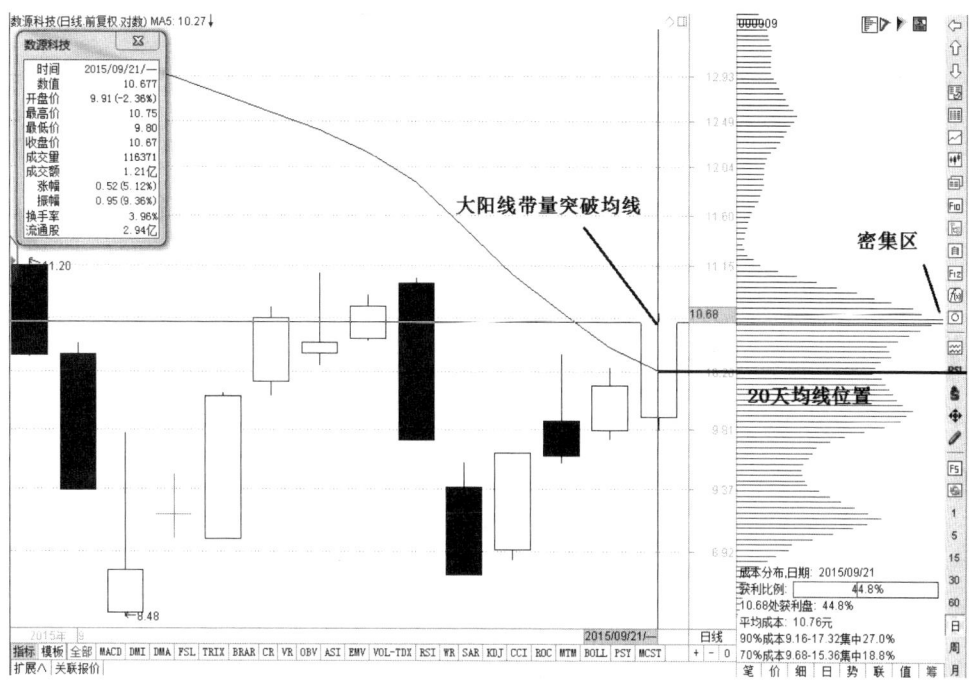

图3-31 突破

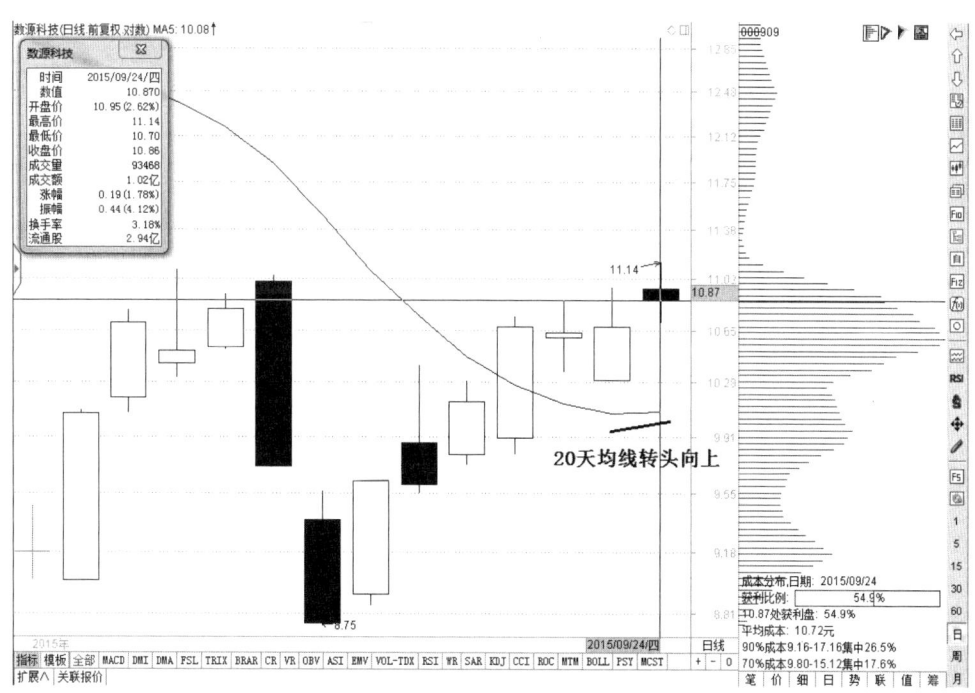

图3-32 买入

三个交易日后股价接着出现了大阳线带量突破均线的买入形态,可以买入。如图3-31所示。

三个交易日后,股价缓慢的上涨带动了20天均线转头向上,这时就是本形态的买入信号了,如图3-32所示。

具体调出分时图。

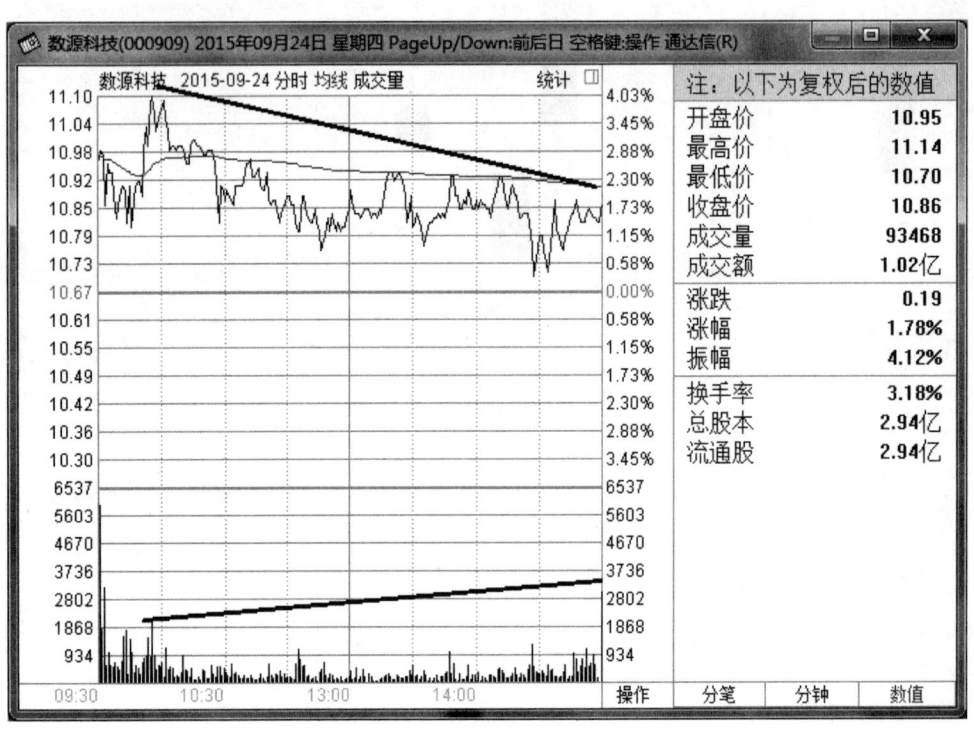

图3-33　数源科技2015年9月24日分时图

从分时图上看到下跌带来了不小的成交量,说明还有不少不看好后市的投资者在不断卖出手中的股票,那么就与日线表现出来的情况不一致了,所以留待后续走势而定,如图3-33所示。

次日股价放量致大幅下跌,如图3-34所示。

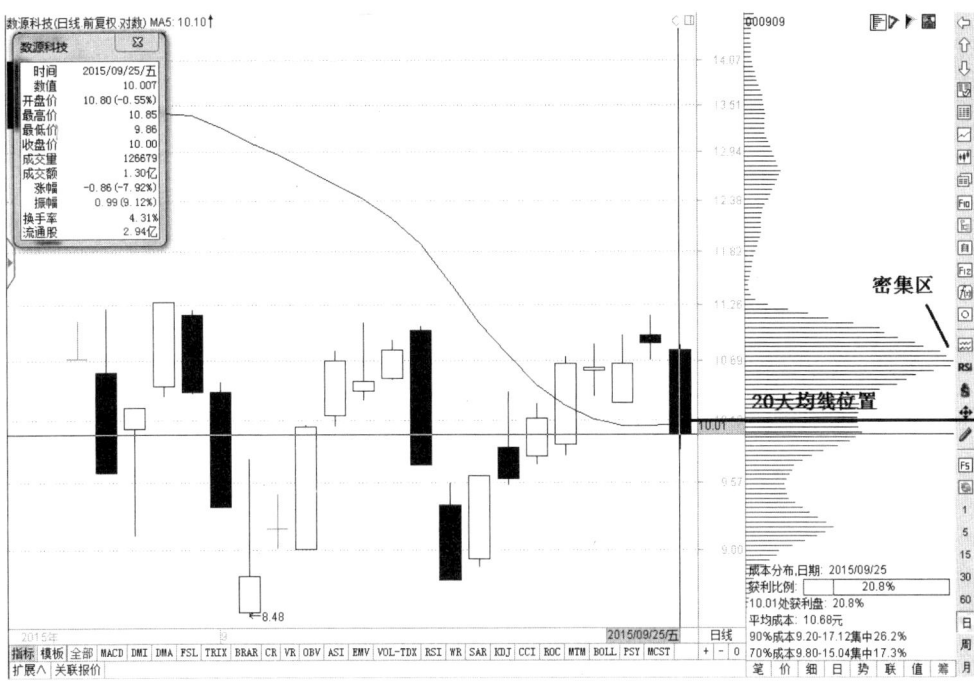

图3-34　股价回调均线

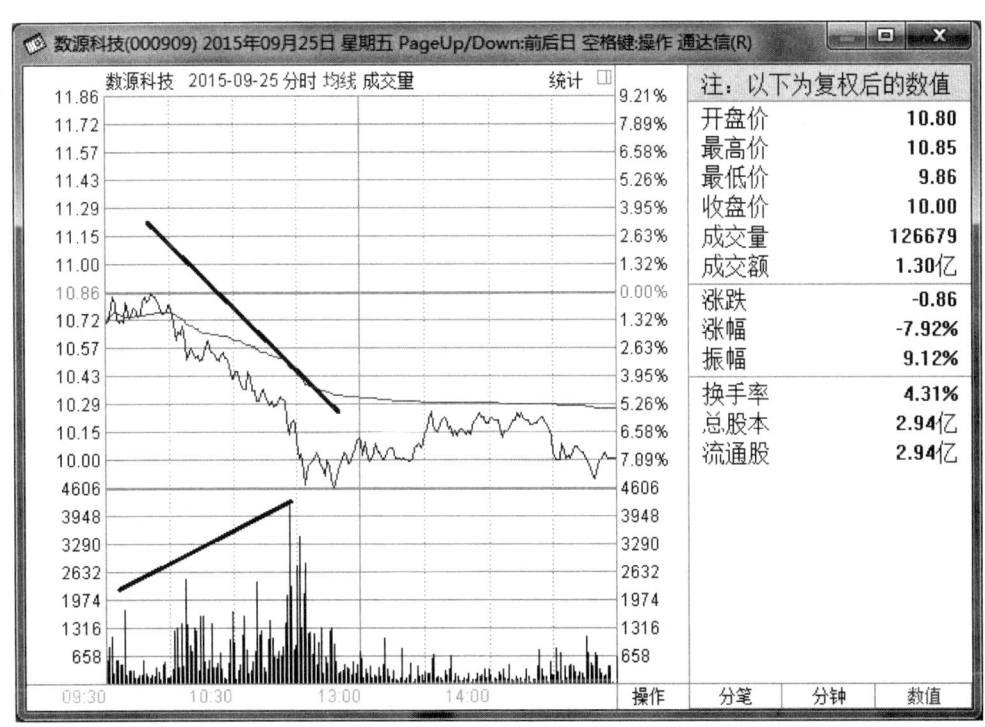

图3-35　数源科技2015年9月25日分时图

从该分时图上看，还不适合在今日买入，因为全天价格下跌却引发了大量的交易单，所以只好等待那些对后市不看好的筹码纷纷卖出后，才有后续的上涨行情和空间，如图3-35所示。

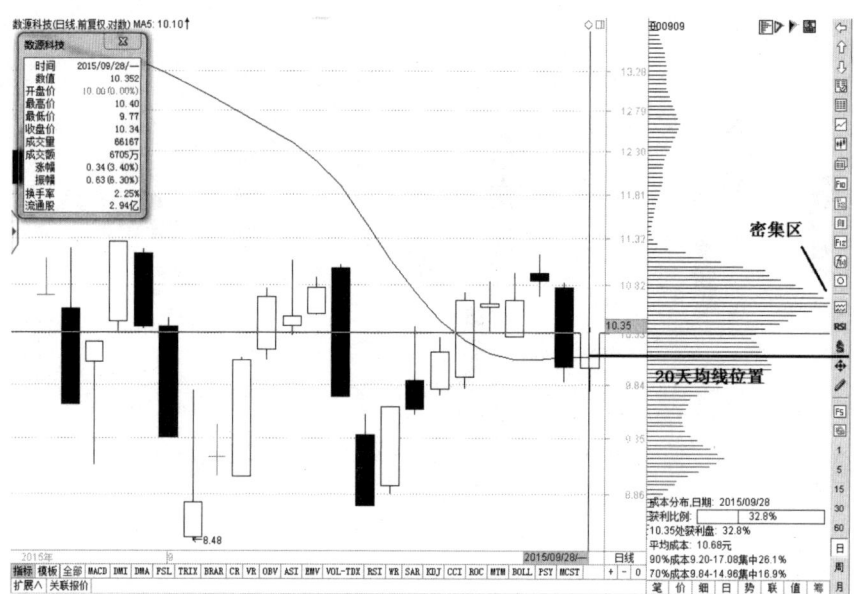

图3-36　得到均线支撑反转向上

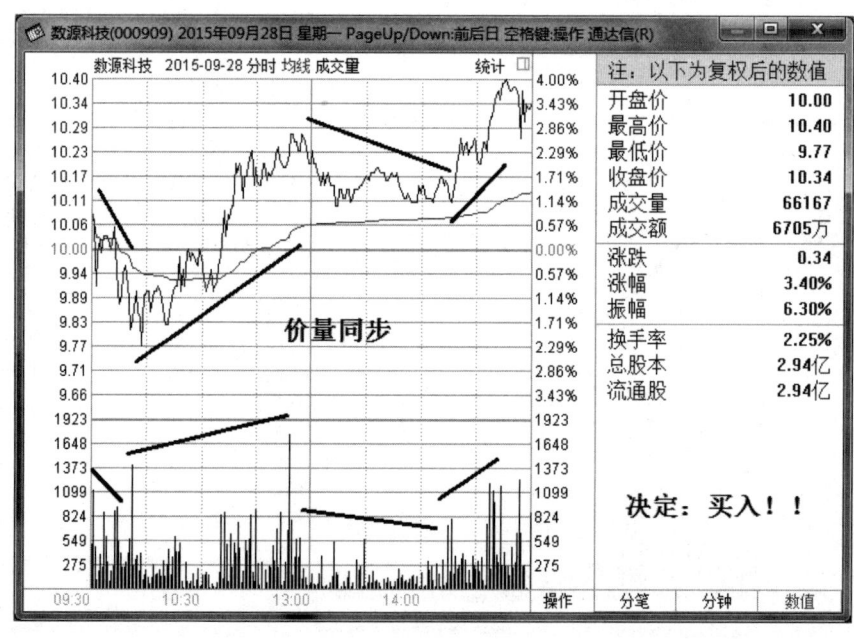

图3-37　数源科技2015年9月28日分时图

继大跌之后，开始反弹并在接近尾盘时股价又再次突破了20天均线，貌似又是一次较好的买入时机，如图3-36所示。

从分时图上看，确认了这是个较好的买入时机，故决定在该日买入，如图3-37所示。

图3-38　卖出！

图3-38是全程买卖交易图，一开始买入信号发出，但未能形成可信的买点，之后出现了可信的买点并买入，一直持有到卖点的出现。

本例中也出现了大阳线带量突破买入形态。

（2）大阳线带量突破形态买入法。该股在横向震荡区间里，筹码密集区在区间高位集中，说明行情在震荡区间的较高位置交易量大且频繁，如果行情向上突破了这个横向区间的上延，并且有量的支持，则这次突破就称为"大阳线带量突破形态"，是个较好且经常出现的买入信号，20天均线也能由向下转为向上，就是更好的买入信号了，如图3-39所示。

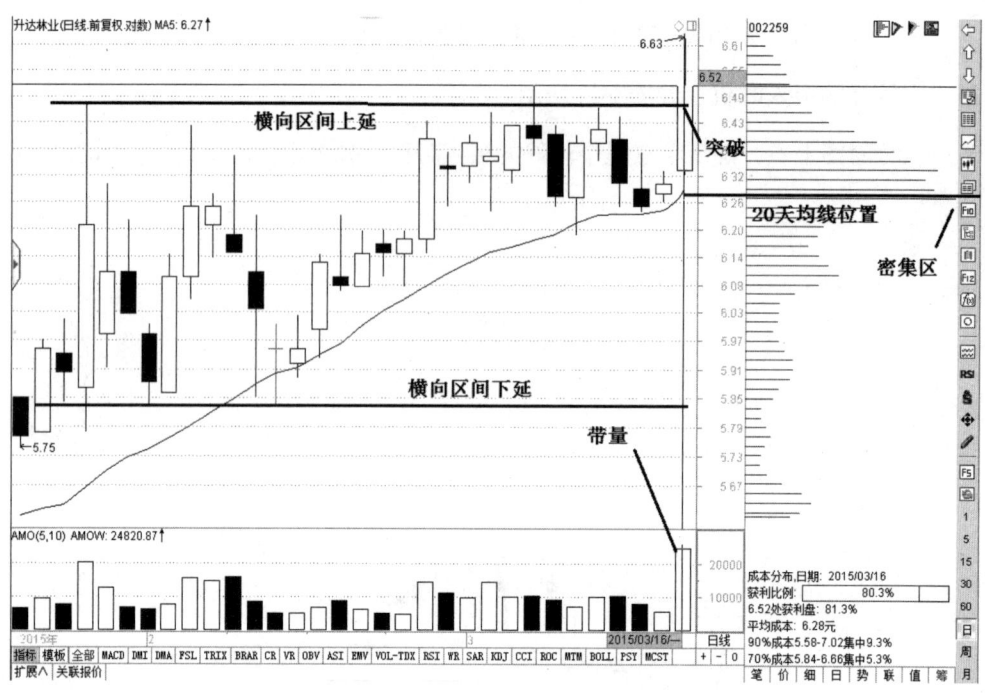

图3-39 大阳线带量突破形态买入法

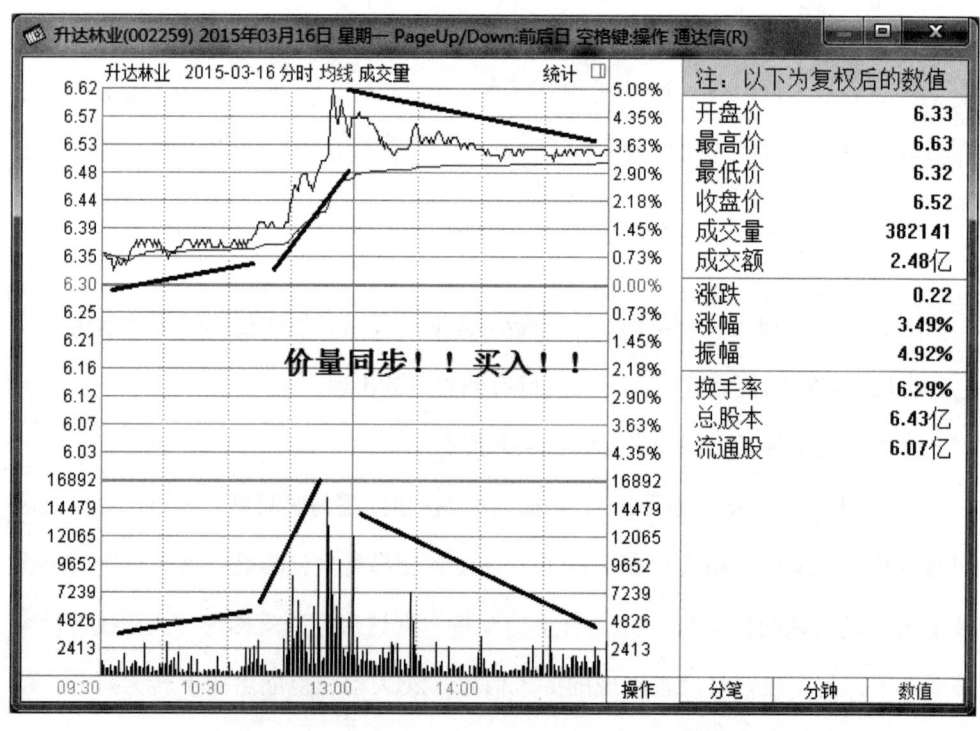

图3-40 升达林业2015年3月16日分时图

该日股价不但日线走向好,并且就连分时图上的价量配合也很好,买入不需要多大的顾虑,如图3-40所示。

图3-41 后续涨势强劲

日线的大阳线带量突破和分时图上的价量同步的向好形态,共同给出了这一个较好的买入信号,一路持有就可带来丰厚的利润,如图3-41所示。

4.20天均线向下并处在密集区之下

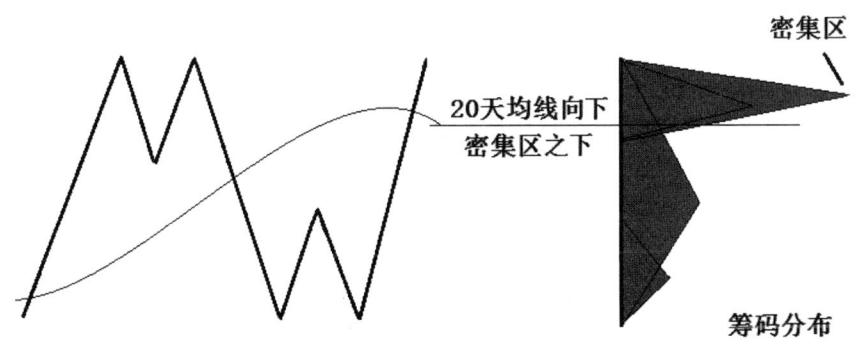

图3-42 20天均线向下并处在密集区之下

股价处在横向趋势或大幅的震荡行情中，但20天均线转头向下，表示短线行情仍未向好。但从筹码分布上看20天均线仍处在密集区之上，只要该密集区仍具有支撑作用的话，股价将来还有上涨的动力和上升的空间，如图3-42所示。

该形态下有均线转头向上买入法、大阳线带量突破买入法这两类买入信号。

（1）均线转头向上买入法。图3-43股价短期来看是处在横向震荡区间里，筹码密集区相对于这个震荡区间是处于高位，这说明行情在震荡区间的较高位置交易量大而且频繁。近期又出现了股价上破20天均线的情况，更说明震荡中有可能是主力机构在吸货。后续还要观察，看20天均线能否转头向上。

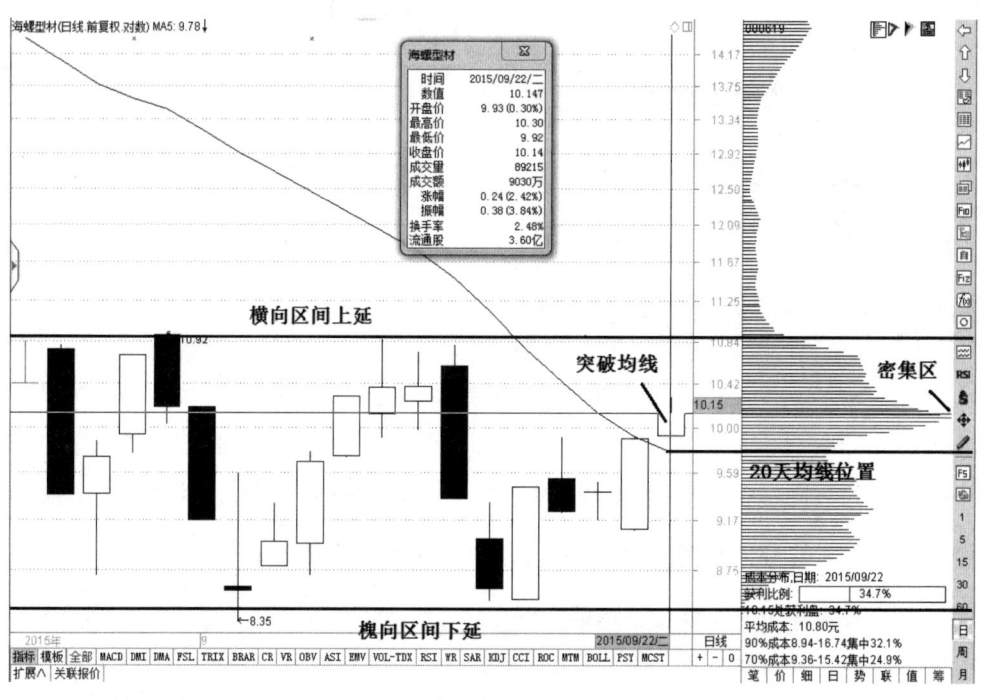

图3-43 均线转头向上买入法

三个交易日后，股价在密集区窄幅横走，增加了密集区的筹码高度，另外20天均线也突然转头向上了，如图3-44所示。

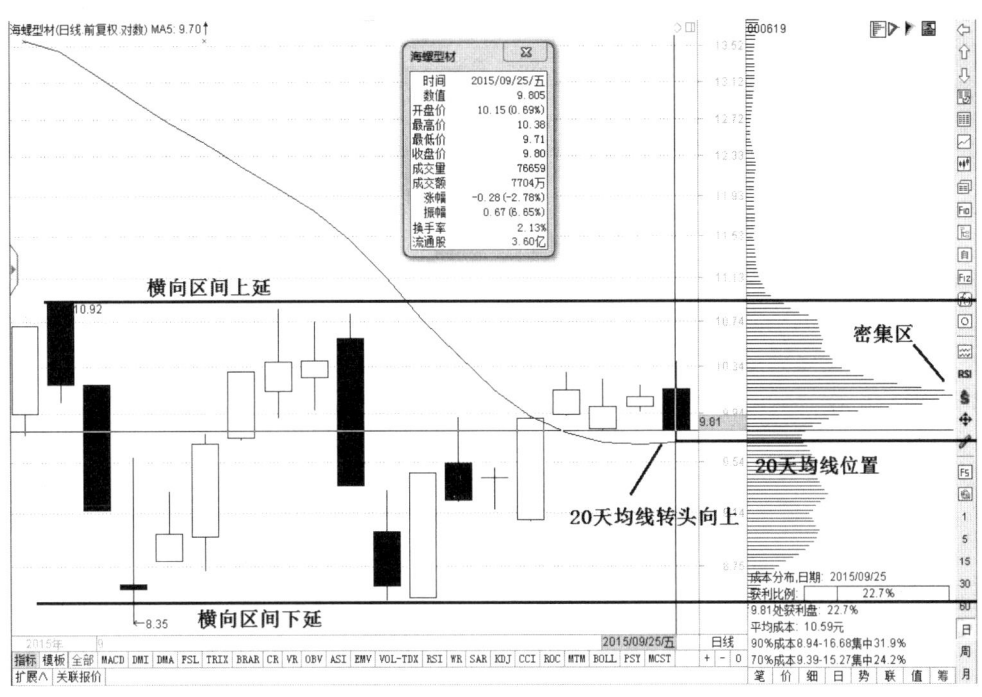

图3-44 均线转头向上买入

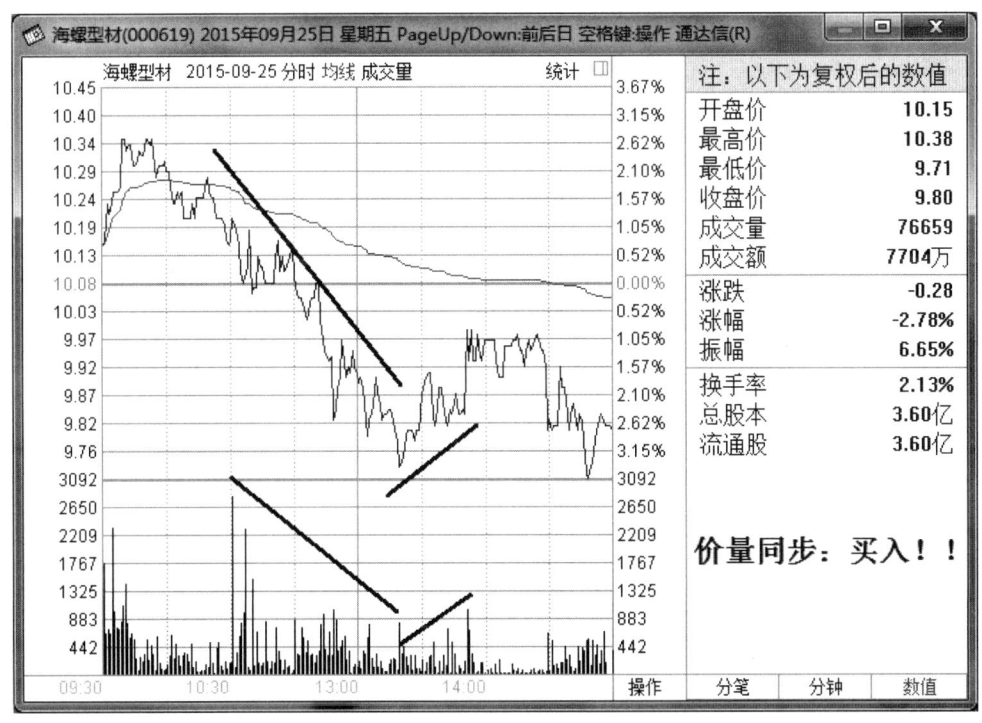

图3-45 海螺型材2015年9月25日分时图

从分时图3-45上看，价量几乎同步，也就是说价格上升的时候成交量也增加，说明有不少投资者看涨，另外价格下跌的时候成交量却减少，说明持股的投资者不再急着卖出手中的股票，这种情况和日线上表现出来的突破和20天均线转头向上，是一致的看好后市，所以在尾盘收盘前买入该股。

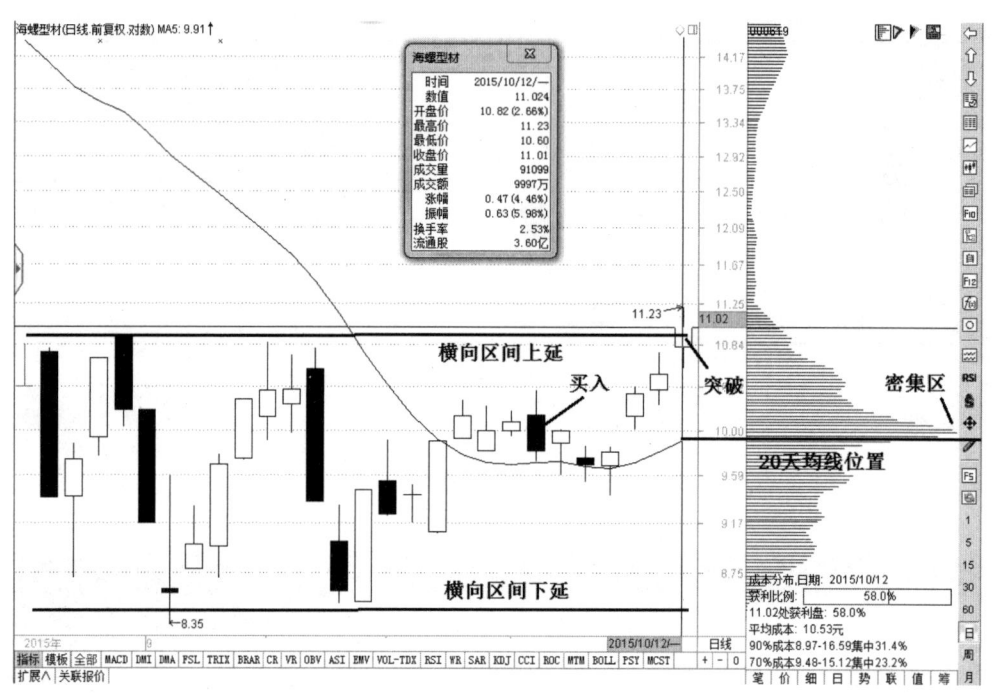

图3-46 股价突破前期水平压制

买入后股价小幅回调到20天均线，然后得到20天均线的支撑反转上涨，直到今日股价向上突破了整个横向区间的上延，也将20天均线拉到紧贴密集区的位置。如果股价还能延续这个势头，必将使20天均线成功越上筹码密集区，带来一波强劲的涨势，如图3-46所示。

随着行情的不断发展，筹码密集区不断上移，直到20天均线再也无力抗衡上方的三座大山时，股价就没有上行的动力了，剩下的就只有转头向下跌，如图3-47所示。

图3-47 持股待涨

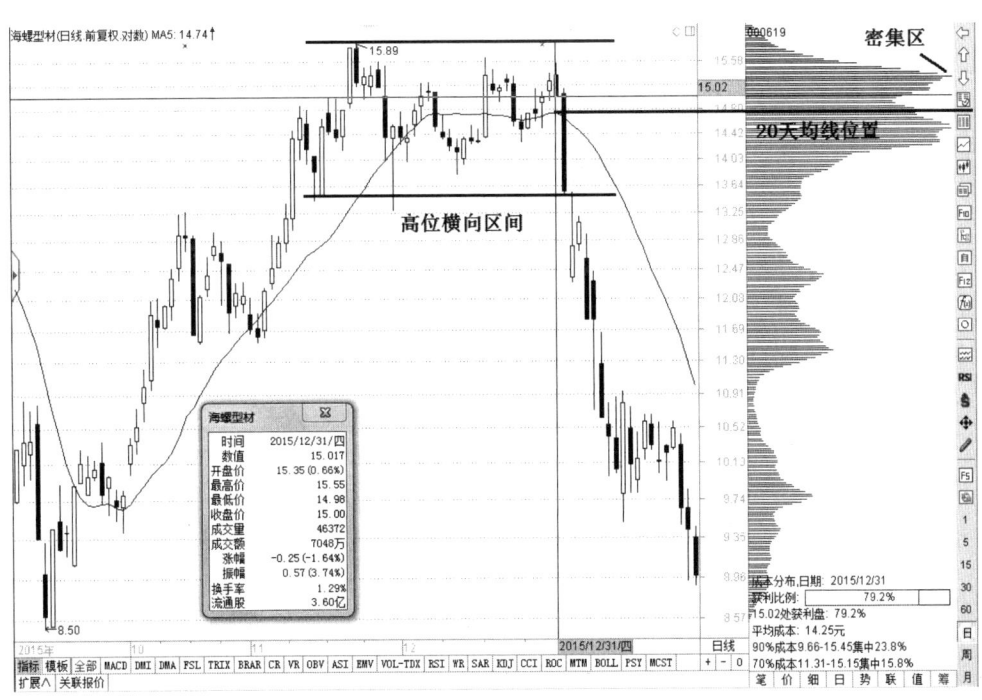

图3-48 高位盘整致筹码分布高位集中卖出

图3-48就是股价在高位形成新的横向区间后,股价最终选择了向下跌破横向区间下延的支撑,从筹码指标图上看,20天均线已经面临着新的密集区的压制,并且20天均线已经转头向下,这就意味着20天均线短期内再向上涨的可能性变小,而往下跌的可能性增大。所以在这个区间内还没有卖出该股的投资者应该尽快卖出。

(2)大阳线带量突破形态买入法。图3-49所示,这只股票也处在横向震荡区间里,筹码密集区在区间中处于高位集中,说明行情在震荡区间的较高位置交易量大且频繁。无论如何如果行情向上突破了这个横向区间的上延,并且有量的支持,则这次突破就被称为"大阳线带量突破形态",是个较好且经常出现的买入信号。同时,20天均线也能由向下转为向上,对于短线投资者来说是不错的跟进形势。

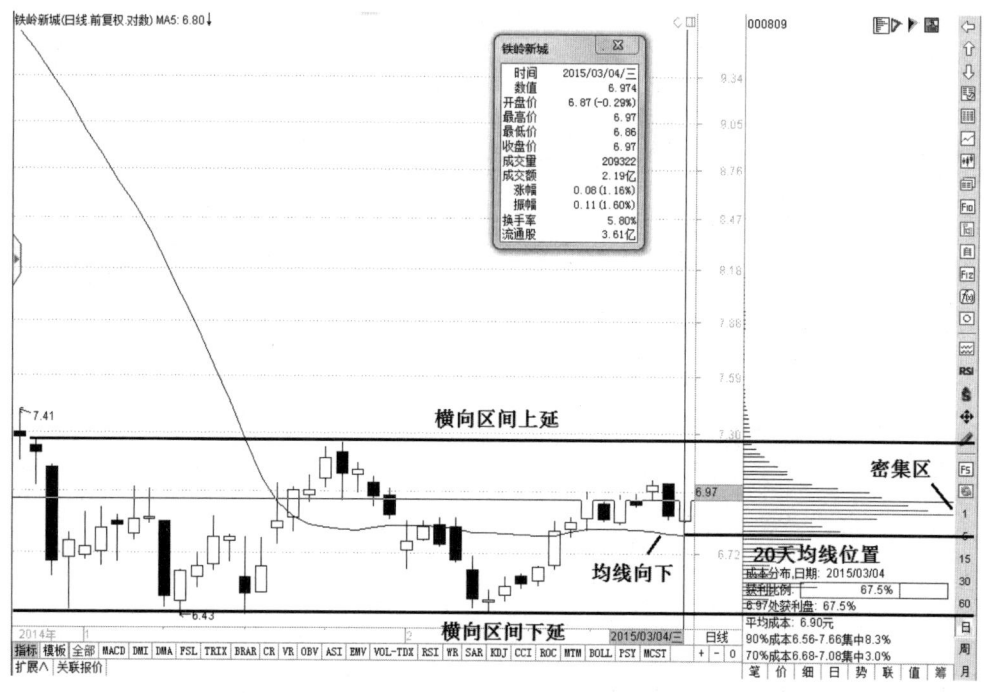

图3-49 大阳线带量突破形态买入法

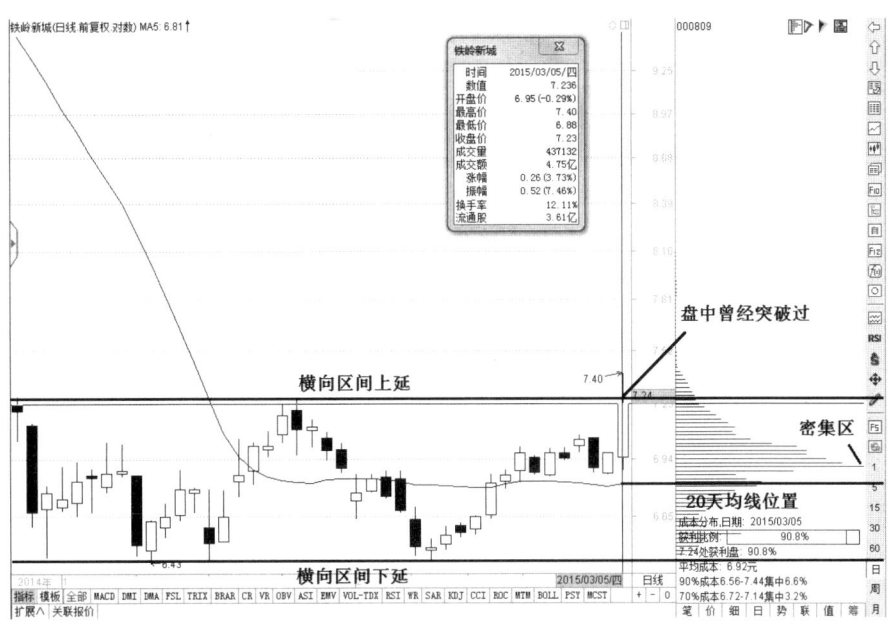

图3-50 大阳线带量突破

如图3-50所示,股价暴涨,将股价突破了横向区间上延,并且也将20天均线由方向向下拉回向上。意图很明显,主力机构要拉升股价了。

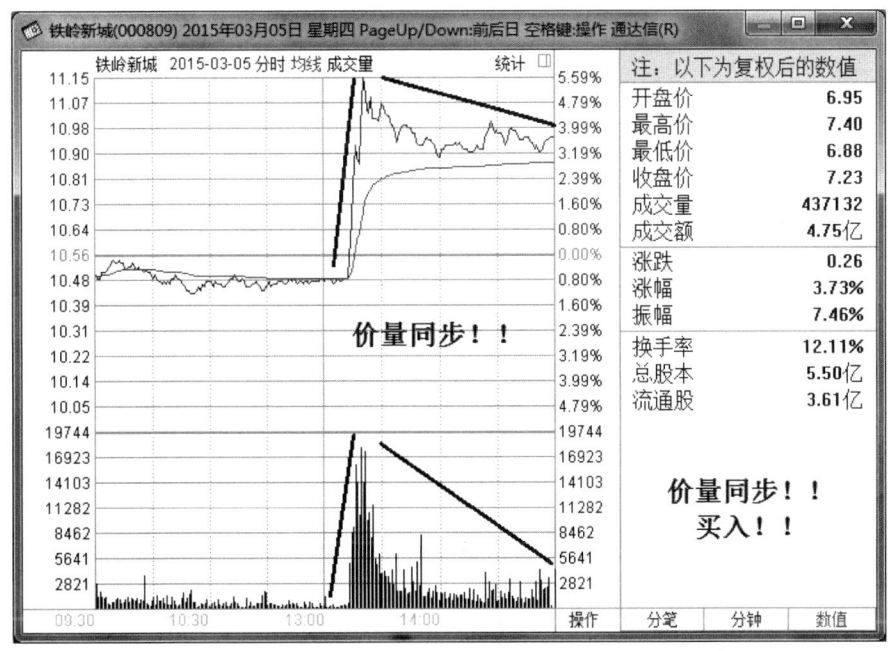

图3-51 铁岭新城2015年3月5日分时图

果然，分时图上也看不到价量有何异常。因此，虽然日线上没有完全突破横向区间的上延，但是，分时图可以看到主力庄家试探性的拉升已经足见威力，后市会继续看好，如图3-51所示。

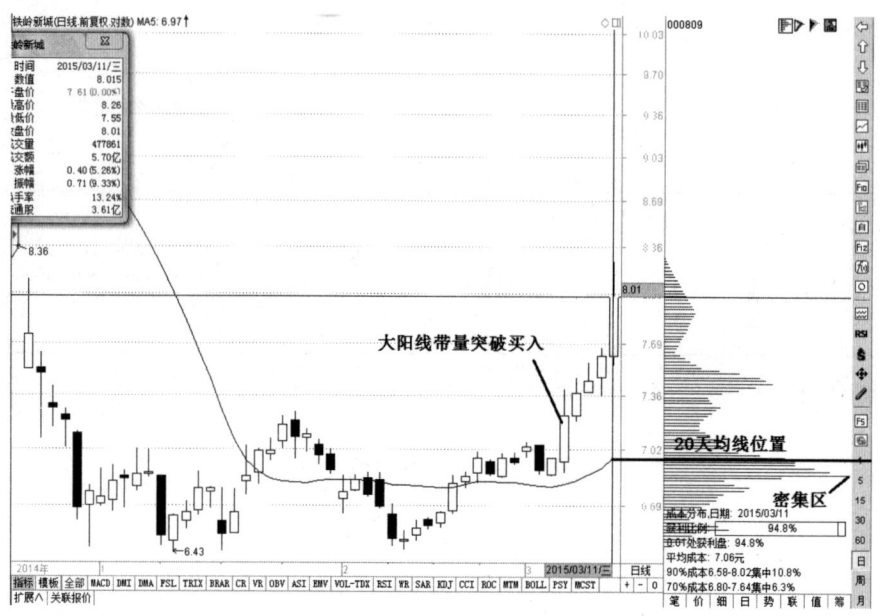

图3-52　买入后持有待涨

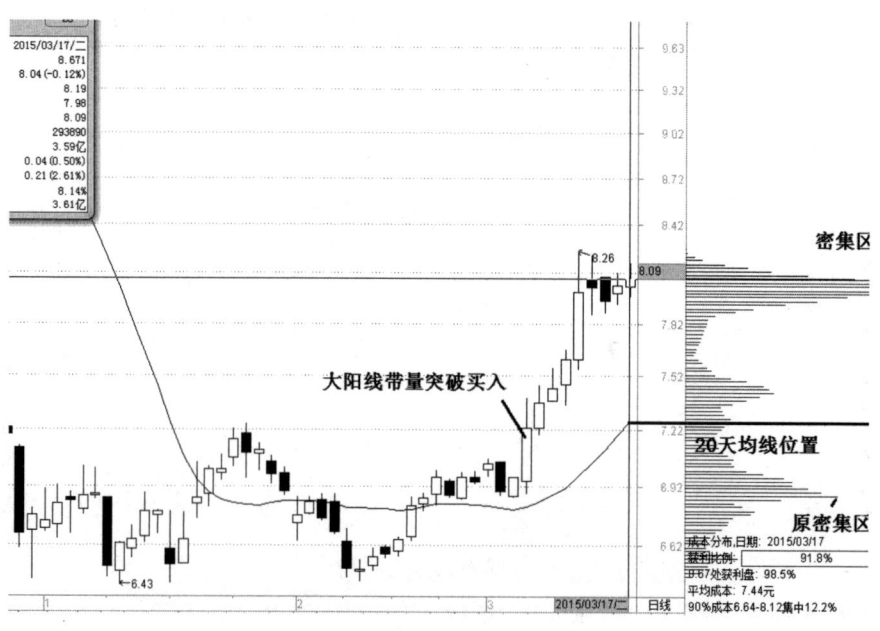

图3-53　筹码分析

之后股价一路上扬,将20天均线带离了筹码密集区,上方所面临的压力并不是很大,如果行情乘胜追击,还有继续飞升的可能,如图3-52所示。

股价开始小幅度横走,成交量猛增,产生了新的筹码密集区,对20天均线的上行形成了巨大的威胁,预测行情往上破的可能性较小。因此20天均线最多只能到达这个新的密集区之下,股价就会自动进入下降趋势中去,但是目前还不是卖出时机,暂时还是持股待涨,如图3-53所示。

图3-54　卖出及后续走势

直到股价跟着20天均线步步高升,终于开始停歇的时候,股价已经在高位又形成了一个更大的密集区,主力机构很可能在高位偷偷出货而中小投资者却不知。因此我们判断代表主力庄家的20天均线将会掉头向下,这就导致短期行情进入下降趋势,如图3-54所示。

本次交易虽然没有买在波段低价和卖在高价,却也能赚到不少利润。

二、筹码低位密集

筹码低位密集的形成过程模拟：

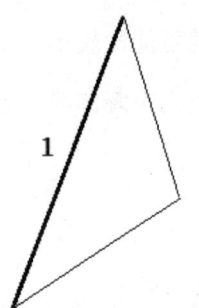 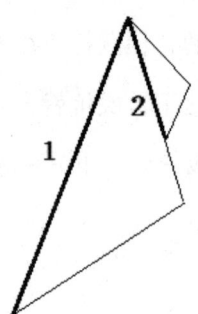

图3-55　第一波上升　　图3-56　第二波下降

波段1是个较大幅度的上升波段，该波段里的成交量不管是多还是少，一般不会影响整个波段的筹码位置，能影响筹码密集移位的是那些如波段2、波段3、波段5、波段6这样偏高位或低位的小波段的成交量，如图3-55所示。

波段2是个小幅的下降波段，波段里的成交量较少，就波段1、波段2来说，筹码密集区暂时处于高位密集，如图3-56所示。

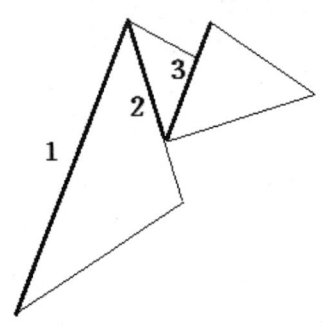 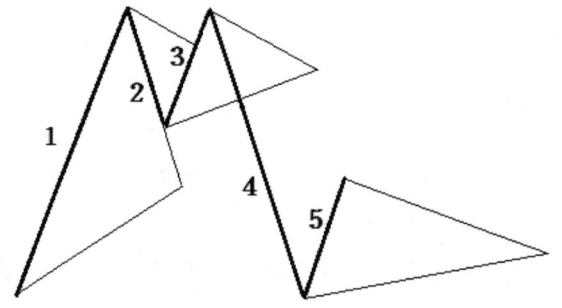

图3-57　第三波上升　　　　图3-58　第四波下降与第五波上升

波段3是又一波的上升波段，波段里的成交量较多一些，暂时属于筹码高位密集，如图3-57所示。

波段4不管是量大还是量少一般都不会影响横向趋势的密集成交区的高低，而决定密集成交区高低的是波段5和波段6，图3-58中波段5的成交量堆积明显多于波段2、波段3，已经确立了筹码低位集中的地位。

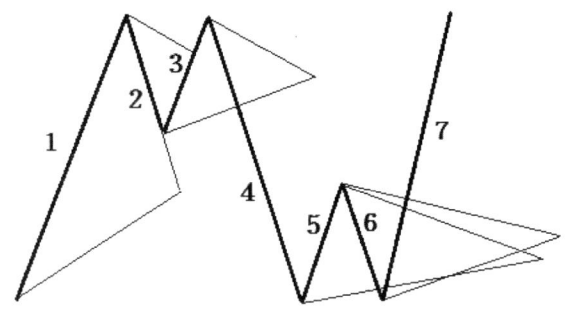

图3-59　第六波下降与第七波上升

波段5和波段6的成交量堆积都明显多于波段2和波段3，这就确认了在该横向趋势中，筹码属于"低位集中"，如图3-59所示。

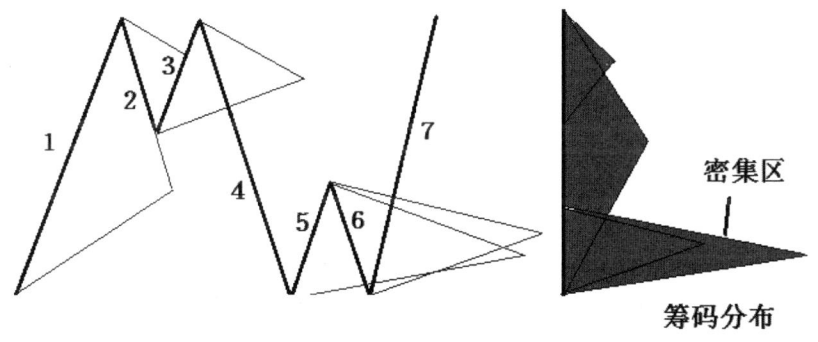

图3-60　筹码分布

在整个横向趋势中，低价位的成交量明显多于高价位的成交量，这种情况就是横向趋势的筹码低位集中。

这意味着在低位发生了很多较大量而且较频繁的交易。是庄家出货？不太像，因为出货卖在低价不太划算，更像是主力庄家在吸筹。因为他们能在更低的价位买入股票，这样就会形成低位密集区，如图3-60所示。

当然，任何事情都有两面性，实战时我们还需要分类研究。

1. 20天均线向上并处在密集区之上

股价处在横向震荡趋势中最考验投资者的耐心与信心。20天均线向上则表示短线行情仍然向好,也适合短线操作。但如果距离低位的密集区较远,反而不是好事,总体上说这个形态还是利于看多做多,如图3-61所示。

成交量在低位堆积且现在股价和20天均线也都远离这一密集区时,说明股价已经飞奔了好一段时间,可能是上涨中段或是末段,所以需要谨慎,不能一味看好而忽视高位风险的存在。

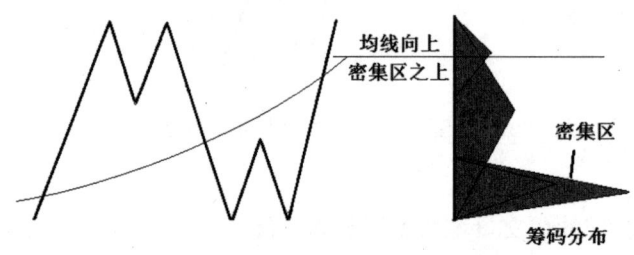

图3-61　20天均线向上并处在密集区之上

该形态下主要有:大阳线带量突破买入法、回调20天均线买入法这两大类。

(1)大阳线带量突破形态买入法。如图3-62所示,个股股价大涨,收出一大阳K线,并且放出巨量。考虑到当前股价尚未远离密集区,预计这是初升波段,未来的上涨空间会更大更高。

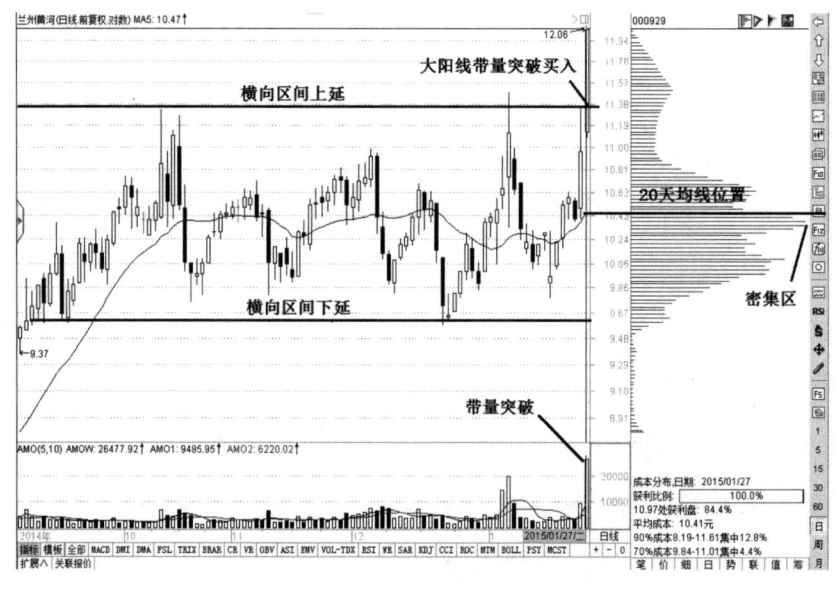

图3-62　大阳线带量突破形态买入法

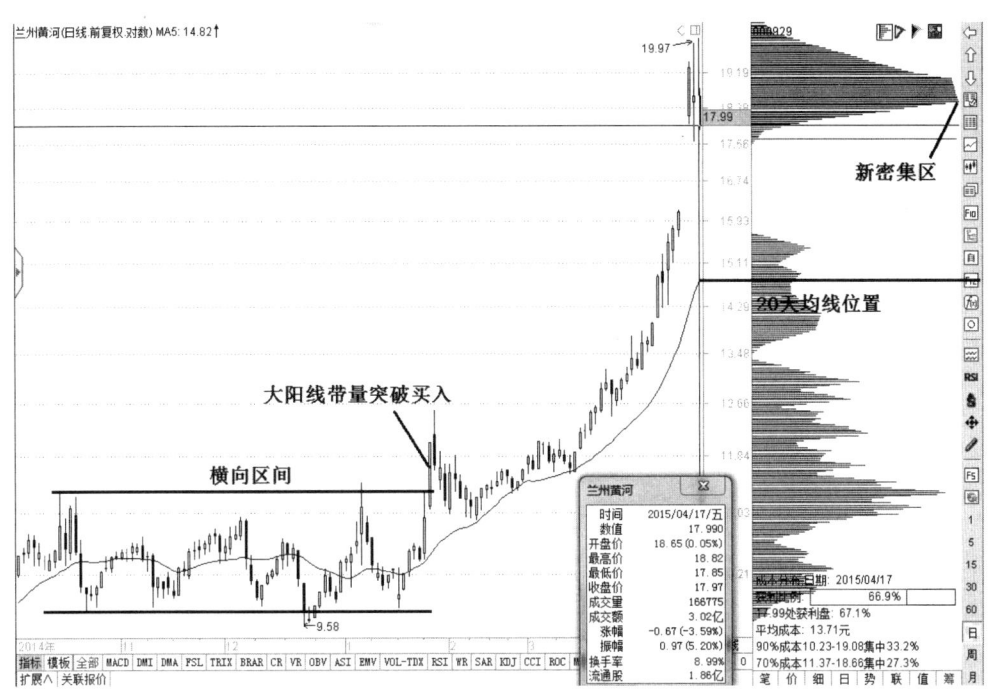

图3-63 买入后股价走势

就在买入后不久,股价开始小幅回调,但到了20天均线上时又得到了均线的支撑,此时是追买的时机,是回调均线买入信号。

从图3-63上可以看到,连续得到均线三次的支撑后加速向上。近期在高位产生了较大的成交量,高位形成了新的更大的筹码密集区。目测当前20天均线距离这个庞大的筹码密集区还有一段距离,应该还可以再持有一阵子该股票,所以继续坚持持股。

股价到达了高位,并在高位形成又一个横向区间,此时股价并没有急于下跌,而是不断震荡,并且20天均线还是不断向上,甚至轻易的越过了高位的筹码密集区。股价再次放量越过了横向区间的上延,从筹码图上看,20天均线又将向上翻越另一个次级别的筹码密集区,如果越过了,又将使短线行情再上涨到一个新的高度,所以继续持股待涨,如图3-64所示。

图3-64 筹码分析

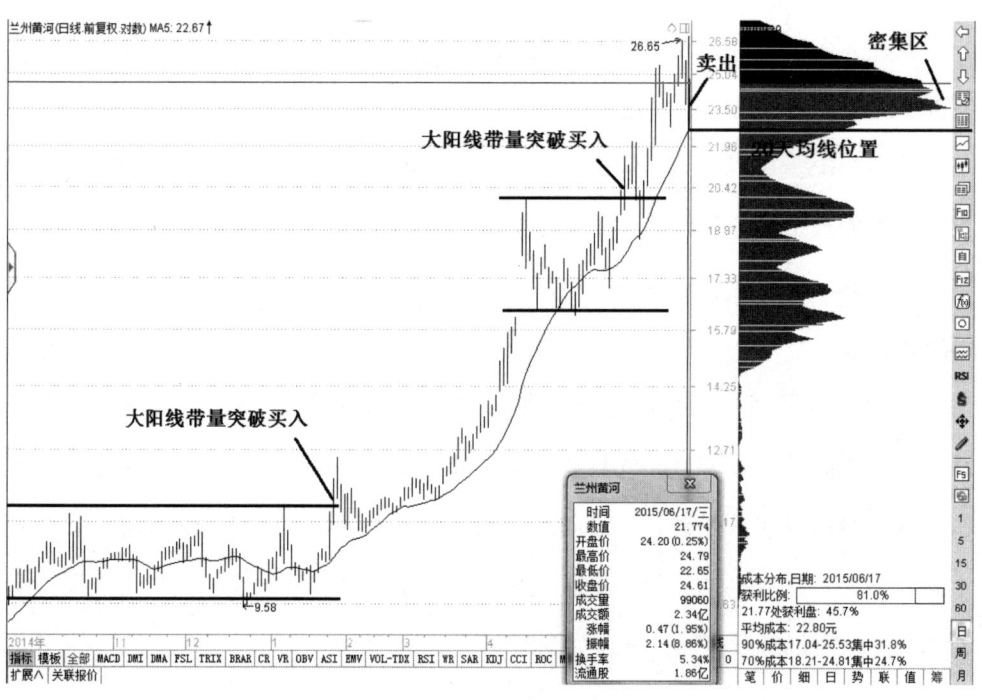

图3-65 卖出

股价在新的高度形成了更大的筹码堆积，高位这么多的成交量堆积绝对不是好事，很有可能是机构庄家在高位卖出所形成。

如图3-65所示，股价在高位形成的新的筹码密集区非常大，20天均线正试图向上攀登高峰，势头不对，卖出一部分。

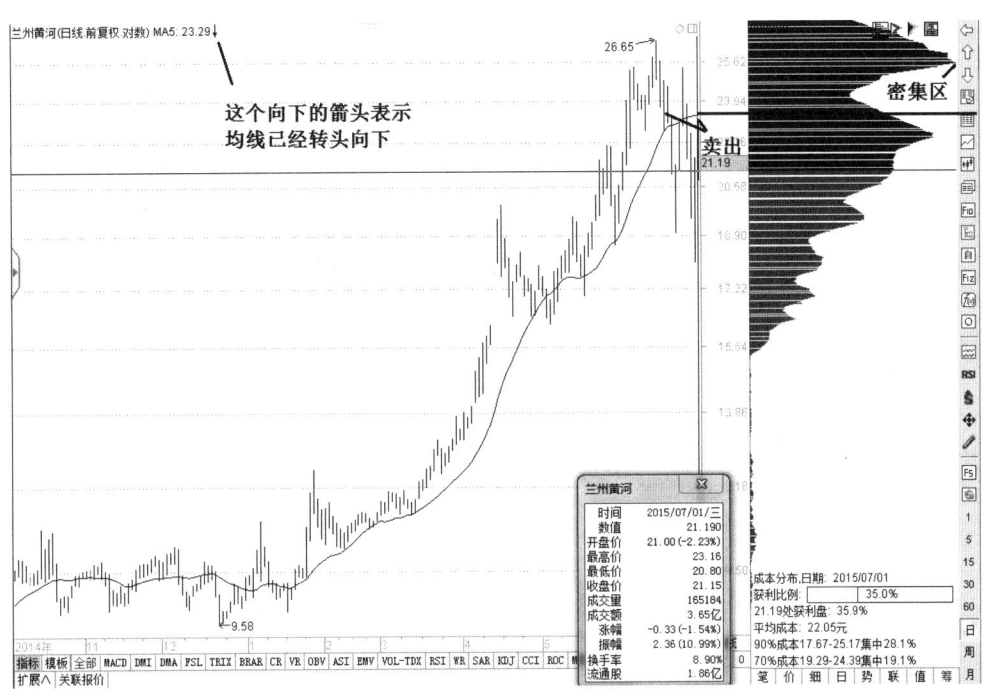

图3-66　卖出及后续走势

后续走势惊心动魄，股价大幅度高位甩尾。从筹码分布指标上看，20天均线又面临着一波更大的筹码密集区压制，上行难度更大，而且该日20天均线更是转头向下，说明上涨行情终结已经不可避免，接下来就要进入下降趋势中去，迅速决定卖出该股全部股票。这样就卖在了相对高的位置，没有让到手的利润缩水或反赚为亏，如图3-66所示。

（2）回调均线买入法。如图3-67所示，这只个股正在试图向上突破这一横向区间，该日收一大阳线并且有量的支持，20天均线转头向上并且又越过了筹码密集区。这样的情况为"大阳线带量突破形态"，所以买入该股。

但是如果错失了这次机会，怎么追买更稳妥呢？这就是回调均线买入法了，也就是说等待股价在某一时段回调到20天均线并得到均线的支撑反转上涨时再跟进买入。

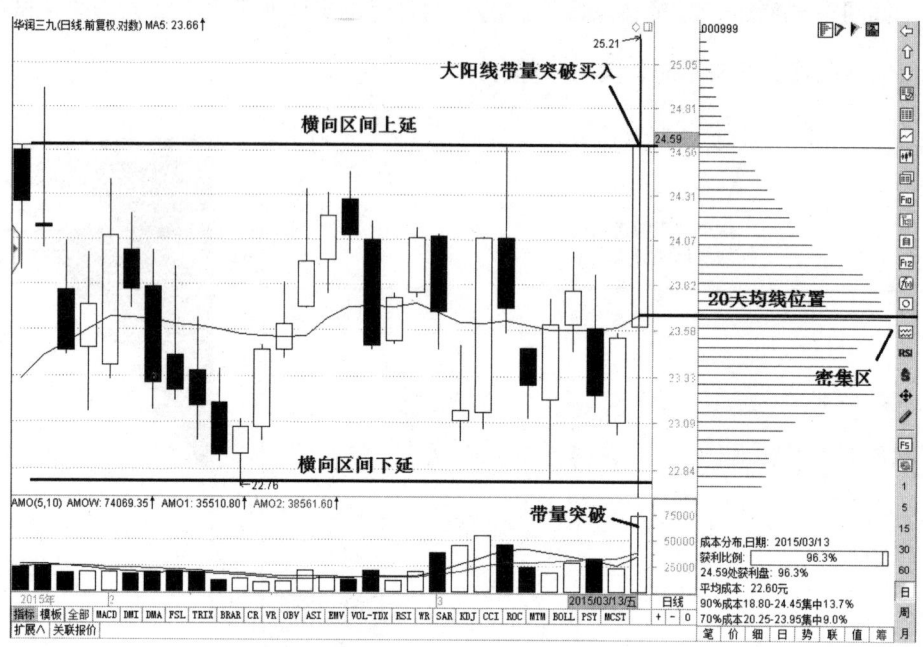

图3-67 回调均线买入法

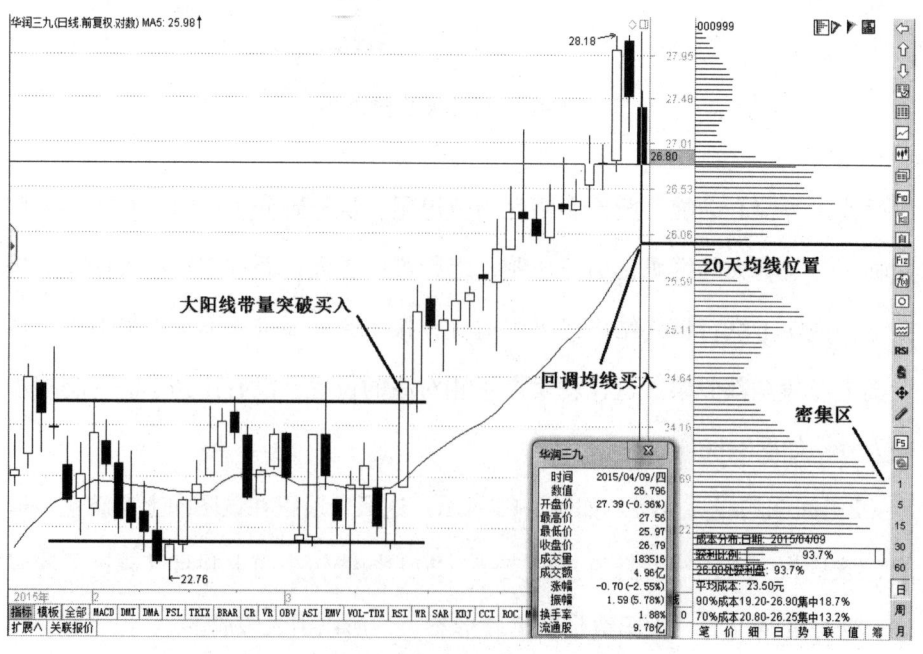

图3-68 股价回调均线买入

股价在前期大阳线突破之后，确实一路上扬，近期股价有所回调，回调到了20天均线之上并得到了均线的支撑而回涨，留了一个较长的下影线，说明买方的力量还是很足的，上方的筹码密集区也不是很大，未来的上行压力应该不大。没有能在前期大阳线突破买入的投资者可以选择追加买入，可以预见这是个很不错的股价回调买入时机，如图3-68所示。

图3-69 买入后暴涨

如图3-69所示，股价大幅上涨，一度封上涨停板，可见之前的回调均线并放出长下影线有老鼠仓的嫌疑。而从筹码分布上看，股价上行的压力越来越小了，可以继续持股待涨。

当行情继续上涨后，出现了多次回调均线的买点，如图3-70所示。

这些都是很好的追高时机。当然随着股价的不断上升，距离低位的筹码密集区越来越远，很有可能面临主力庄家偷偷出货的风险。从图3-70可以看到股价在高位横走，并没有再创新高，而是连续数日出现了价量上的强势，买入的人越来越少，卖出的越来越多，这是卖出信号，图3-70上最后一个卖出信号是由于20天均线转头向下产生，这说明短期上升趋势就此终结。

图3-70 多次补买机会

2. 20天均线向上并处在密集区之下

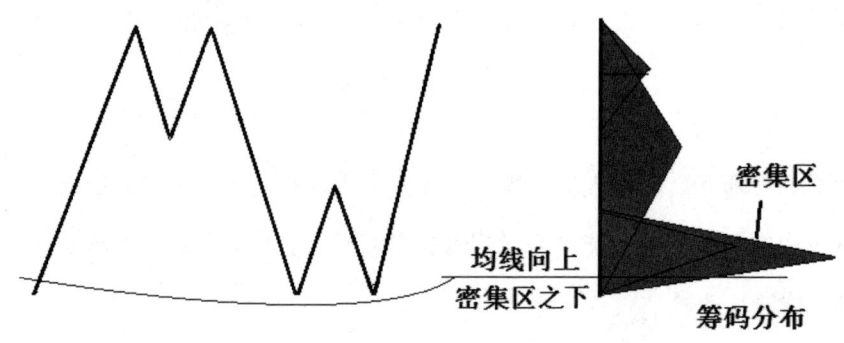

图3-71 20天均线向上并处在密集区之下

股价走势处在震荡行情之中时，持有股票的投资者适合观察是否出现卖出信号，手中没有该股的投资者则需要等待买入信号的出现方可买入。20天均线向上表示着短线行情向好，也适合于短线操作，但均线处在低位的筹码密集区之下就不好说了。虽然出现了买入信号，也要第到均线上越该密集区才能放心持股。为了确保买入信号的可靠性，理论上只有大阳线带量突破时才可买入，如图3-71所示。

所以该形态下也只有大阳线带量突破买入法这一类买入信号。

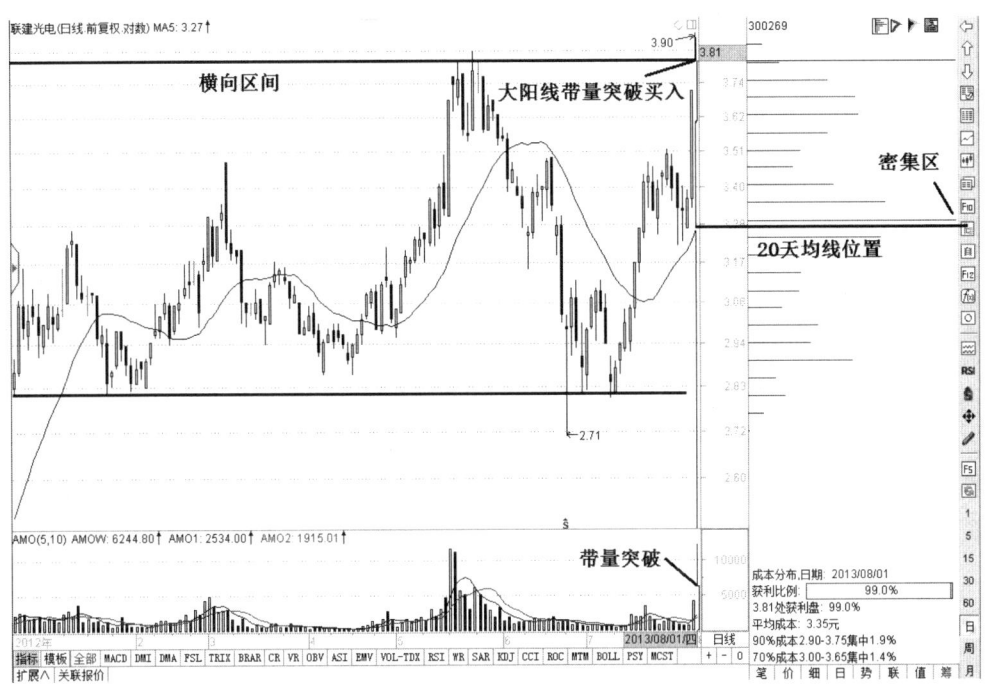

图3-72　大阳线带量突破形态买入法

个股股价之前在一个横向区间中震荡，如图3-72所示，大阳线向上突破了区间上延，并伴有成交量的显著增加，同时20天均线马上就要越过筹码密集区了，这是很好的"大阳线带量突破"买入信号。

之后股价顺利的步入上升轨道中，引来了不少投资者跟风追涨。但近期在高位已出现严重失衡的筹码堆积形态，更有20天均线转头向下的情况，说明未来行情很难再上涨了，因此卖出这只股票，如图3-73所示。

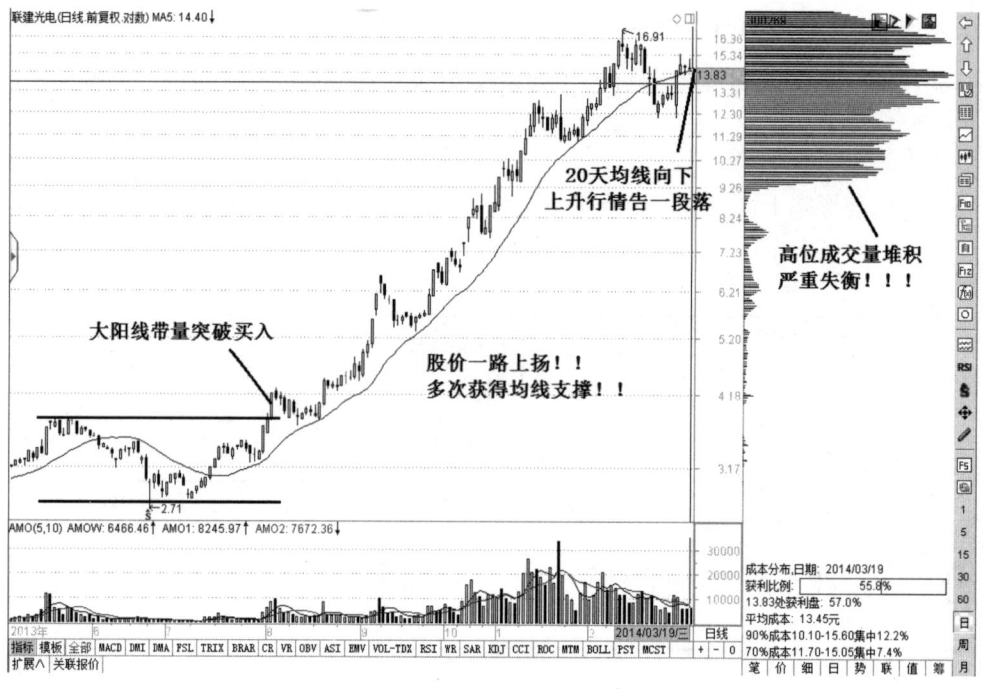

图3-73 卖出分析

图3-74 卖出及后续走势

如图3-74所示，就在我们卖出该股的时候，股价马上进入了下降通道中。这种形态较少见到，但是威力很大，这一波带着股价上涨了不少。

3. 20天均线向下并处在密集区之上

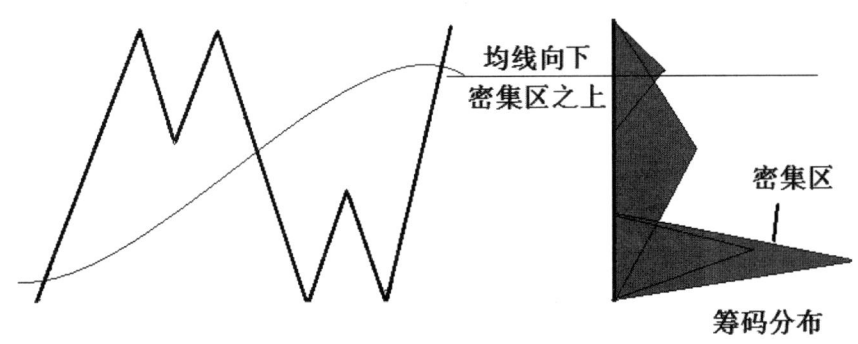

图3-75　20天均线向下并处在密集区之上

股价近期处在横向趋势或震荡行情中，但近期20天均线转头向下，表示短线行情不好。但从筹码分布上看20天均线仍处在密集区之上，只要该密集区具有支撑作用或是距离股价不远的话，股价将来还有上涨的动力和上升的空间，如图3-75所示。

本形态下只有大阳线带量突破买入法这一类买入信号。

如图3-76所示，股价之前一直处在一个较大范围的横向震荡区间里，筹码相对密集位于区间中的偏低位置，这说明行情在震荡区间的较低位置交易量大而频繁。如果股价能以带量突破的大阳线突破均线或其它形态的阻力线时，就是很好的买入点。

如图3-77所示，就出现了这样的买入点。股价以大阳线突破了20天均线的压制，并且突破日还有成交量的增加更证实此次突破是安全可靠的，可以放心买入。

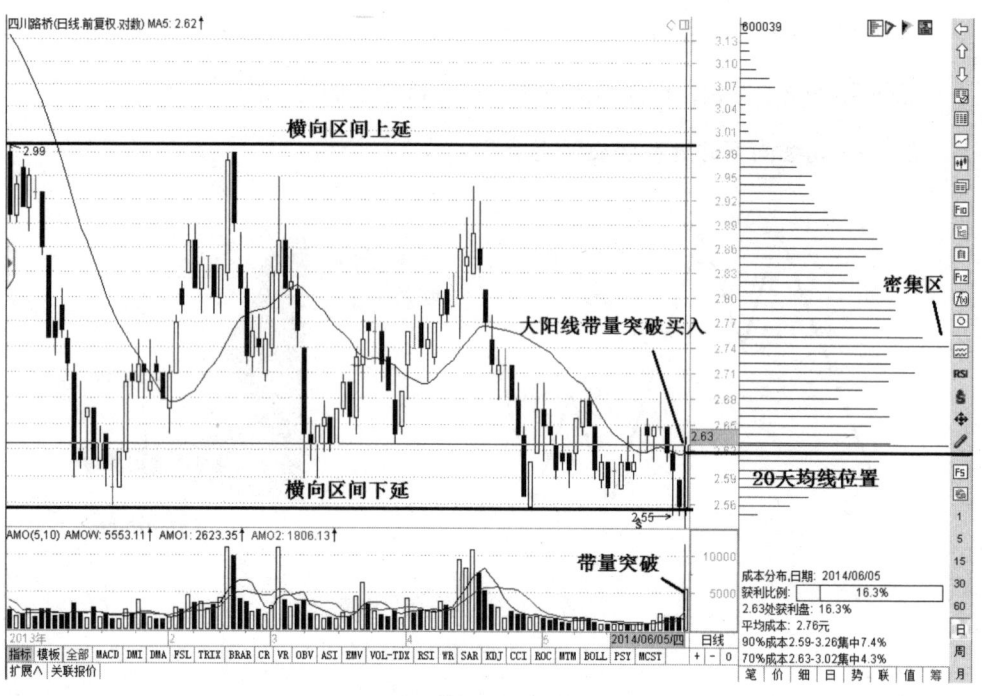

图3-76 大阳线带量突破形态买入法

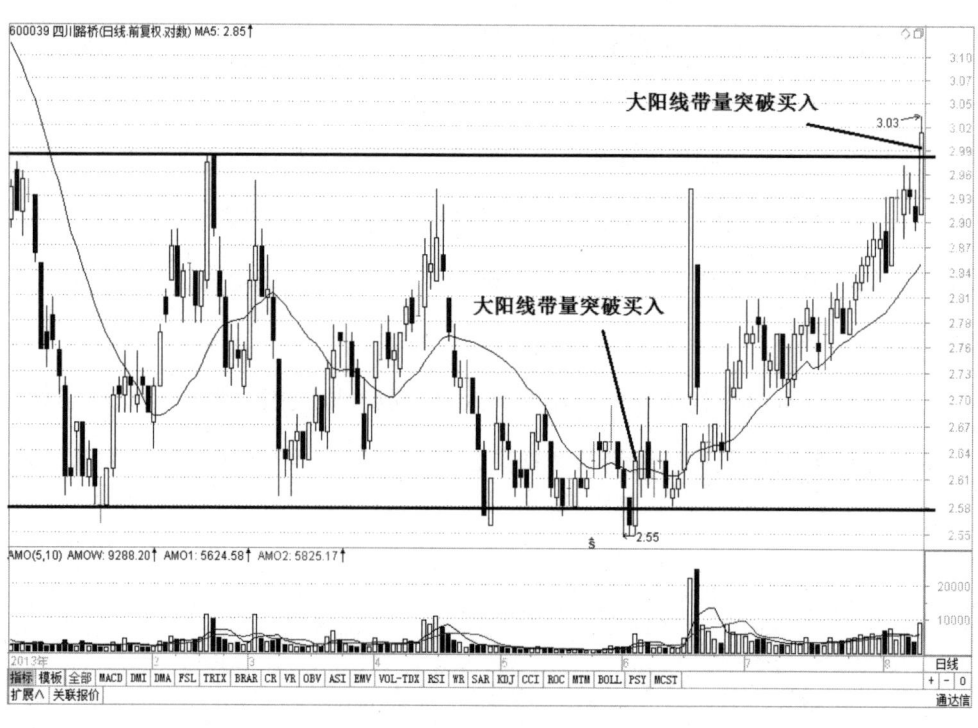

图3-77 大阳线带量突破买入

买入后没多久，股价再次大幅震荡，先是一次大阳线直接接近横向区间的上延，然后马上又回落到20天均线附近，像是在试探上行压力，最后发现上行压力确实很小时，股价开始稳步上行，直到股价再次发出买入信号。

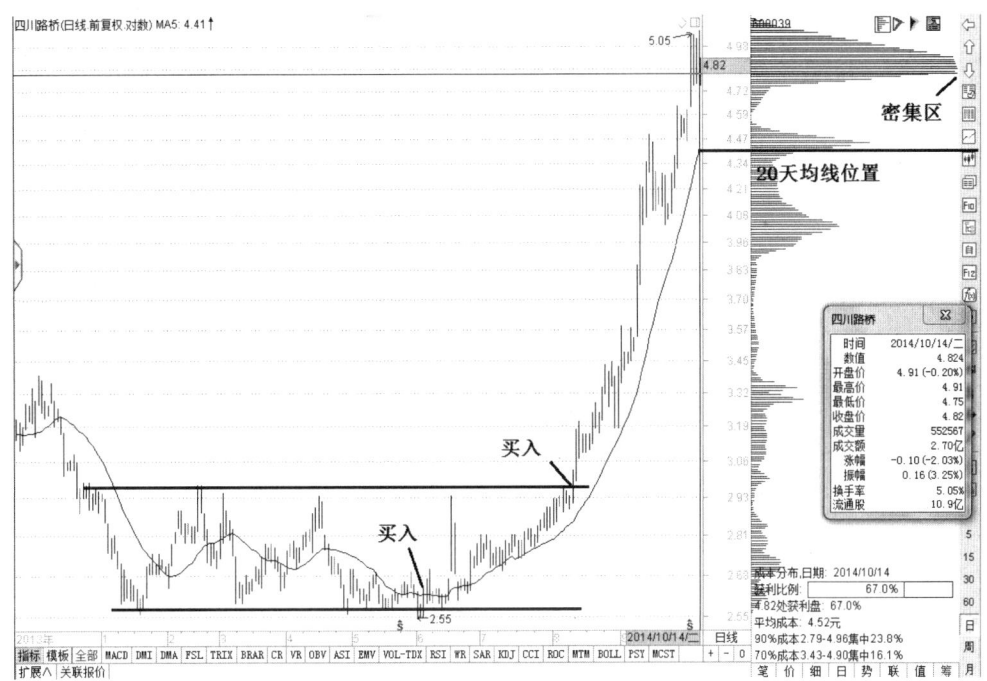

图3-78　高位筹码密集卖出

两次买入信号发出后，股价立马飞驰，但是该日股价在高位却出现了滞涨式的震荡。从筹码分布上看，上方形成了巨大的新密集区，对20天均线继续上行形成了严重的威胁，20天均线可能无法越过这一关。因此我们需要观察20天均线的走向，如果转头向下就不能对后市抱有希望，应该马上卖出，如图3-78所示。

没多久，股价在高位仍大量成交，致使高位筹码密集区增大，并且20天均线转头向下，这说明20天均线已无力支撑股价上行，原有的上升趋势告一段落，我们也卖到了相对较高的位置，本次交易结束，如图3-79所示。

图3-79 卖出

4. 20天均线向下并处在密集区之下

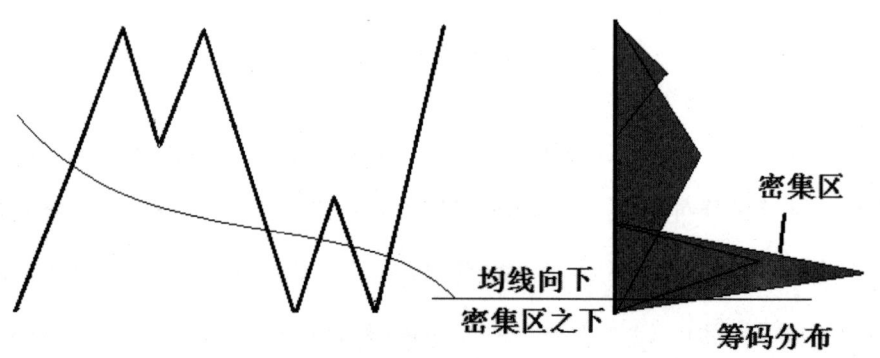

图3-80 20天解线向下并处在密集区之下

股价处在横向趋势或大幅的震荡行情中，但20天均线的方向却是向下的，说明短线行情对于看多做多是不支持的。从筹码分布上看虽然密集区在低位，但是20天均线仍处在密集区之下，所以一般这种情况不适合买入，更利于卖出操作。要想在这个形态中买入的话，首先需要20天均线转头向上，然后再求突破信号的出现，也就是说得先后出现突破或均线转头向上两个信号的支持才可以买入，如图3-80所示。

因为股价仍处在密集区之下，所以还需谨慎操作。

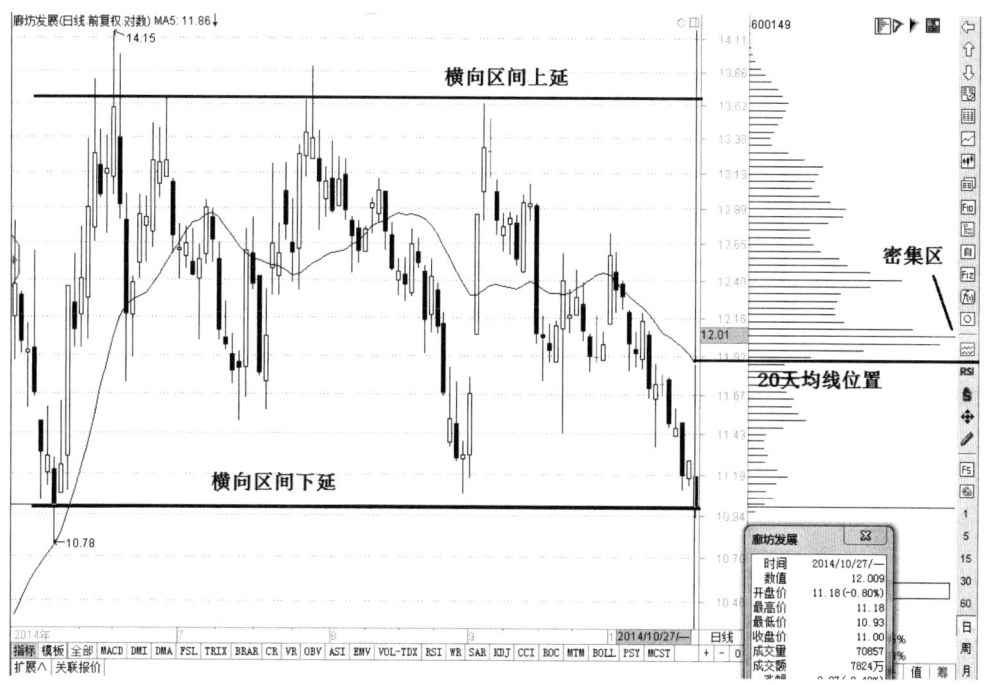

图3-81 双重保险买入法

如图3-81所示，股价近期处在横向震荡区间里，筹码密集区相对于这个震荡区间是处于低位，但这还不能说明行情有利于看多做多甚至是买入。该日股价更是向下跌破了前一波的低点，20天均线也跌入了密集区之下。要想在这个形态寻找买入点，尚需一些时日的考验。

股价再次突破20天均线，第一道保险打开了，接着第二步要想买入这只股票的话得等到20天均线转头向上时，如图3-82所示。

图3-82 股价向上突破均线

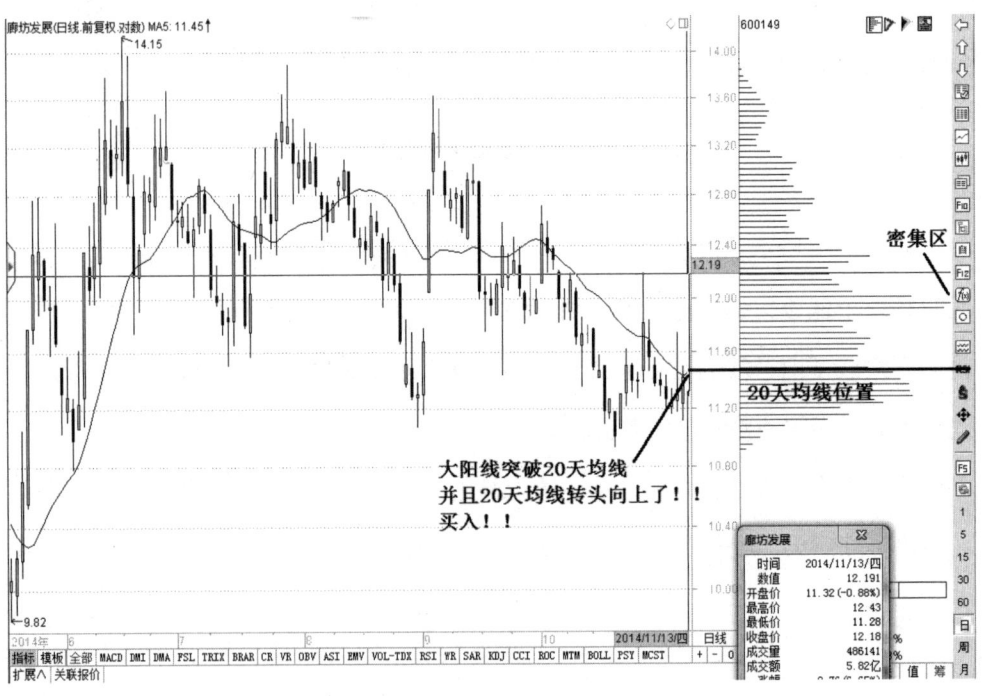

图3-83 均线转头向上买入

距离上次股价突破20天均线不久，该日再次向上突破20天均线，并且以大阳线突破，还带动了20天均线转头向上，这两个保险被这一大阳线给解开了，买入信号绝对可靠，故买进该股，持股待涨，如图3-83所示。

图3-84　筹码分布指标

股价上涨了一段后开始在高位大幅震荡。20天均线刚刚越过了上方第一道大坎，正往上方的密集区进发。如果股价能越过这座大山，上行的空间将大大增加，要是不能，应该考虑短线卖出这只股票，如图3-84所示。

这只股票在高位盘整了一段时间，没有出现我们需要的形态，而是股价越盘越低，20天均线越盘越有向下转头的趋势。从筹码分布图上看，20天均线上方紧贴着就是巨大的筹码密集区，以均线目前的趋势看，很可能将掉头向下，因此我们不再期待它有超强的表现，而是立马将该股清仓卖出，如图3-85所示。

以上就是筹码在横向区的分析和案例。

图3-85 卖出

第四章

下降趋势中

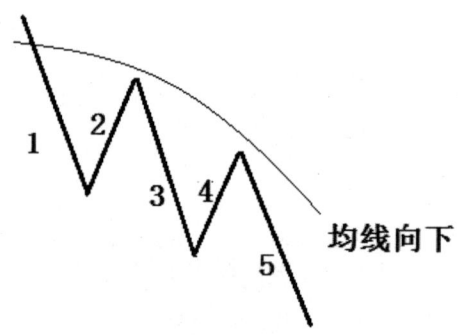

图4-1 下降趋势（1）

什么是下降趋势？

如图4-1所示，股价的高点较前一高点逐渐降低，虽然股价一直在震荡之中，但从总体上看，股价整体有向右下行进的趋势，利用均线本身所具有的趋势性，均线的行进方向也处在下降的趋势中。

在下降趋势中，不利于看多做多和看涨买入了，适合看空做空和看跌卖出并耐心等待时机，如图4-2所示。

图4-2 下降趋势（2）

处在下降趋势中，不管在什么价位买入，最后都有不同程度的亏损，所以在下降趋势中，均线常呈空头排列，各类技术指标也都处在低位，如图4-3所示。

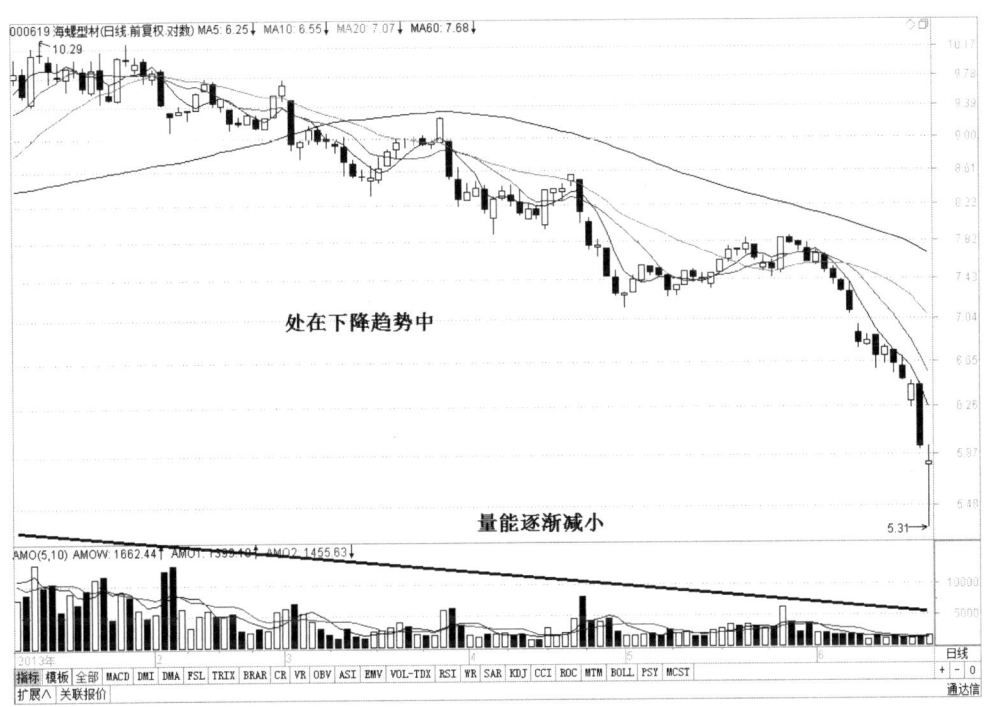

图4-3　下降趋势与成交量指标

随着行情的不断下滑，成交的金额也不断减少，这表示在下降行情中，越是早期越容易引起恐慌性的抛售潮，而到了后期越容易出现量能的减少，这说明大家对于大跌已经麻木了，更是一种止跌的预兆，因为再跌下去也不会引来更大的抛售潮，如果有主力庄家的话，这样的局面也对他们不利。

一般来说，主力庄家需要至少20个交易日，所以本书也以20天均线来指导读者使用筹码分布指标。

一、筹码高位密集

筹码高位密集的形成过程模拟图：

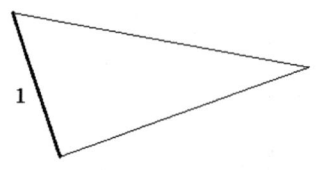　　　　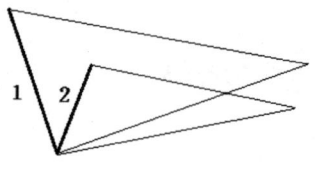

图4-4　第一波下降　　　　图4-5　第二波上升

波段1是个下降波段，该波段里的成交量较多，这导致波段顶部的筹码堆积量非常多，如图4-4所示。

波段2是个小幅的回涨波段，波段里的成交量也较多。目前来看，波段顶部所形成两个筹码分布的密集程度都很大，对下方形成较大的威胁，所以股价很难再回涨上来，如图4-5所示。

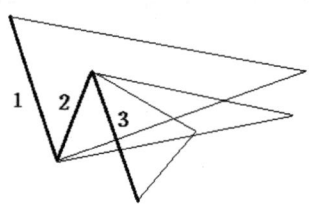　　　　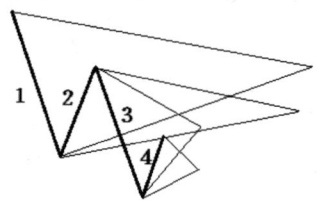

图4-6　第三波下降　　　　图4-7　第四波上升

波段3又是一波下跌，但成交量较波段1、波段2都有明显减少如图4-6所示。

波段4是另一波多方的抵抗回涨波段，波段里的成交量又有所减少，这使得筹码密集区仍处在高位，如图4-7所示。

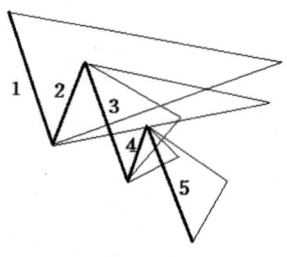

图4-8　第五波下降

波段5是波段4回涨受到上方筹码区的阻力后回转而来，但成交量仍然不见放大，如图4-8所示。

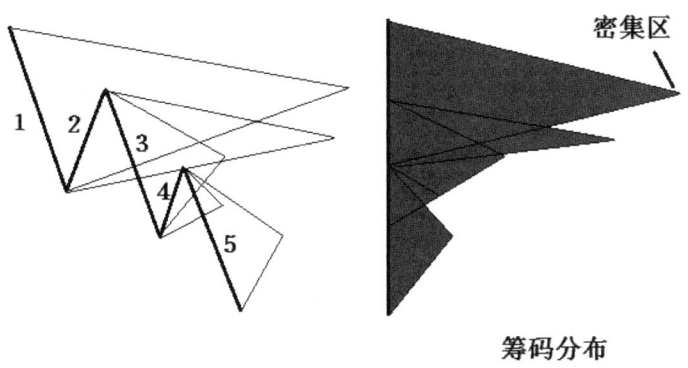

图4-9　筹码分布

在整个下降趋势中，高位成交量的堆积明显多于低位的成交量堆积，这种情况就叫做筹码高位集中，如图4-9所示。

这意味着在波段高位发生了很多大量且频繁的交易。因为在高位出现了大量的交易，这就属于主力庄家的出货行为，因为中小投资者很难分清股价是不是处在高位以及卖在高位。

所以这类形态一般只适合分析高位卖点和寻找低位买入点。

1. 20天均线向上并处在密集区之上

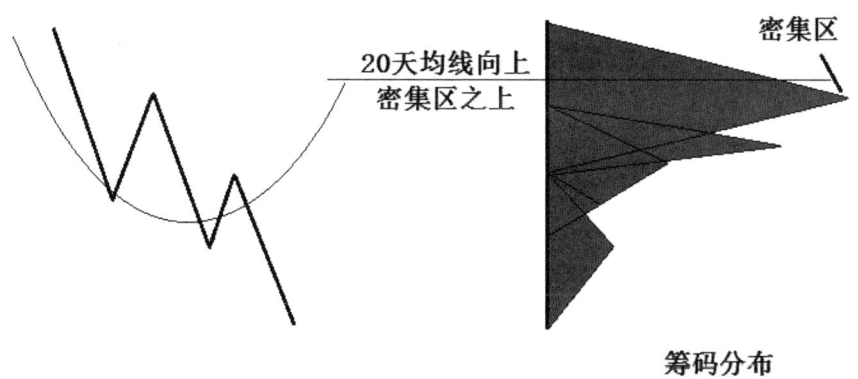

图4-10　20天均线向上并处在密集区之上

股价处在下降趋势中，说明股价走势对于看多做多的投资者不利，适合看空做空，卖出持币，而20天均线突然转头向上则表示短线行情向好。

随着成交量不断在高位递增，使得筹码分布指标的密集区出现在高位。而20天均线在这个密集区之上时，就意味着行情上行已经没有任何压力了，只要行情继续顺着20天均线所形成的上升趋势行走，股价暂时还可以上涨一段，如图4-10所示。

该形态下主要有大阳线带量突破买入法、回调20天均线买入法这两大买入法。

（1）大阳线带量突破形态买入法。如图4-11所示，突破形态买入法是指"股价处在下降趋势中、筹码高位密集、且20天均线向上并处在密集区之上"。另外，当日的收盘价还突破了某些形态的压制线，这类情况我们就称为"突破形态买入法"。

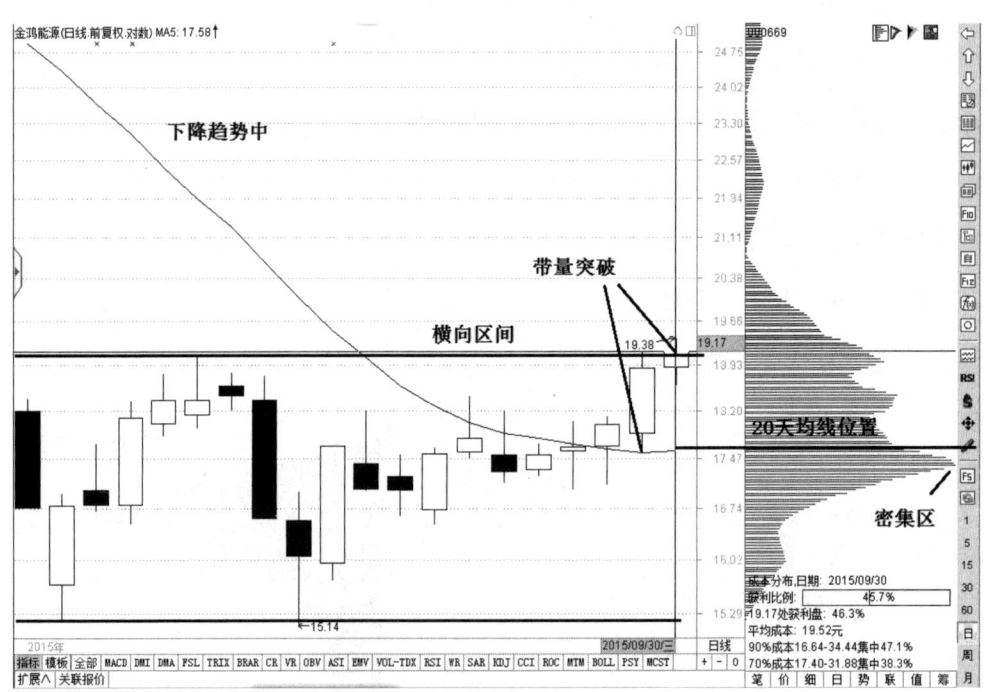

图4-11　大阳线带量突破形态买入法

股价虽然长期处于下降趋势中，但此时已形成横向区间，股价也有两次突破的好兆头，都有成交量的支持，可以试着跟进看看情况，毕竟20天均线已经越过了筹码密集区。如果行情给力的话，还有可能回到上升趋势中去。

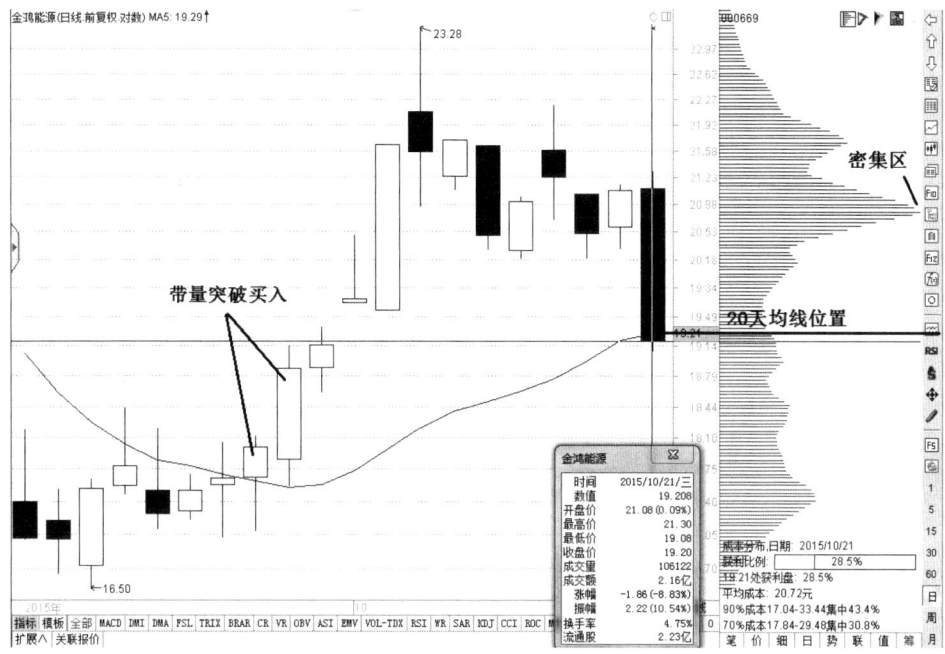

图4-12　卖出

图4-13　继续持股

之后股价上涨，但没多久又开始回落，上方形成了新的密集区，对20天上行形成巨大的心理压制。由于还没有跌到买入成本，所以应再持股观察，如图4-12所示。

结果20天均线越过了上方的筹码密集区，未来前景很广阔，但是还需谨慎小心，如图4-13所示。

图4-14　上涨

20天均线刚翻越一座大山，又面临着新的大山，暂时还没有卖出信号出现，暂且持股观察，如图4-14所示。

当股价又涨了一段后，也翻越了很多座密集区高峰，却在该日再也上不去了。看上去上方的压制并不多，但是20天均线已经转头向下了，这表示短期上升趋势已告终结。如图4-15所示。

图4-15 卖出

图4-16 卖出及后续走势

从后续走势看，股价又重新回到了下降趋势中。所以在下降趋势中获得买入机会后不宜恋战，避免形成惯性思维，而对变化无动于衷，这会导致误判甚至是转盈为亏，如图4-16所示。

（2）回调均线买入法。如图4-17所示，股价之前处在明显的下降趋势之中，暂时还没有出现任何买入信号。从形态上看，近期貌似出现了横向区间，我们可以在这个横向区间里寻找买入时机。

图4-17　回调均线买入法

放大最近几个交易的日线图，观察筹码分布指标后发现，虽然近几日股价都没有突破20天均线并被该均线三次压制，但是从筹码图上看，20天均线已经处在密集区山顶之上，再观察几日，如果20天均线转头向上，就是很好的买点，或是出现突破形态也是很好的跟进买入点，如图4-18所示。

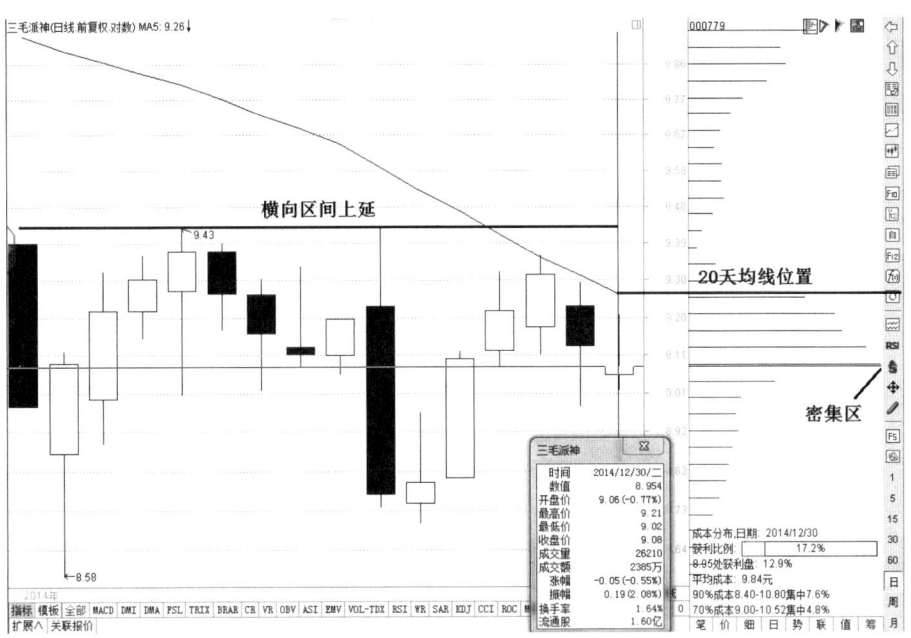

图4-18 股价仍处在均线之下

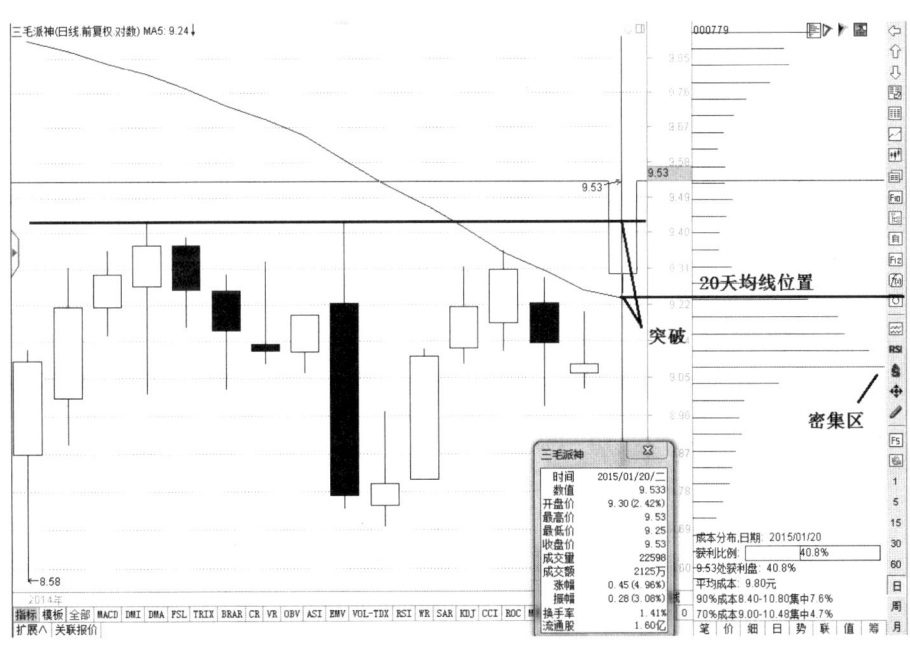

图4-19 突破

次日股价大幅高走,没几分钟就直封涨停板,可见多方力度之大,单日就连破两道压制线,包括一直以来压制股价上涨的20天均线和该横向区间的上延压制线，可见上方的阻力已经被消磨得差不多了，如图4-19所示。

图4-20 三毛派神2015年1月20日分时图

但是当日开盘才几分钟直接就封住涨停板，根本没有买入的机会，只好等待后续买入机会，如图4-20所示。

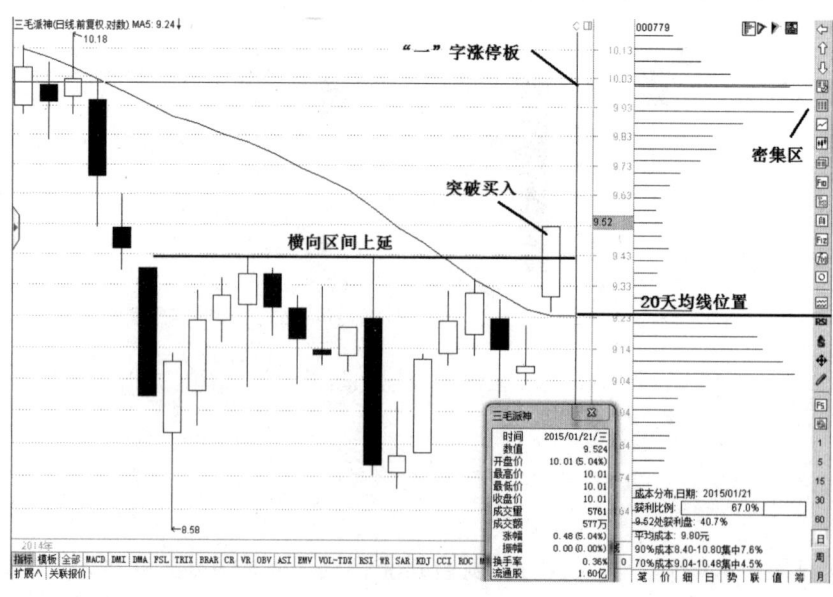

图4-21 再次涨停

次日，股价更是强势"一"字涨停板封死，也没有机会买入如图4-21所示。

图4-22　买入

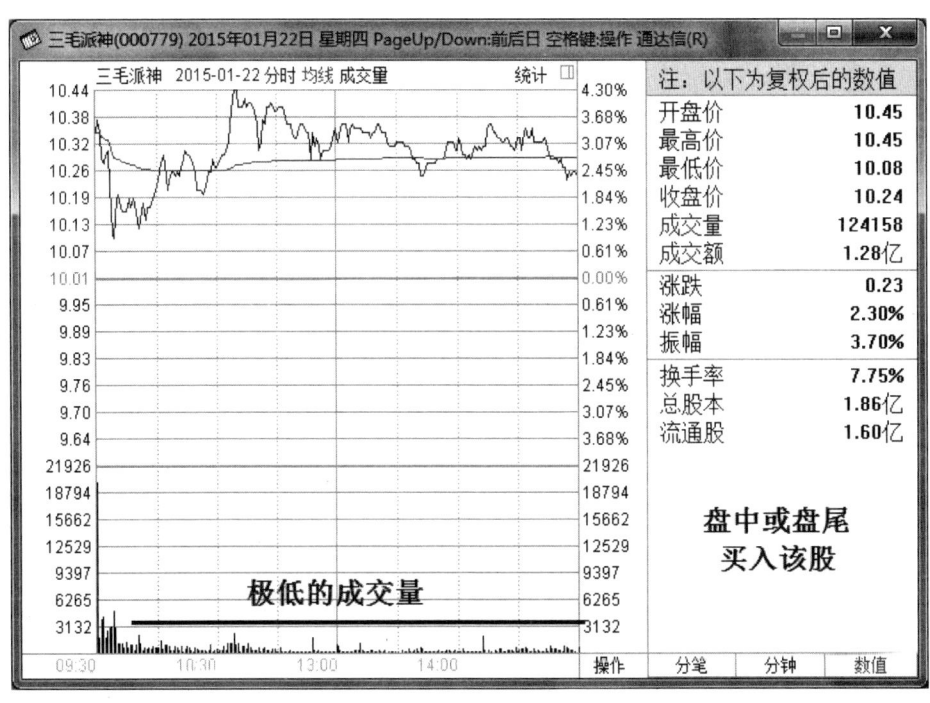

图4-23　三毛派神2015年1月22日分时图

又一个交易日，股价总算不再强势了，而是高开低走，盘中有大量充足的时间可以进场买入。同时，从日线图上看20天均线也开始转头向上，这说明未来行情很可能转换为上升行情，如图4-22所示。

从分时图4-23上看，虽然日线上大跌回调了不少，但全天的成交量未见大的波动，持股者心情仍然稳定，都一致看好后市，那么就应该买入。

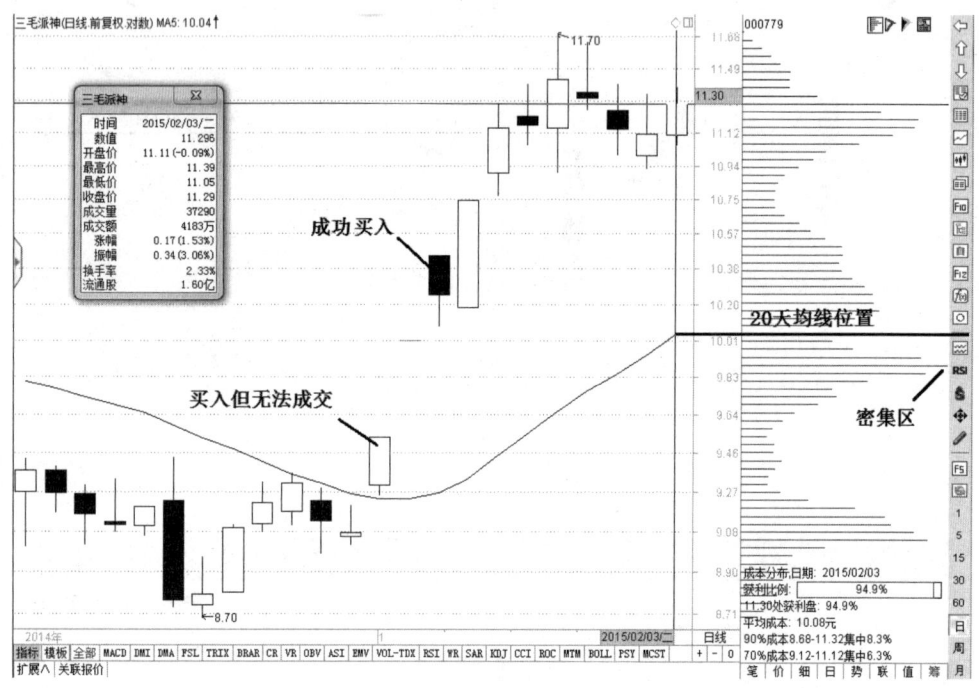

图4-24　持股待涨

股价继续上行，进入高位盘整阶段，20天均线也刚刚越过上方的筹码密集区，距离上方新产生的筹码堆积较远，估计还有一段上升的可能，继续持股待涨，如图4-24所示。

股价没走多远又进行了高位震荡，不过20天均线这次又要面临着新的更大的筹码密集区的压制，如果行情不能推高20天均线的话，这里就应该是卖点，所以应继续观察，如图4-25所示。

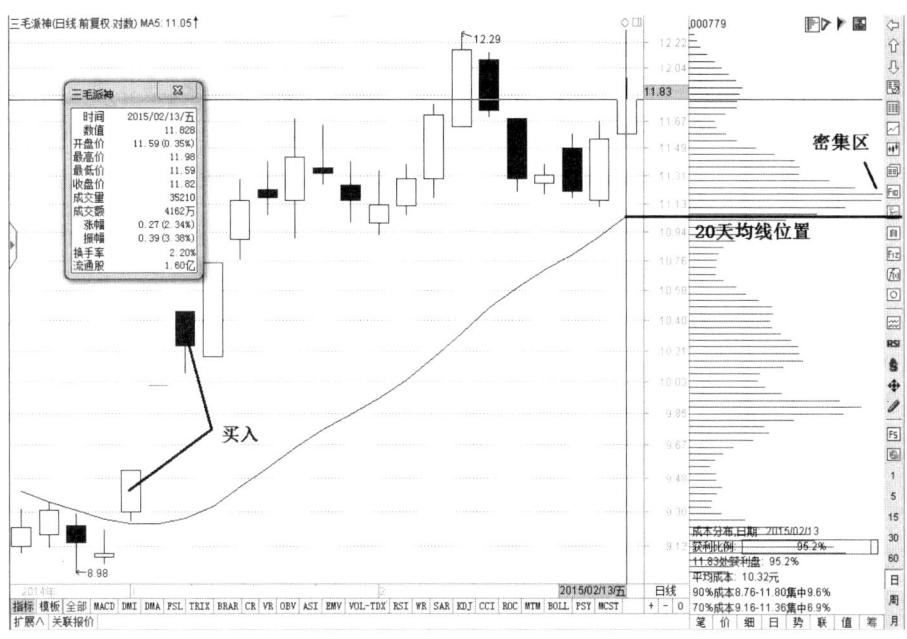

图4-25 卖出

图4-26 持有或卖出

果然股价继续推动20天均线向上又越过了筹码密集区，现在均线正面临着上方的最后一道筹码压制，如果能过了这关，估计股价就会飞涨起来，如图4-26所示。

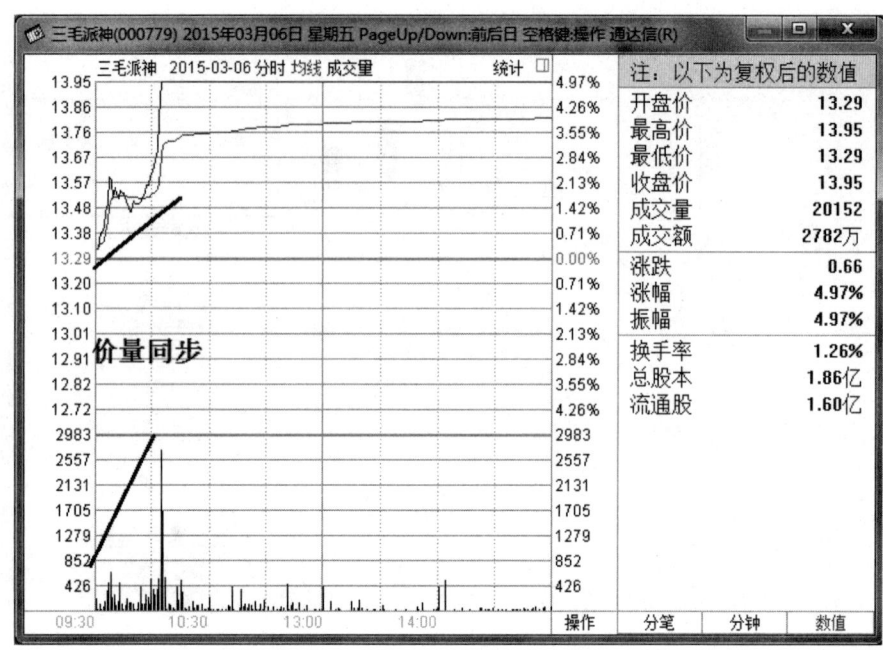

图4-27 三毛派神2015年3月6日分时图

因为当日这个大阳线的量价配合很好,而且还封上了涨停板,可以吸引不少投资者的目光,追涨意愿高,如图4-27所示。

图4-28 持股待涨

20天均线已呈长期上升趋势，已经越过了之前估计有困难的上方筹码压制。因此继续持股，如图4-28所示。

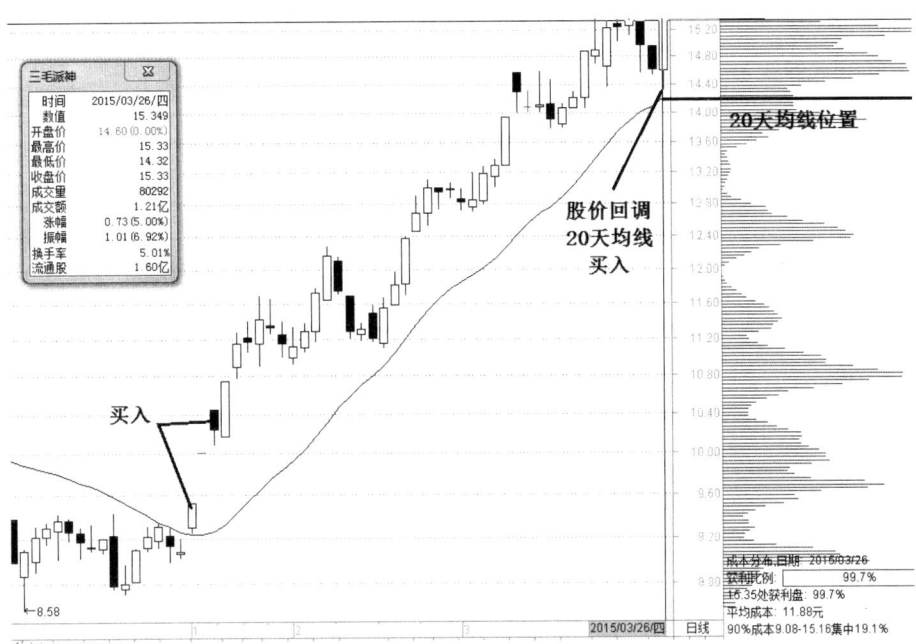

图4-29　继续持有或卖出

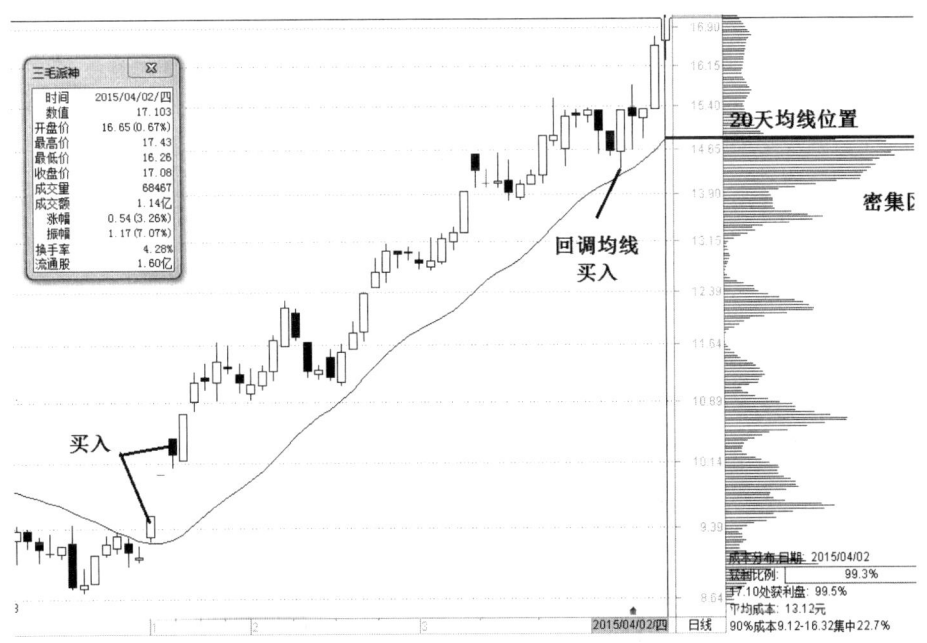

图4-30　前途仍然光明

随后股价又上行了一段，不过又开始了高位盘整，这次的盘整将密集区上移到了高位，这对20天均线来说是很大的压力。此外股价回调到了20天均线附近并得到支撑，这是"回调买入法"，因此可以买入这只股票，如图4-29所示。

尽管此前上方有着巨大的筹码堆积，但是这连续几日的上涨已经把20天均线拉到了该密集区之上，上方压力顿时大减，上行空间又开始增大了，可以继续持股待涨，如图4-30所示。

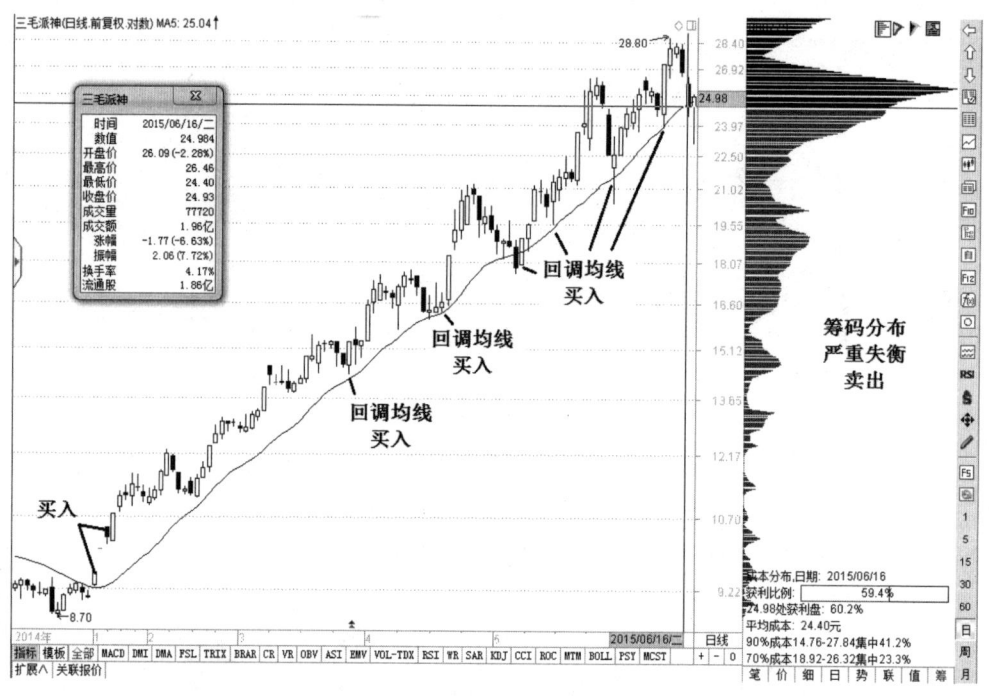

图4-31 筹码高位密集注意风险

从图4-31上看，股价已经在高位形成了极大的筹码堆积，上下已严重失衡，这样的情况非常不妙，主力庄家很可能已经出完货。

从该日分时图上看到，价格下跌的同时伴随着大量的成交，说明持股者已不看好后市，纷纷不计价格的抛售，所以卖出手中的股票，如图4-32所示。

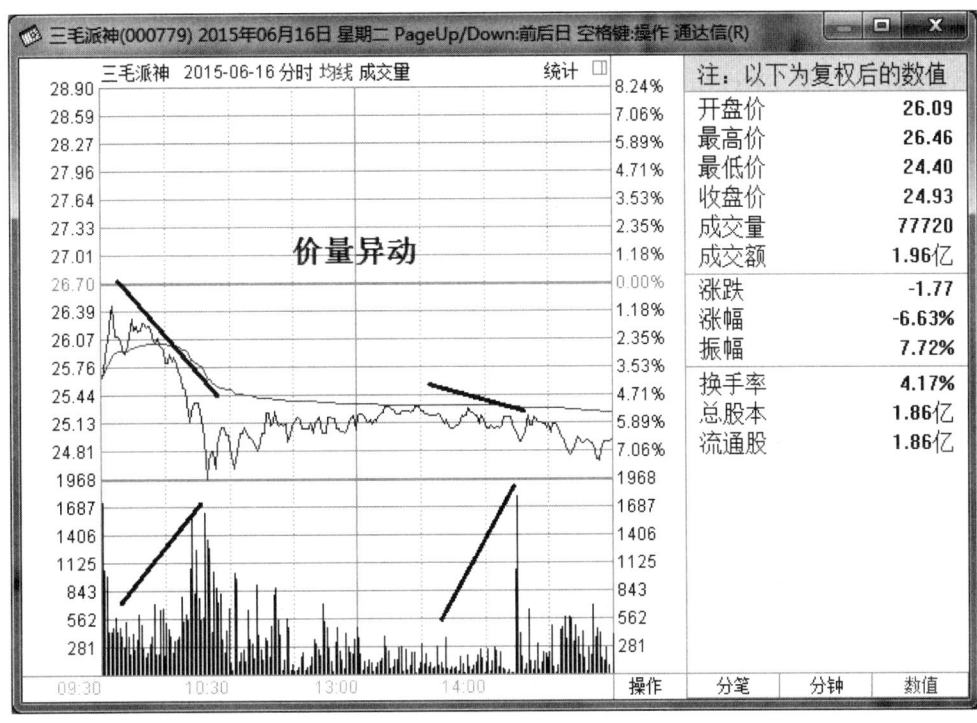

图4-32 三毛派神2015年6月16日分时图

图4-33 卖出及后续走势

事后再看，我们卖在了相对高的位置。随后20天均线转头向下，显现出买方之力不足以引领20天均线继续向上，接下来就是空方主导的行情了，整个波段下跌了约65%，没有卖出的投资者损失相当惨重，如图4-33所示。

2. 20天均线向上并处在密集区之下

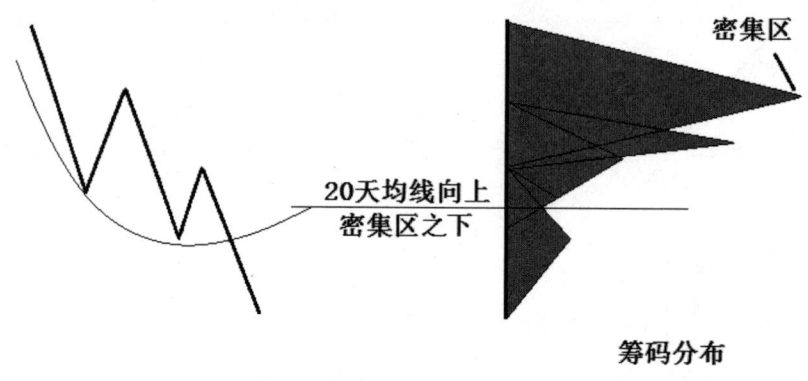

图4-34　20天均线向上并处在密集区之下

股价在上升趋势中，证明股价走势向好，适合看多做多，买入或持有，而20天均线向上证明了短线行情也同步向好。

随着高价位的成交断在高位聚集，使得筹码分布指标的密集区出现在高位，而20天均线在这个密集区之下时，就意味着行情上行面临着较大的阻力。

是否能够成功上破，要看后续走势是否能有效站于其上，特别是盘中的价量所展现出来的情况能否与外在表现出来的形态同步，如图4-34所示。

该形态下主要有"突破买入法"、"回调20天均线买入法"这两大买入法。

（1）突破形态买入法。如图4-35所示，该股股价之前处于下降趋势中，但近期20天均线随着下降趋势而下滑到了筹码密集区之下，股价也并没有继续创出新低，而是走出了一波横向走势来。股价在这个横向区间震荡，筹码密集区就在该横向区间的上延附近，如果股价能够有效突破这个价位就是很好的买入点。

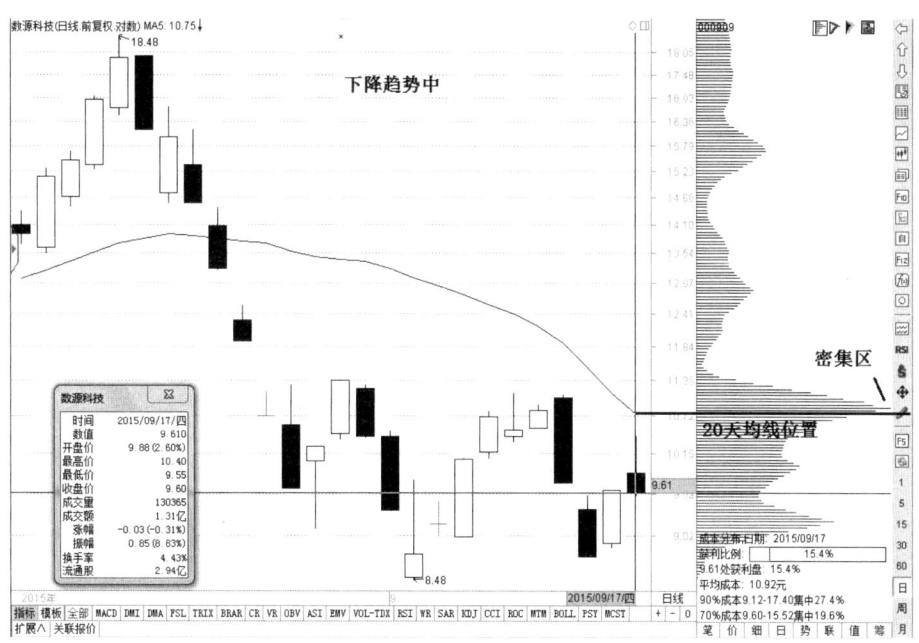

图4-35 突破形态买入法

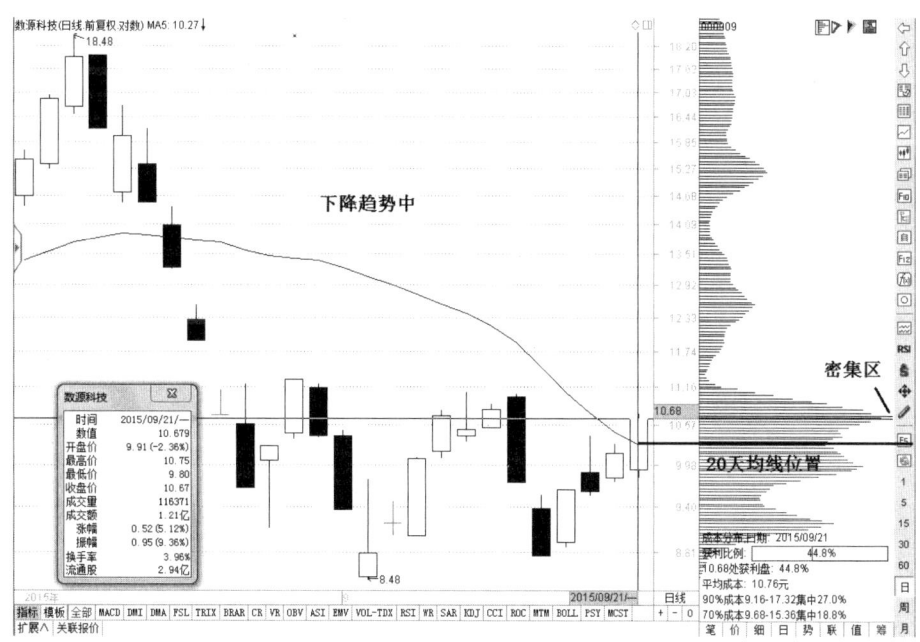

图4-36 股价向上突破均线

当日股价上破20天均线,但是20天均线仍处在筹码密集区之下,如图4-36所示。

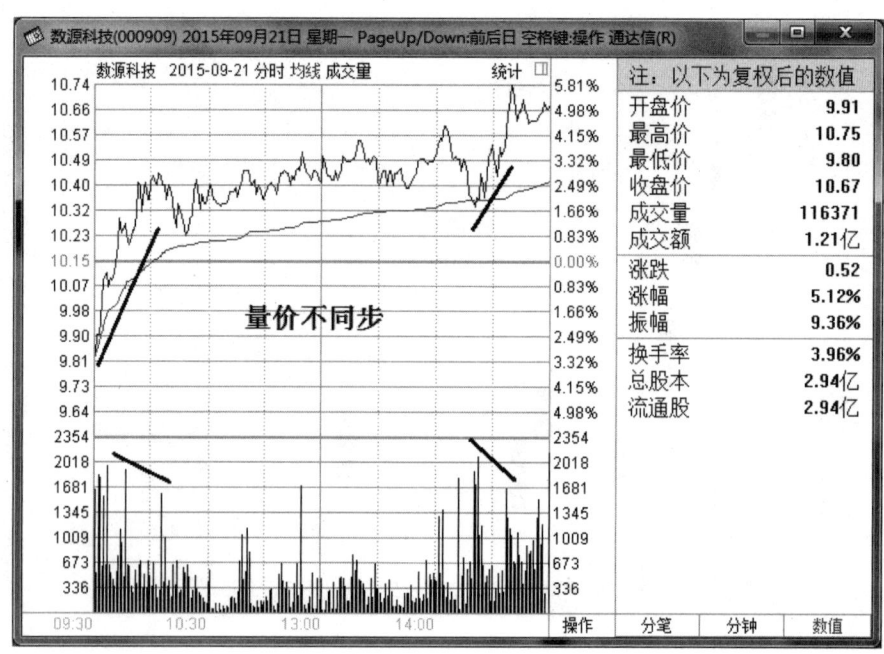

图4-37 数源科技2015年9月21日分时图

当日分时走势图上可以看到价格上升时并无成交量的支持，可见还不是可靠的买入点，如图4-37所示。

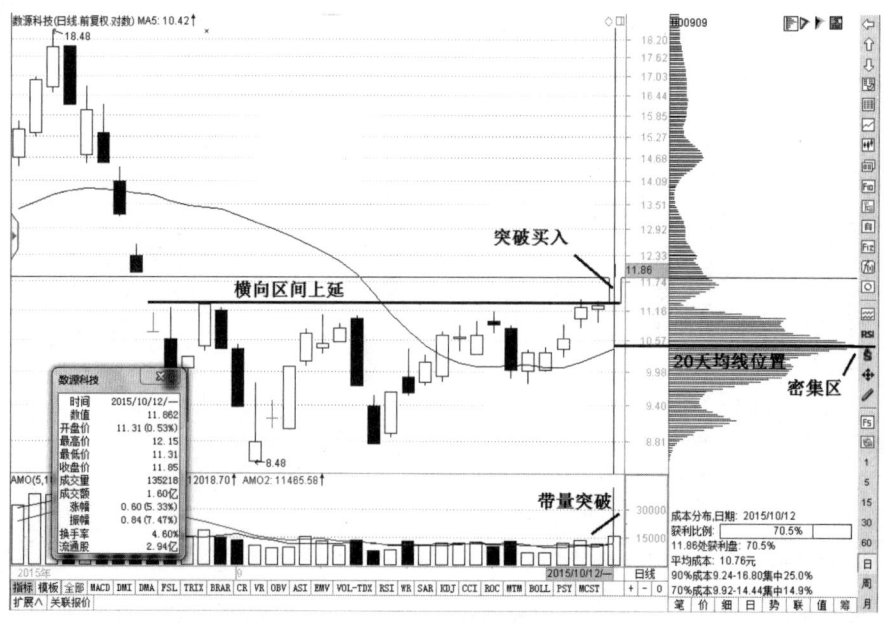

图4-38 股价突破横向区间上延买入

十个交易日后，股价以大阳线带量并成功突破上了横向区间的上延，顺便也带动了20天均线向上越过筹码密集区，这表示这个突破买点是真实可靠的，我们就在该日收盘前买入该股，如图4-38所示。

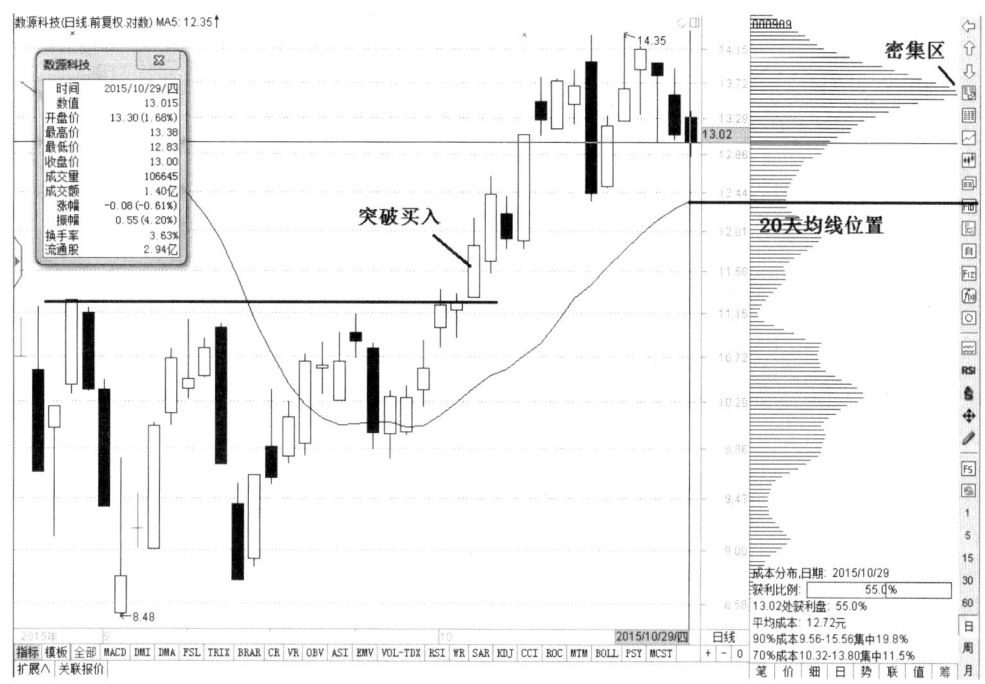

图4-39 持股待涨

随后股价上行了一段便又开始了横向震荡，这次震荡堆积的筹码再次超过了之前的长度，上行压力进一步增加。虽然局面不太好，但也没见任何卖出信号发出，继续持股以便观察，如图4-39所示。

当20天均线一次次越过上方的筹码密集区后，股价终于来到了更高的位置，同时也伴随着更大的高位筹码密集区，上行的压力更大了。更不好的是20天均线转头向下了，这表示短期上升行情将就此告一段落。虽然从筹码分布图上看上方并没有多大的阻力，但是均线的回转则预示着主力庄家已经出逃完毕，不能再妄想着股价还会继续上涨。因此我们得出这一结论后紧跟着就清空了这只股票，如图4-40所示。

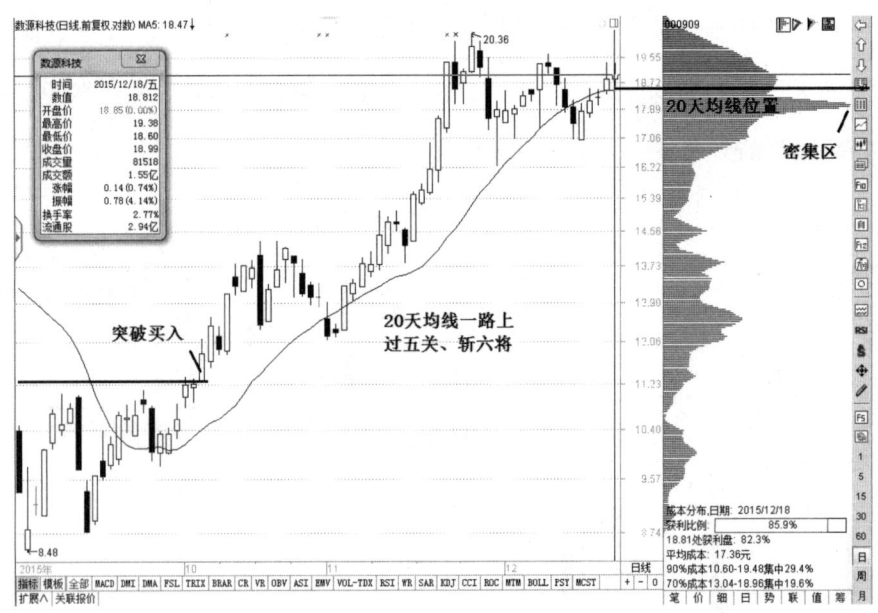

图4-40 股价继续上涨

（2）回调均线买入法。如图4-41所示，这只股票之前处在下降趋势中，近期随着20天均线的转头向下而倍受压制。股价始终没有上破20天均线，足见该均线所具有的压力非同寻常。

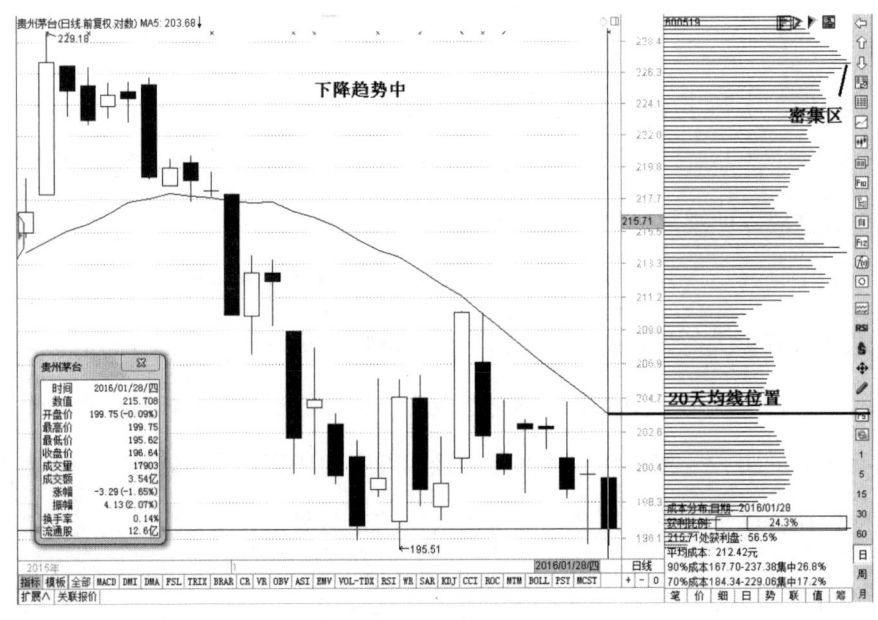

图4-41 回调均线买入法

从筹码分布上看，20天均线的位置远离高位筹码密集区，但是上方的密集区还有很多，期待行情马上反转上涨是不现实的。不过如果20天均线能转头向上的话，势头就会有所好转，再等待股价回调到20天均线时应该就是不错的买入机会。

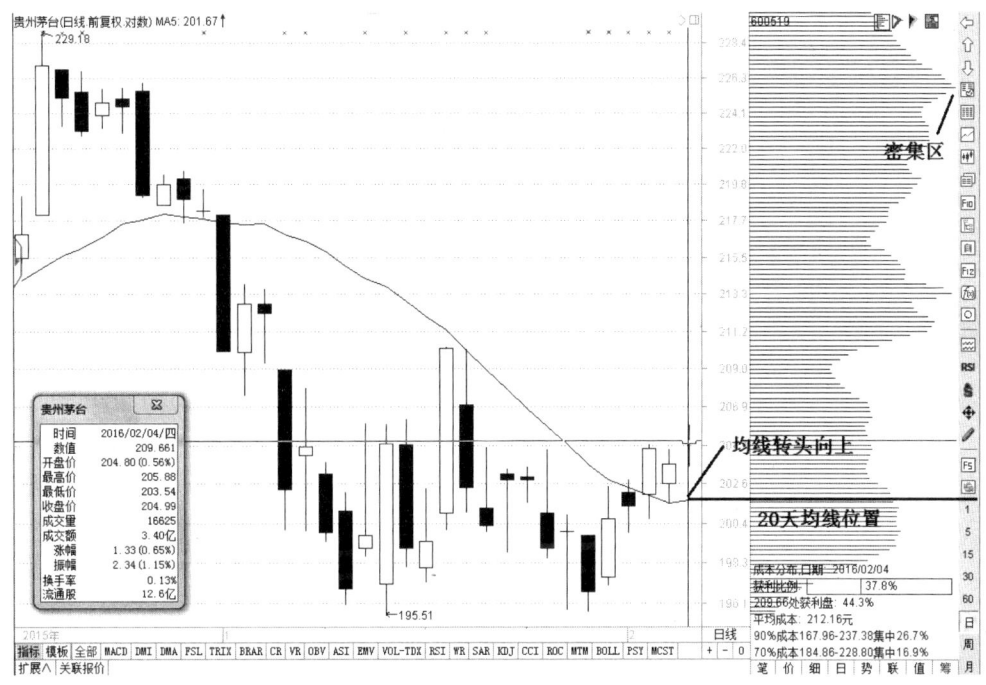

图4-42　均线转头向上

数日后股价突破了20天均线，并且带动20天均线转头向上，这是很好的兆头，接下来就是等待股价回调到20天均线附近再行买入，如图4-42所示。

随后股价果真回调到了20天均线附近，徘徊了五个交易日，让我们有充分的时间买入这只个股，如图4-43所示。

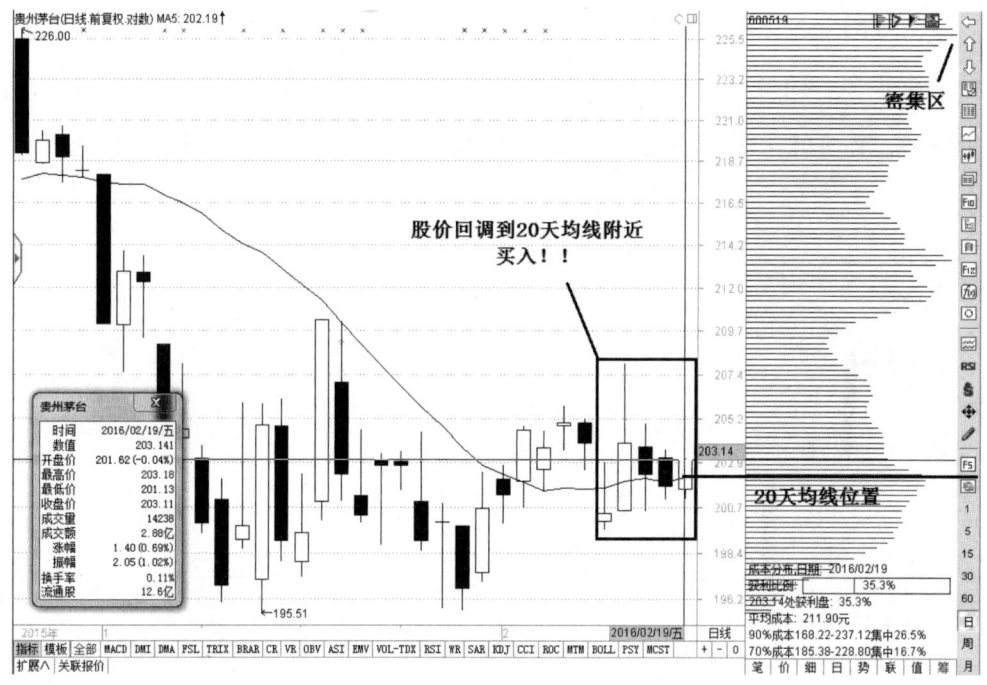

图4-43 买入

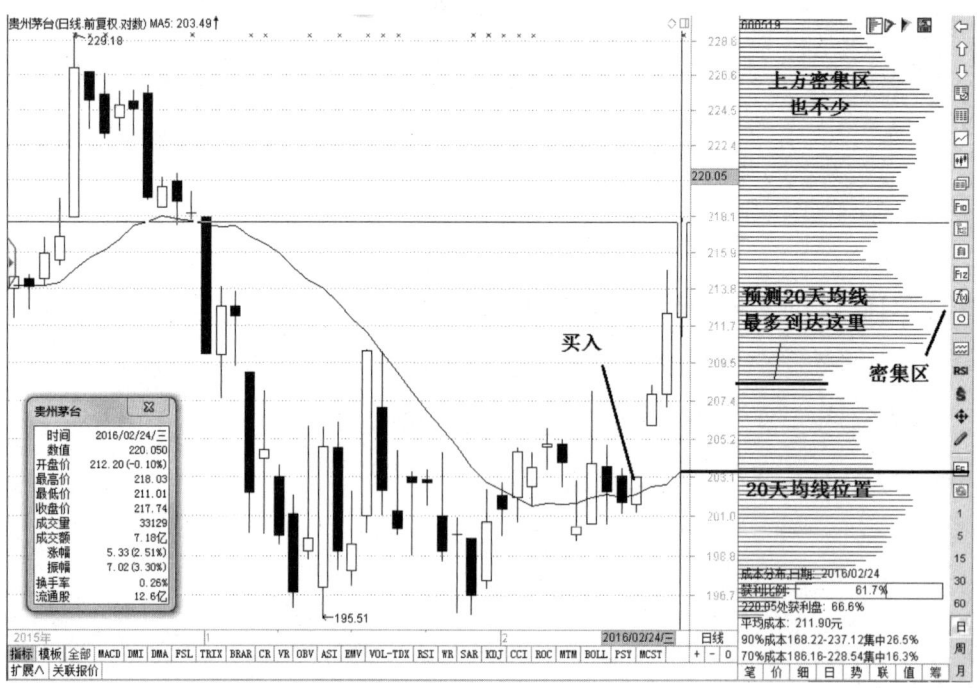

图4-44 奋勇向前

接下来的几个交易日里，股价上涨，但是20天均线上方有很多扎堆的大量的筹码密集区，应该谨慎而不能过于乐观，随时准备卖出，这样才保险，如图4-44所示。

图4-45　卖出

由于我们之前买入这只股票只为赚取短期利润，采取的是谨慎乐观的态度，所以不打算持有太久，所以当日股价大涨5%，将20天均线引至筹码密集区下时，预计股价难以继续上攻，卖出了该股。这一波虽然没有吃足整个波段的利润，但知足常乐，股市里不缺机会，如图4-45所示。

3.20天均线向下并处在密集区之上

在下降趋势中，适合看空做空卖出，而20天均线向下也证明了短线行情不利于看多做多买入。

随着高价位的成交断在高位聚集，使得筹码分布指标的密集区出现在高位，这就是抛售潮的表现。在下跌前夕，大量筹码纷纷出逃变现，形成高位大量筹码交易，导致高位筹码密集，而不计价格的卖出则催生了股价的不断下跌。

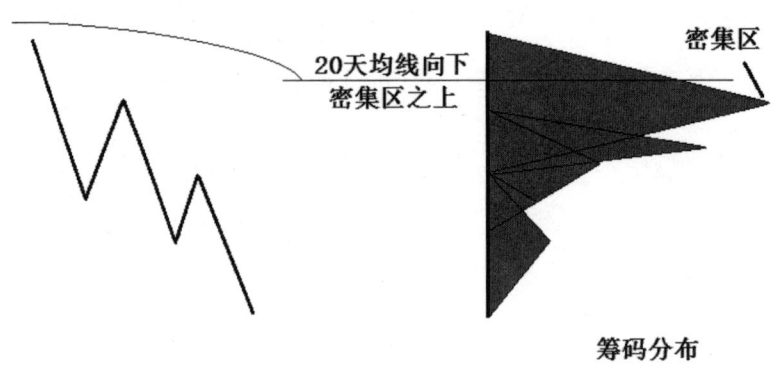

图4-46 20天均线向下并处在密集区之上

通常来说这样的行情下很难找到买入点，但也有例外，只要有良好的价量配合，一样可以找到最佳买入点，捡到暴跌中的便宜货，如图4-46所示。

这一形态下只有大阳线带量突破买入法这一买入法则。

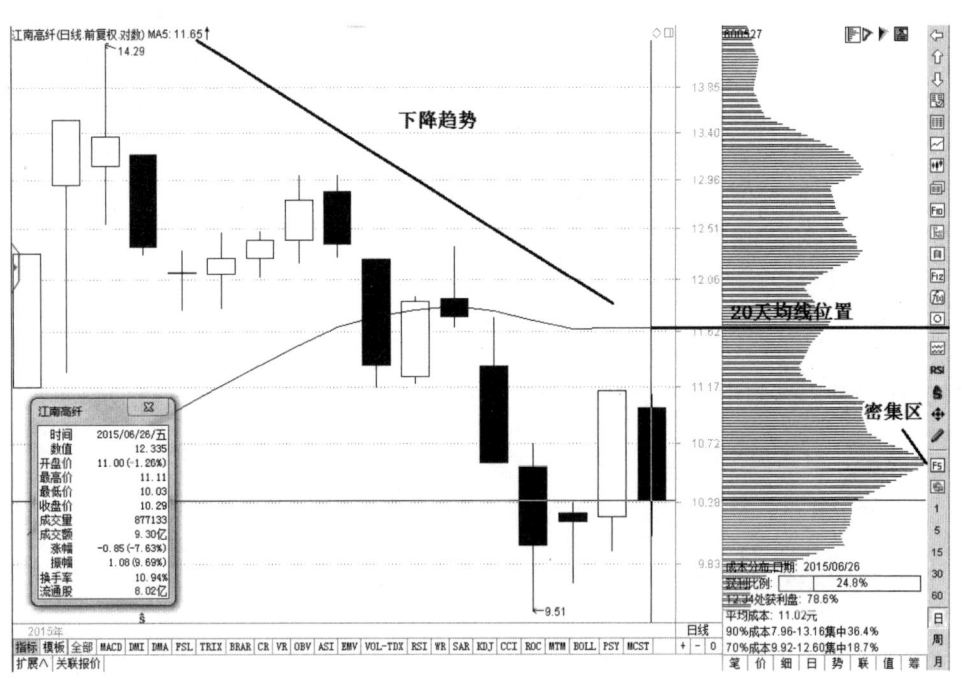

图4-47 寻找买入时机

如图4-47所示，该股股价之前也处于下降趋势中，但近期20天均线却在筹码密集区之上，按理说应该上行没有阻力，但股价却没有上行而是不断下跌。

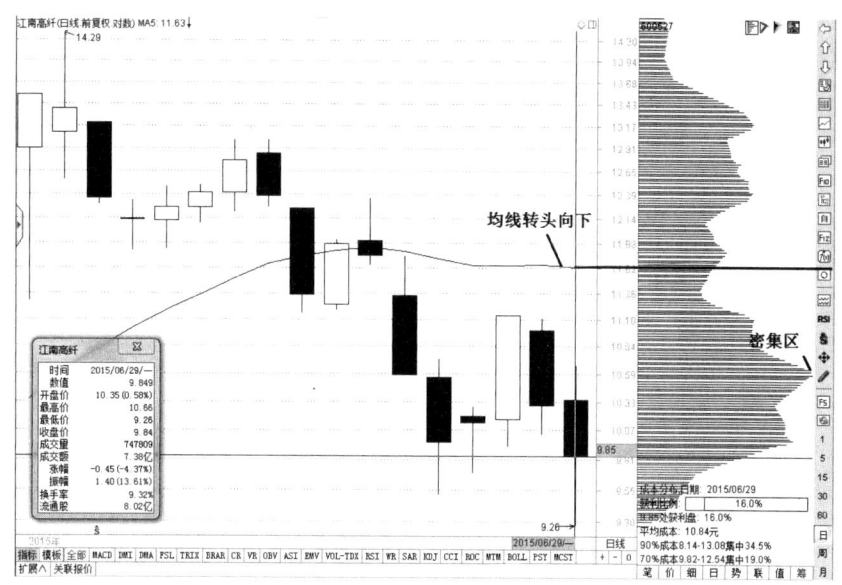

图4-48 考验耐性

接下来股价继续下跌,20天均线也转头向下,这说明未来行情还会继续下跌,只能预计在下方密集区会有所支撑,如图4-48所示。

图4-49 小不忍则乱大谋

股价也没有按照我们之前预计的那样会在筹码密集区得到支撑,而是迈开了脚步大步向下，最后直接三个跌停板报收，如图4-49所示。

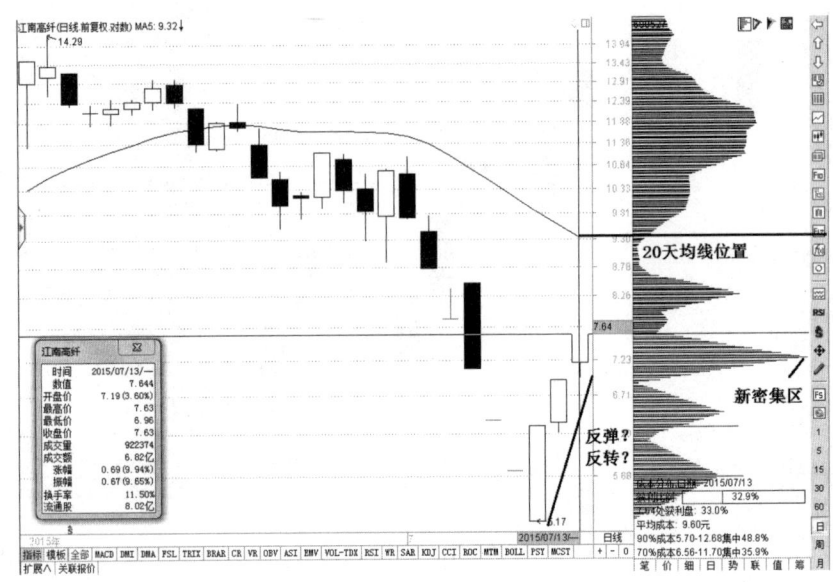

图4-50　买入

三个跌停板后股价开始反转，收出三连阳，并且这三只阳K线都伴随着较大的成交量，在筹码分布图上形成了新的筹码密集区，可能会成为20天均线的支撑点。目前尚无买入信号出现，所以这些也只是猜测，静待信号发出，如图4-50所示。

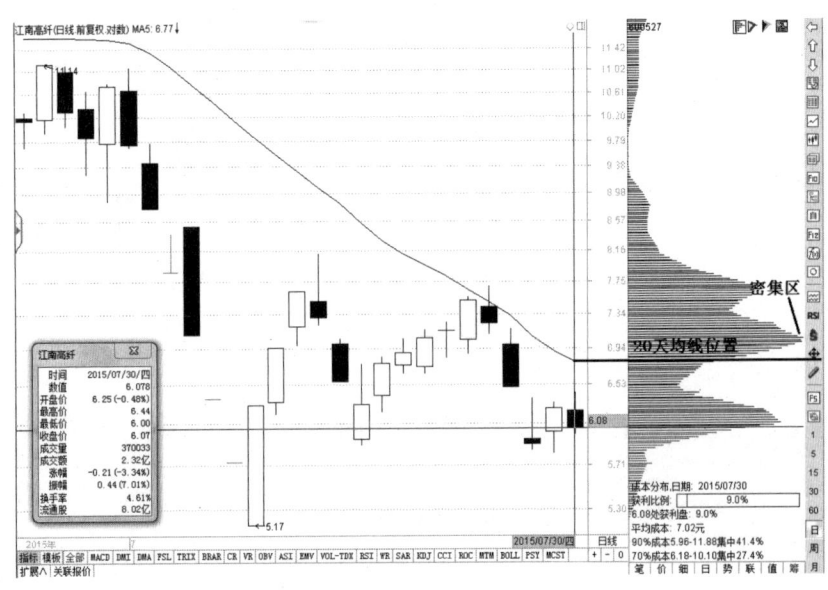

图4-51　筹码分析

猜测毕竟是猜测，20天均线并未得到密集成交区的支撑，而是更彻底的下跌，但是股价并未创出新低，低位还有一个新生的筹码密集区，希望它能够支撑均线一阵子，如图4-51所示。

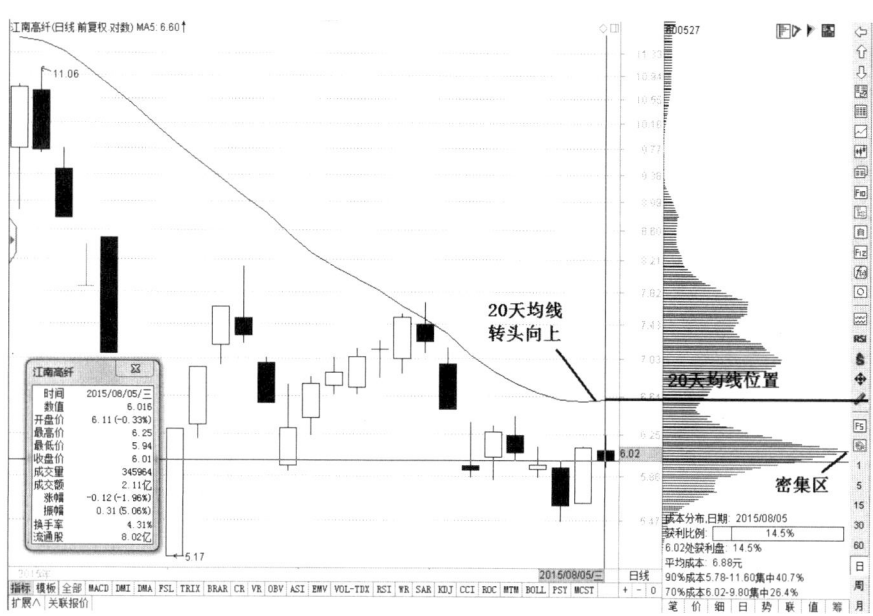

图4-52 均线转头向上

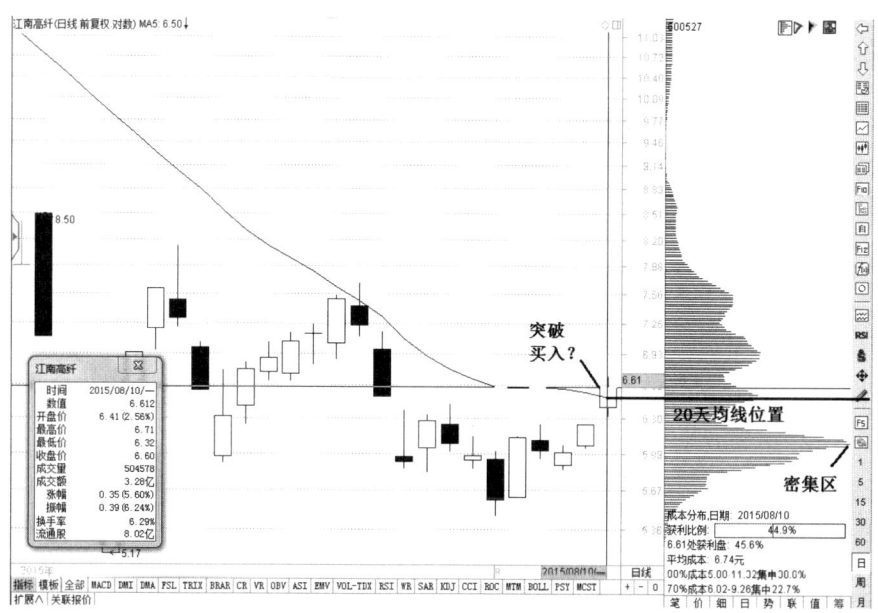

图4-53 突破买入

行情到这里，20天均线得到了低位更大级别的密集区的支撑，并且已转头向上，这将可能出现股价突破均线的情况，这就是本形态下所捕捉到的买入机会，严格来说这种突破形态并不属于本形态，如图4-52所示。

该日股价上破20天均线是否应该买入呢？一是日K线并非大阳线，二是今日的分时图并不支持买入，如图4-53、图4-54所示。

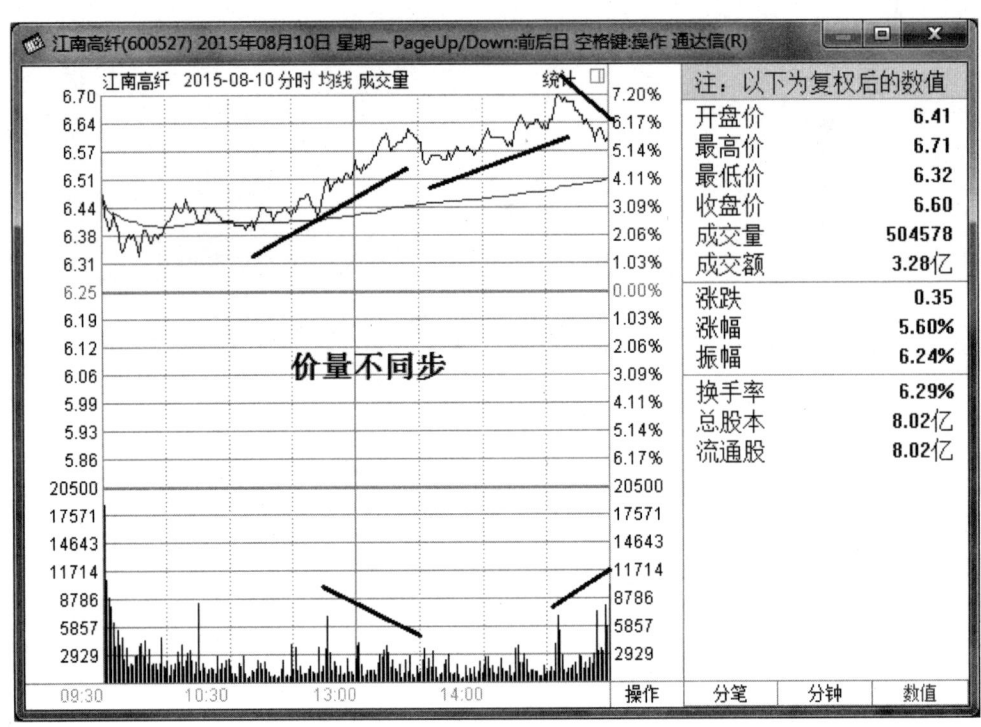

图4-54　江南高纤2015年8月10日分时图

从分时图上看价量也存在不同步的现象，这说明此次突破行情还不怎么可信，还需要后续观察，不宜急于买入，如图4-54所示。

虽然股价有一小波反弹但不久股价又再次进入下降通道中去，20天均线始终没能上破筹码密集区，而已经反转向下了，如图4-55所示。

图4-55 买入

图4-56 距离买入信号应该不远了

随后股价又在更低的价位成交了更多的筹码。是谁在低位买入这么多筹码？这一定是有目的、有计划的买入，那么既然有主力机构的参与，就是为赚钱而来，将来一定会有至少一波上涨行情，静待买入信号发出，如图4-56所示。

图4-57 大阳线带量突破买入

当日终于等来了突破买入信号。虽然上方还有不少压力和筹码密集区，但是我们的目标不是为了吃完整个波段，而是吃一小口，只要有赚就行，所以在尾盘收盘前买入，如图4-57所示。

图4-58 买后就涨

买入后不久股价开始飞奔了，如图4-58所示，中途有多次回调20天均线并得到支撑的补仓机会，股价在高位盘整了差不多两三个星期，密集区也逐渐增多起来，20天均线当前的位置也处在高位密集扎堆的筹码密集区之下，而且从均线的走势来看有向下掉头的可能性，因此我们卖出了小部分该股，剩下的继续持股观察。

图4-59 卖出

股价走势异常，在我们卖出部分股票后，股价又再次暴发式的收了两个涨停板，高位成交量越来越大，导致筹码分布严重失衡，因此马上清空该股，如图4-59所示。

就在我们卖后的第二个交易日，股价大阴直接跌停，在更低的位置盘整后，接着继续下跌，如图4-60所示。

图4-60 卖出及后续走势

4. 20天均线向下并处在密集区之下

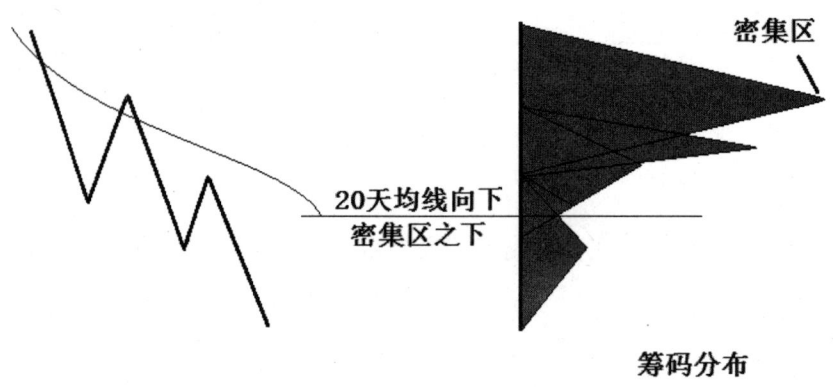

图4-61 20天均线向下并处在密集区之下

在下降趋势中，说明股价走势不妙，只适合观望，不适合买入或持有，20天均线转头向下，这说明短期上升的可能性在逐渐降低。

这个形态在下降趋势中经常能碰到，高位的大量筹码成交堆积就是主力机构出货所留下来的，而目前20天均线向下是因为机构主力都已经不在场了，就只有中小投资者在不断的卖出导致。

针对这一情况，如果后期没有新的主力庄家进场的话，还将维持下跌格局。怎样才能识别是否有主力庄家介入呢？这得看股价跌到一定程度时是否有大量的筹码成交堆积，如果有就证明有机构庄家在偷偷买入该股，为后面拉抬股价做好准备，如图4-61所示。

买入法只有筹码低位密集且20天均线转头向上或带量突破买入法一种。

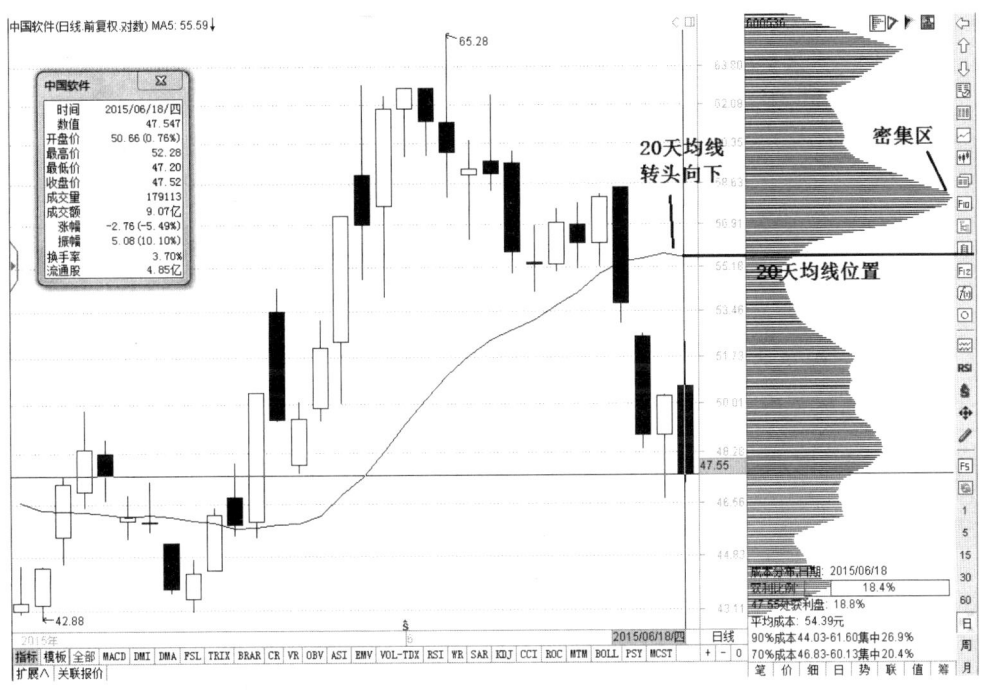

图4-62 筹码低位密集且20天均线转头向上或带量突破买入法

这只股票已经处于反转下跌的过程中，20天均线也受到上方密集成交区的压制开始转头向下，我们需要等待低位出现更大的密集成交区，然后再来观察20天均线是否转头向上，如图4-62所示。

股价继续向下深跌，但是最近两个交易日在股价低位形成了更大的筹码密集区，主力庄家在进场捡低价筹码。

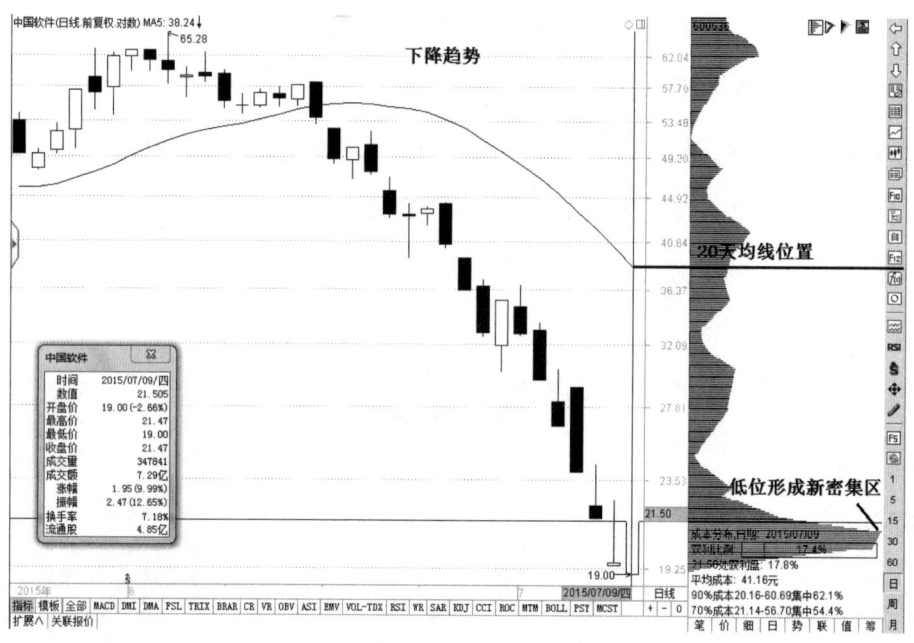

图4-63 等待买入时机

激进的投资者可以在当日买入该股,但我们为求稳妥,还是等到20天均线转头向上时再买入不迟,如图4-63所示。

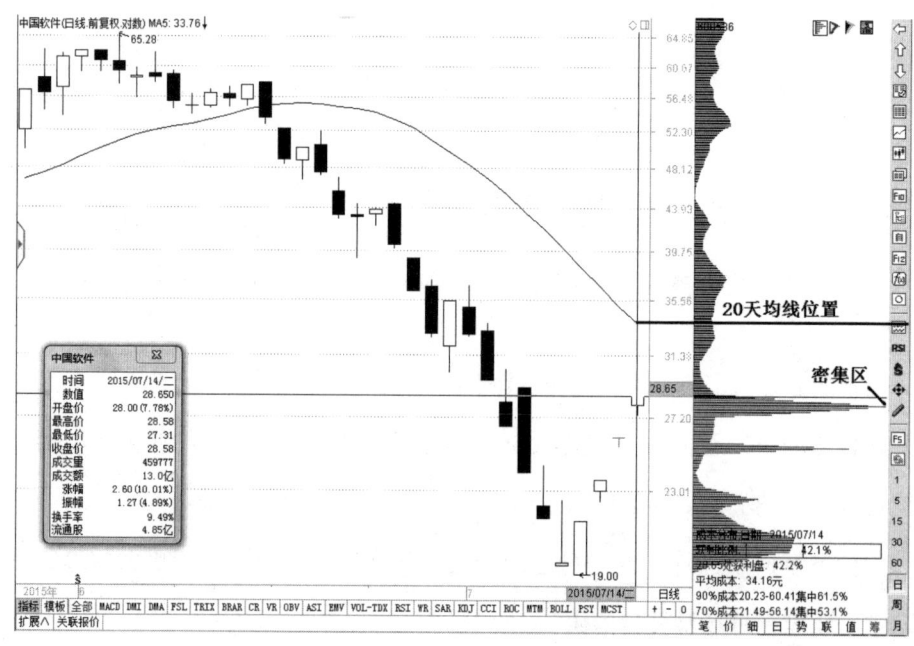

图4-64 股价连续涨停

连续四个交易日的异动，引起了不少投资者的目光，这四个交易日异常放量导致筹码分布图上出现了多个筹码密集区。如果不是主力机构在吸筹，还会是谁呢？当然没有谁能做到这样的效果，既然是吸筹就得洗盘震仓，如图4-64所示。

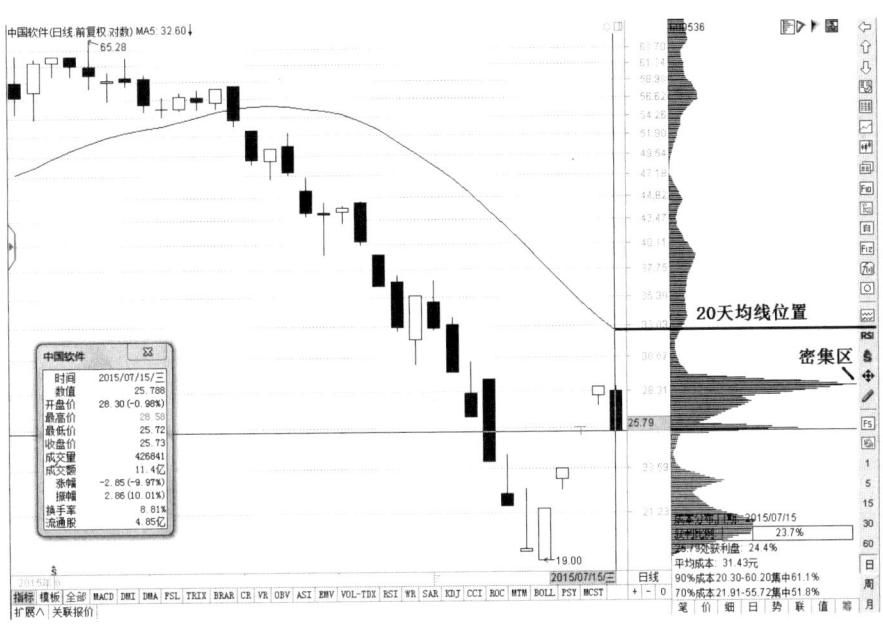

图4-65　股价回调

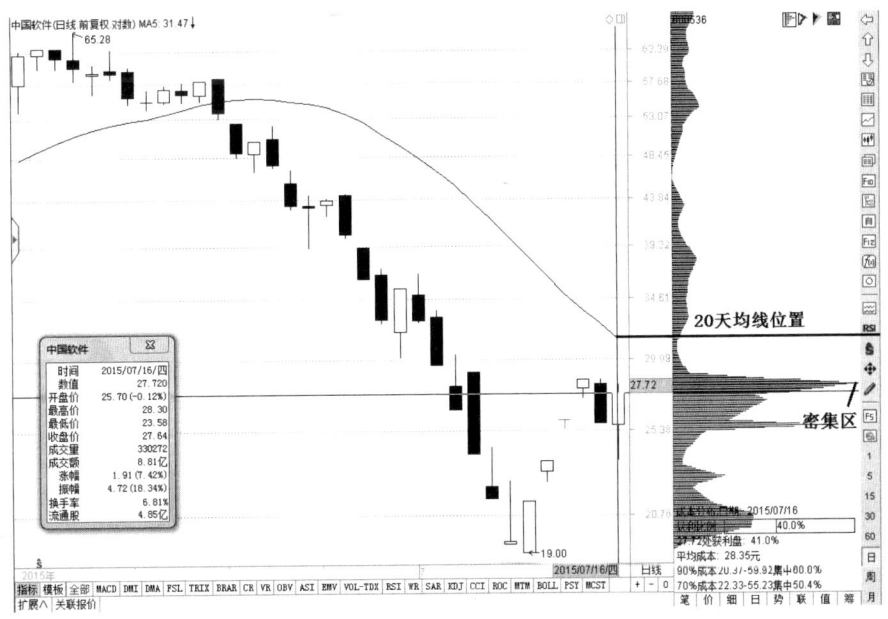

图4-66　买入

次日洗盘开始了，股价全天跌停，成交量也在放大，看来主力机构也趁这个机会买到了不少筹码，如图4-65所示。

当日放出长下影线，说明盘中曾下跌了好一阵，如图4-66所示。

调出分时图观察。

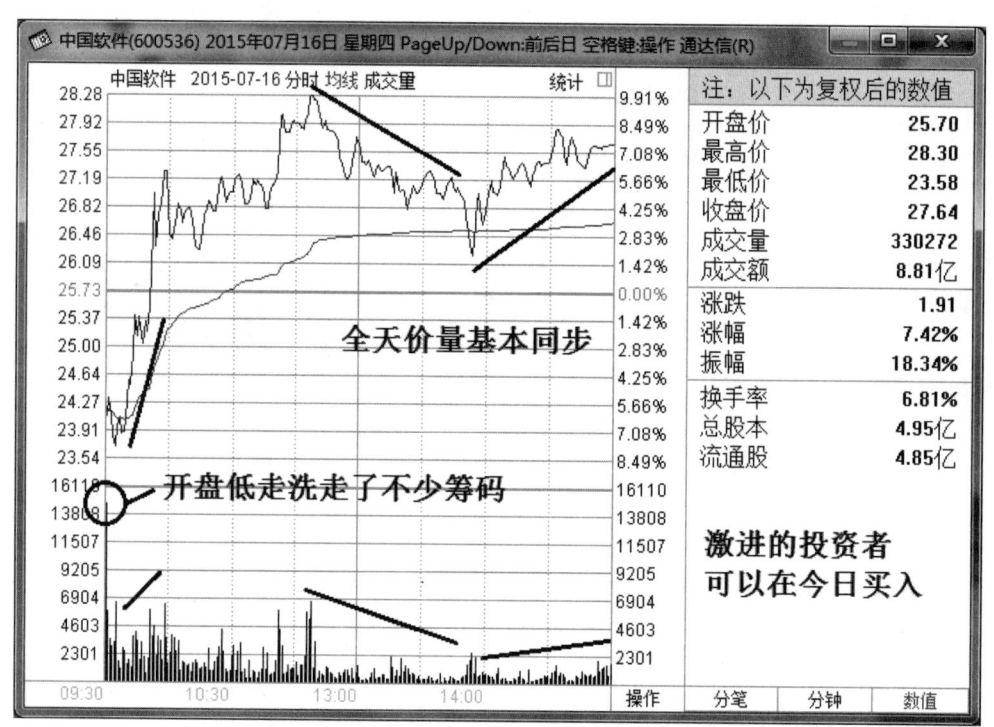

图4-67　中国软件2015年7月16日分时图

可以看到该股在开盘时就拉跌洗盘，洗出了不少筹码，然后股价迅速脱离这一价位区间，马上拉升，全天价量配合良好，激进的投资者可以选择在当日买入这只个股，如图4-67所示。

股价前期突破了20天均线并徘徊在均线上方数个交易日，当日股价带动20天均线转头向上了，并且筹码在低位密集，这样就符合我们的买入要求了，尾盘收盘前跟进该股，如图4-68所示。

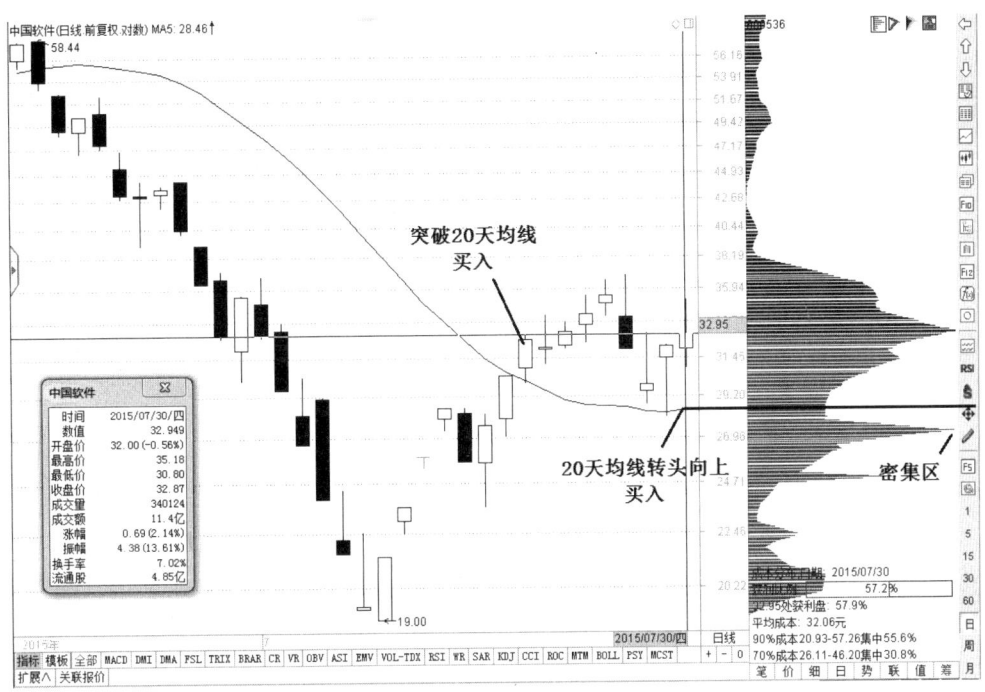

图4-68 持股待涨

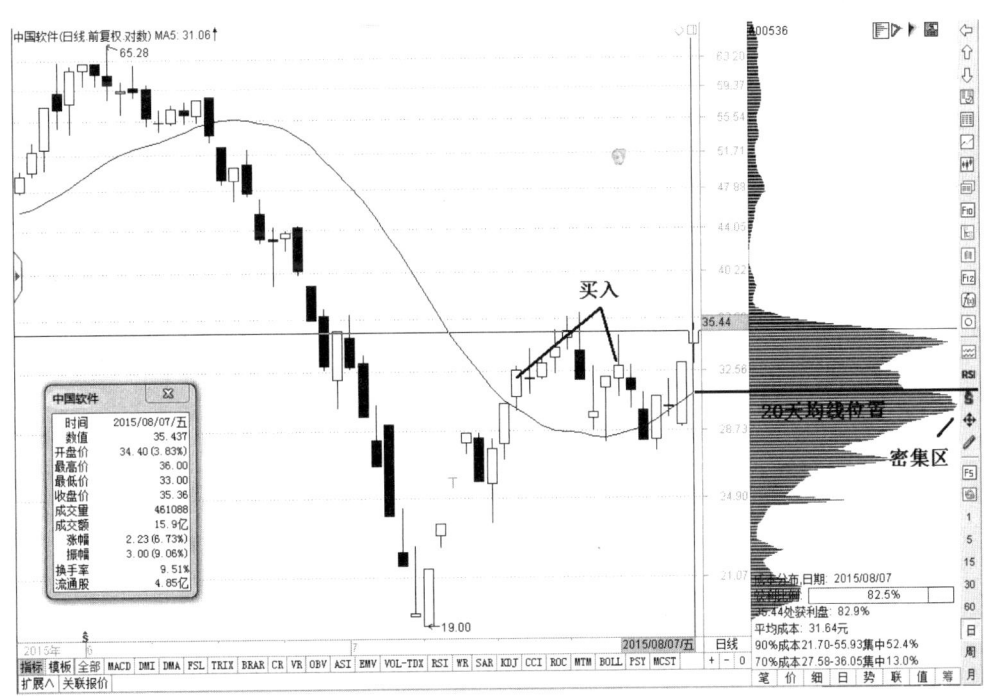

图4-69 持股待涨

一周以后股价再次拉升,但是伴随的成交量也同样在高位形成了新的次一级别的密集区,静观20天均线能否站于其上,如图4-69所示。

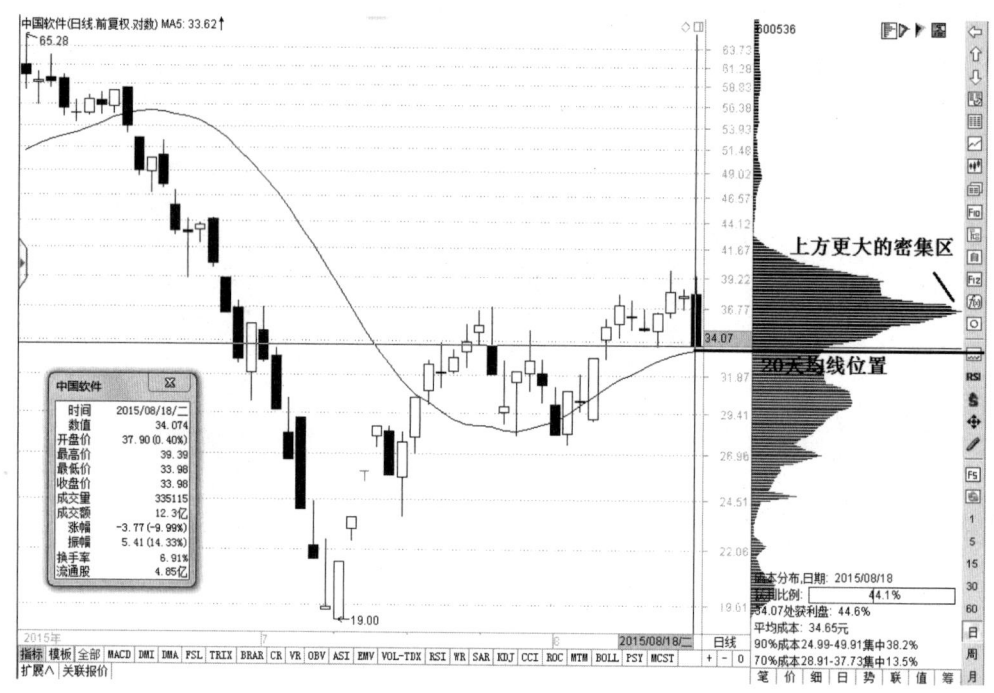

图4-70 筹码分析

又几个交易日后,连续徘徊在20天均线上的股价突然大跌,上方形成巨大的筹码密集区,这样看来情况与之前预计的完全不一致,如图4-70所示。

下面分析一下分时图。

在分时图4-71中,价格下跌的时候,总伴随着量增!这是都不看好后市的迹象,接近尾盘时再看,股价越跌得凶,伴随的成交量越大,全天换手率接近7%。以上这些情况与买入时预计的情况完全不一致,因此我们考虑卖出这只股票以避免更大的损失。

这样整个交易虽然没有太大的利润可赚,但是获利约3%。

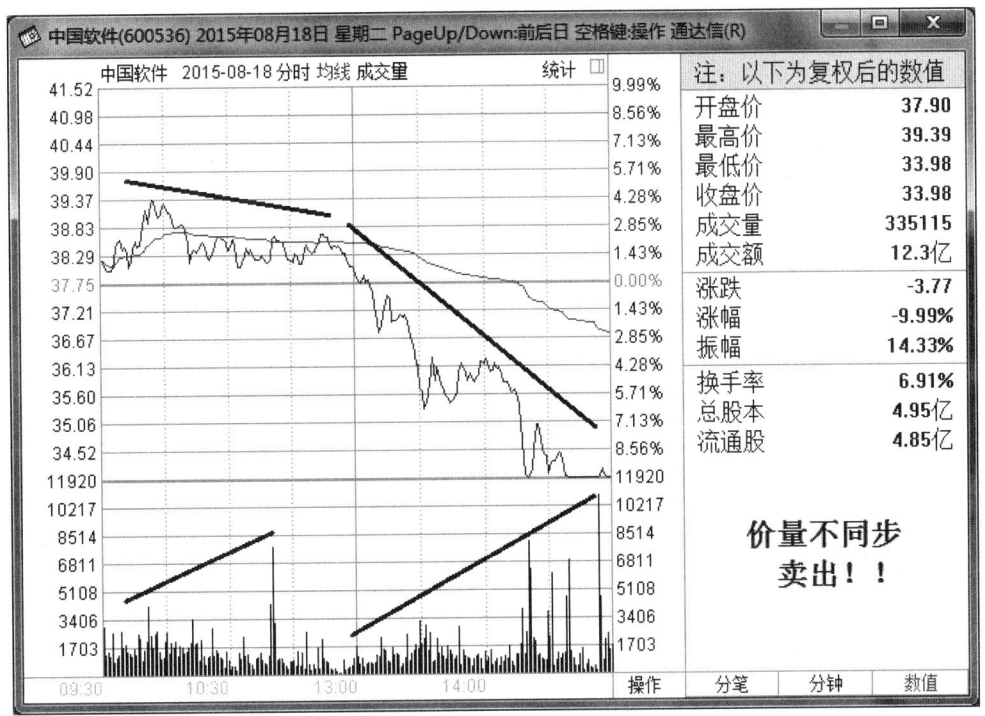

图4-71 中国软件2015年8月18日分时图

二、筹码低位密集

筹码低位密集的形成过程模拟：

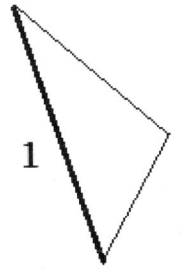 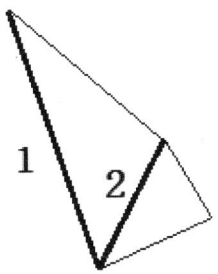

图4-72 第一波下降　　图4-73 第二波上升

波段1是个下降波段，该波段里的成交量不大，如图4-72所示。

波段2是个小幅的回涨波段，该波段里的成交量也不很大，如图4-73所示。

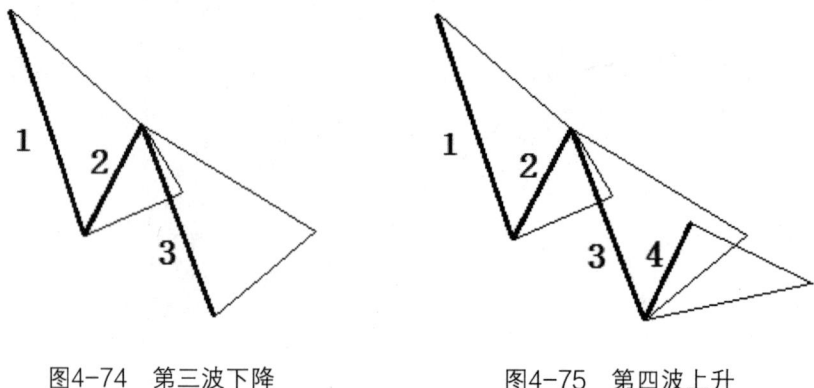

图4-74 第三波下降　　　　　　图4-75 第四波上升

波段3是另一波下降波段，波段里的成交量较波段1、波段2有所增加，如图4-74所示。

波段4是又一波上升波段，波段里的成交量也不多，如图4-75所示。

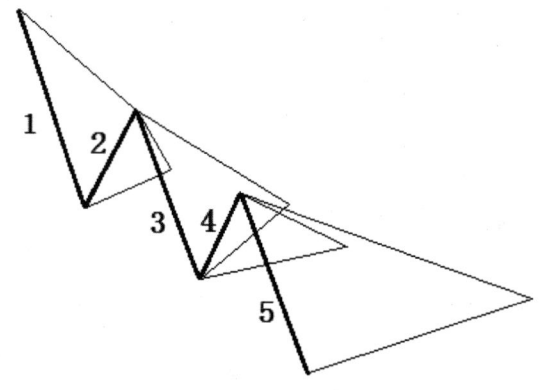

图4-76 第五波下降

波段5是另一波下降波段，该波段里的成交量是前面几个波段中最多最大的，那么这样的下降趋势最后在筹码分布上就形成了筹码低位集中形态，如图4-76所示。

在整个下降趋势中，波段低位的成交量相对于波段之上的成交量明显多出很多，这种情况我们就把它称为筹码低位集中，如图4-77所示。

筹码的低位意味着在波段低位时就发生了大量且频繁的交易，是哪些先知先觉的人在下跌趋势中不断进场买入呢？主力？机构？

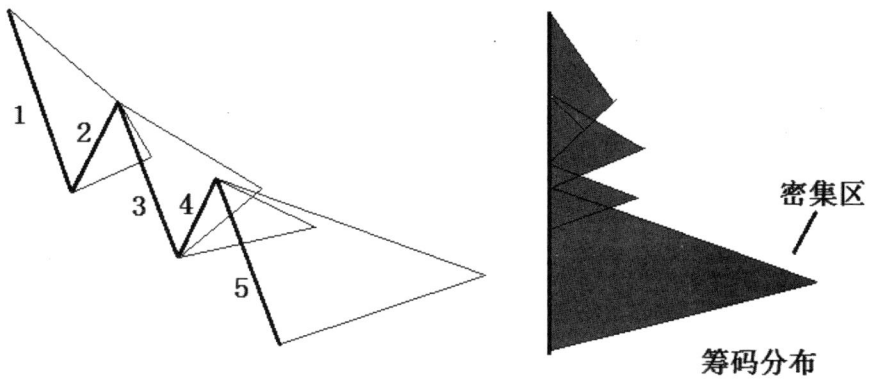

图4-77 筹码分布

1.20天均线向上并处在密集区之上

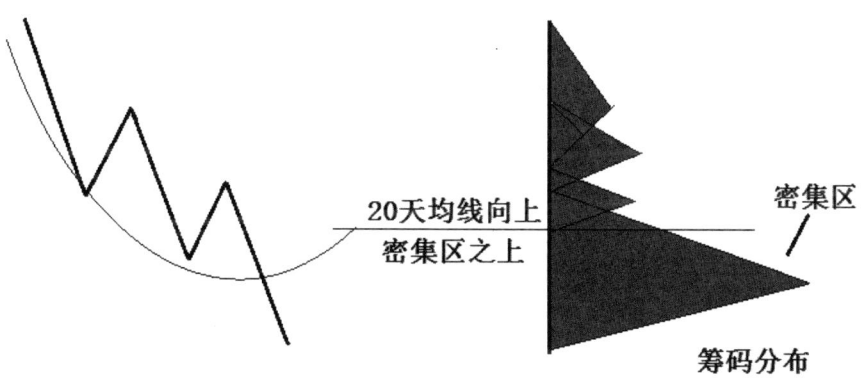

图4-78 20天均线向上并处在密集区之上

股价一直处在下降趋势中，说明大体上目前的形势只适合看空做空，不适合看涨，而20天均线此时向上转升则表示短线行情正酝酿着反转。

随着20天均线反转上升，说明均线得到了低位筹码密集区的支撑，上方又没有较大的筹码压制的话，这是个很好的买入时机，如图4-78所示。

该形态下主要有大阳线突破买入法、回调20天均线买入法这两大买入法。

（1）大阳线突破形态买入法。如图4-79所示，股价之前处在下降趋势之中，并且20天均线转头向上了,但均线仍在筹码密集区之下。

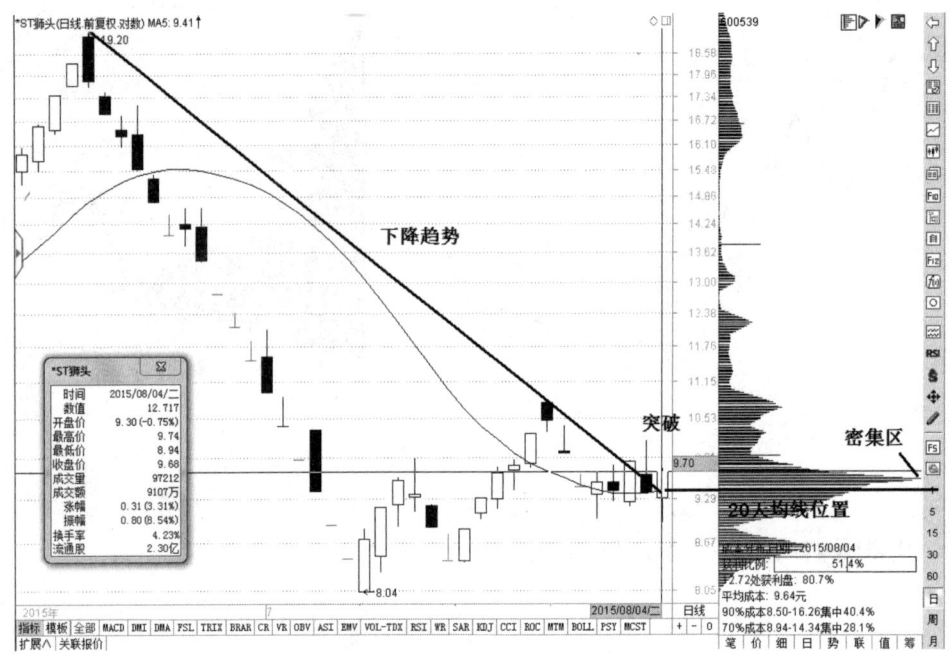

图4-79　大阳线突破形态买入法

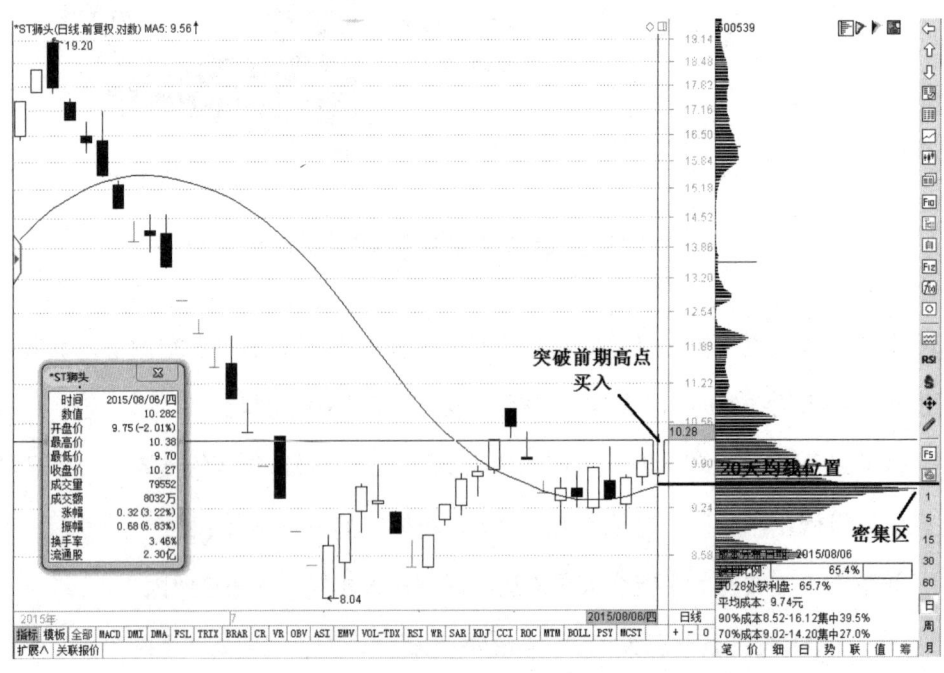

图4-80　大阳线带量突破三天前的高点买入

四个交易日后,股价带动20天均线跨过了上方筹码密集区的第一道坎,上方压力顿时减少,而且今日又创出了最近一周的新高,如图4-80所示。

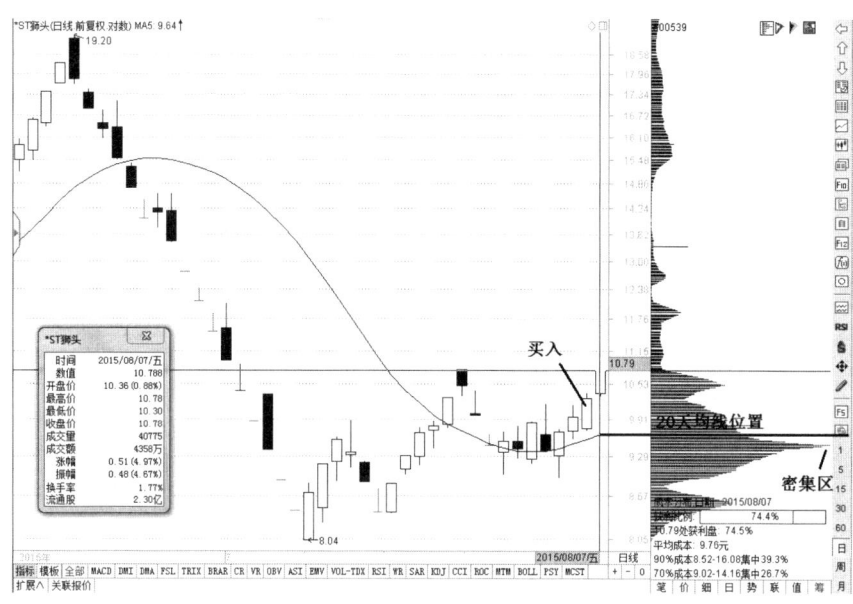

图4-81 买入后持有

买入后持有,目前来看上方压力不多,如图4-81所示。

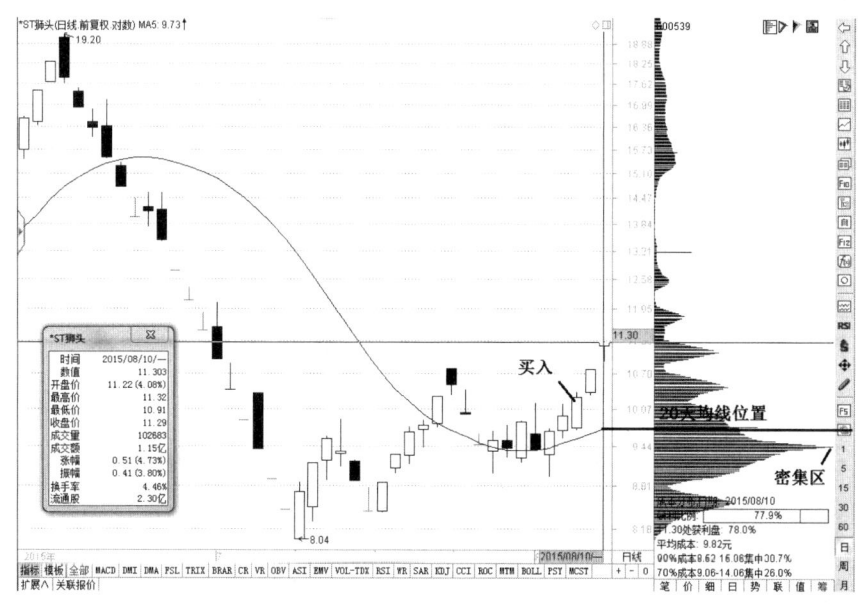

图4-82 持股待涨

股价继续上行，似乎很快就要进入主升浪了，如图4-82所示。

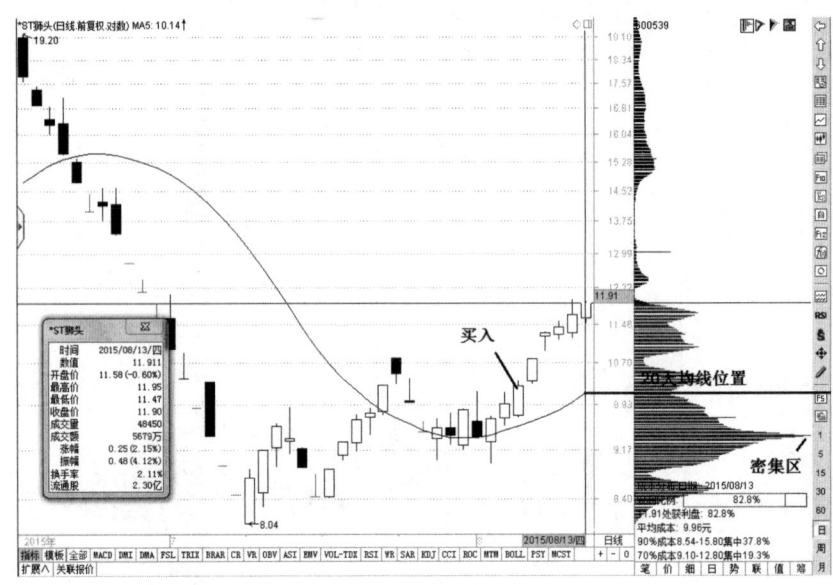

图4-83　看似上升没有任何阻力

看上去似乎出现了内部问题，如图4-83所示。

观察分时图。

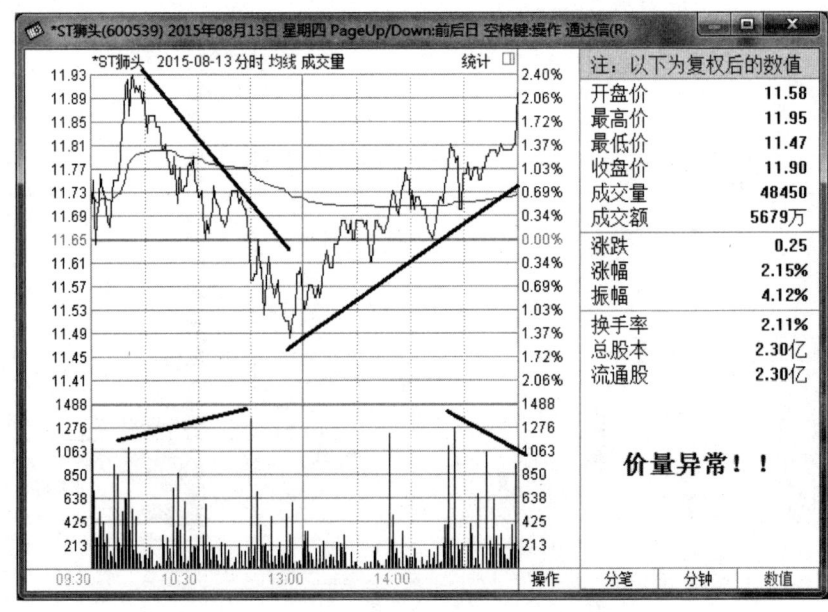

图4-84　st狮头2015年8月13日分时图

价格下跌时开始逐渐放量,这个价量异常是卖出信号,所以我们卖出了手中的股票,退出继续观察,如图4-84所示。

图4-85 卖出及后续走势

果然,股价没有继续上行,而是反转进入下降通道中去,如图4-85所示。

(2)回调均线买入法。图4-86上股价处于中长期下降趋势,近几日股价再次站在20天均线之上,特别是该日均线转头向上,并且站上了筹码密集区,这本身就是一个好的买点,但是本案例要说的是回调买入法,所以暂时不买入该股。

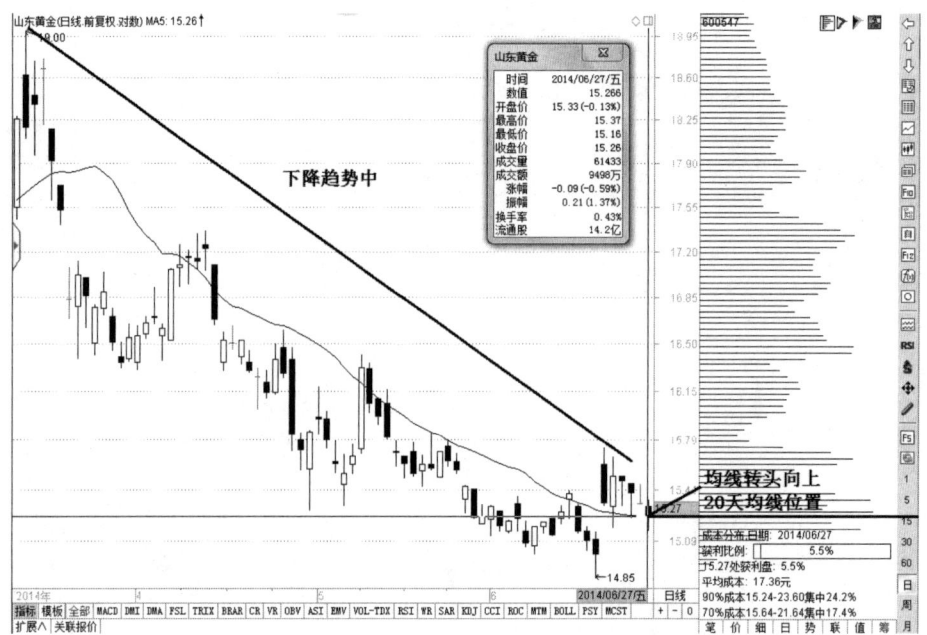

图4-86　回调均线买入法

图4-87　股价回调均线买入

当日股价开始回调均线,买入机会到了,趁尾盘收盘前赶紧买入该股,如图4-87所示。

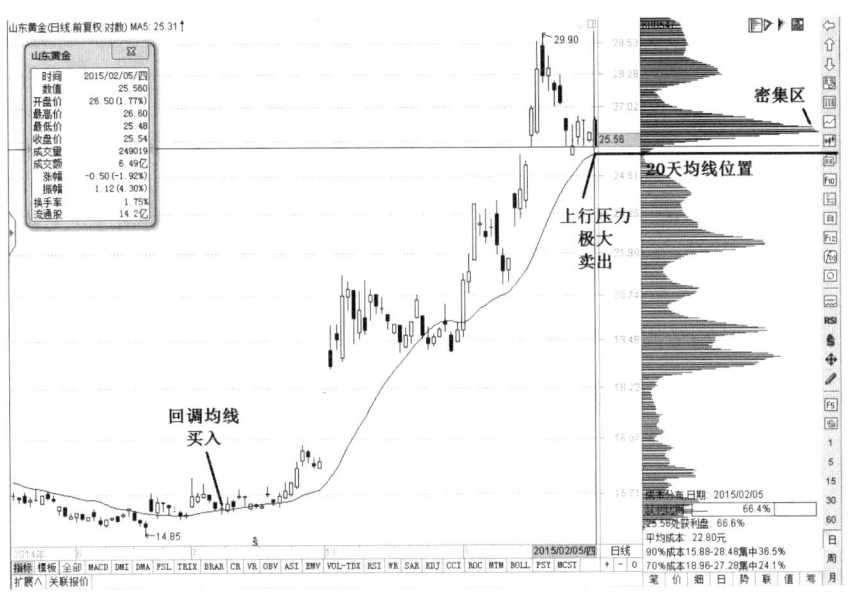

图4-88 涨势不错

顺着20天均线不断上升，股价也不断抬高，近期高位出现大量筹码堆积，20天均线也有转头向下的趋势，如图4-88所示。

调出分时图细查。

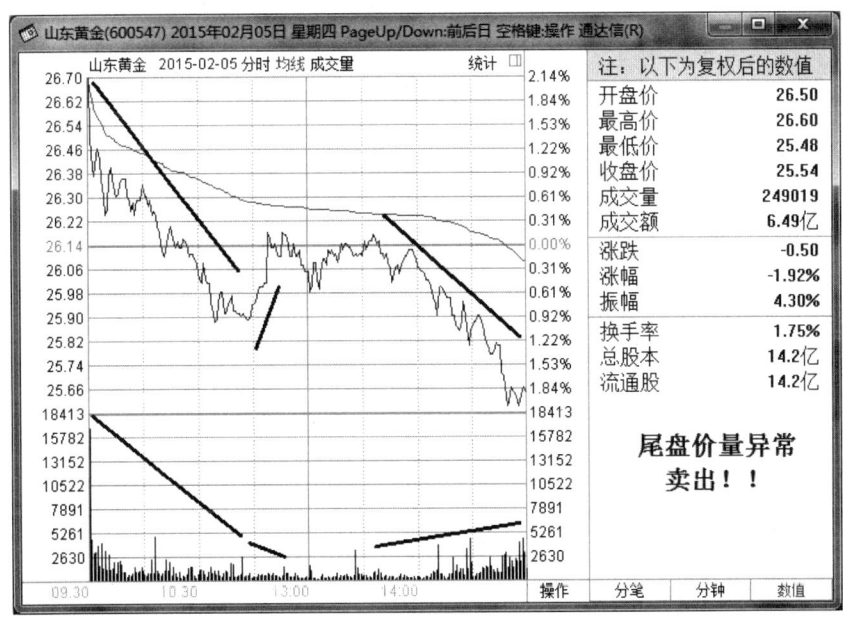

图4-89 山东黄金2015年2月5日分时图

由该日分时图可以看到早盘股价在下跌的时候成交量还有所缩减，似乎都在惜售，都看好后市，但接近中午收盘时，股价小幅回升却没有带动足够的买盘，成交量依然缩减，这说明看好后市并愿意高价买入的投资者已经减少了，这个意味着将来行情没有继续上行的可能性。尾盘股价继续下跌却一反早盘的情况开始放量，这说明持有该股的投资者开始纷纷出场，不计价格的出场，可以想像这是对后市多么的悲观才会这么做，如图4-89所示。

2. 20天均线向上并处在密集区之下

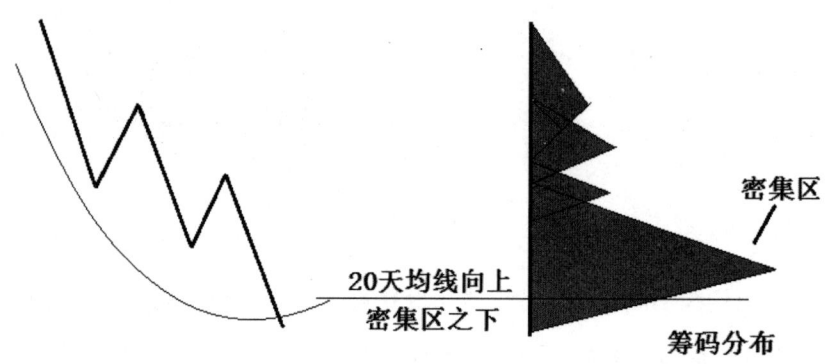

图4-90　20天均线向上并处在密集区之下

股价处在下降趋势中，不适合看多做多或买入持有，而20天均线的转头向上则预示着新的趋势将要诞生，但限于20天均线仍处在密集区之下，上行压力还是很大，如图4-90所示。

所以要想在这个形态下寻找买入机会，就只有等待"突破"法买入了。

如该股之前处于下降趋势中，近期进入横向盘整区间，预计股价突破横向区间上延时买入该股，如图4-91所示。

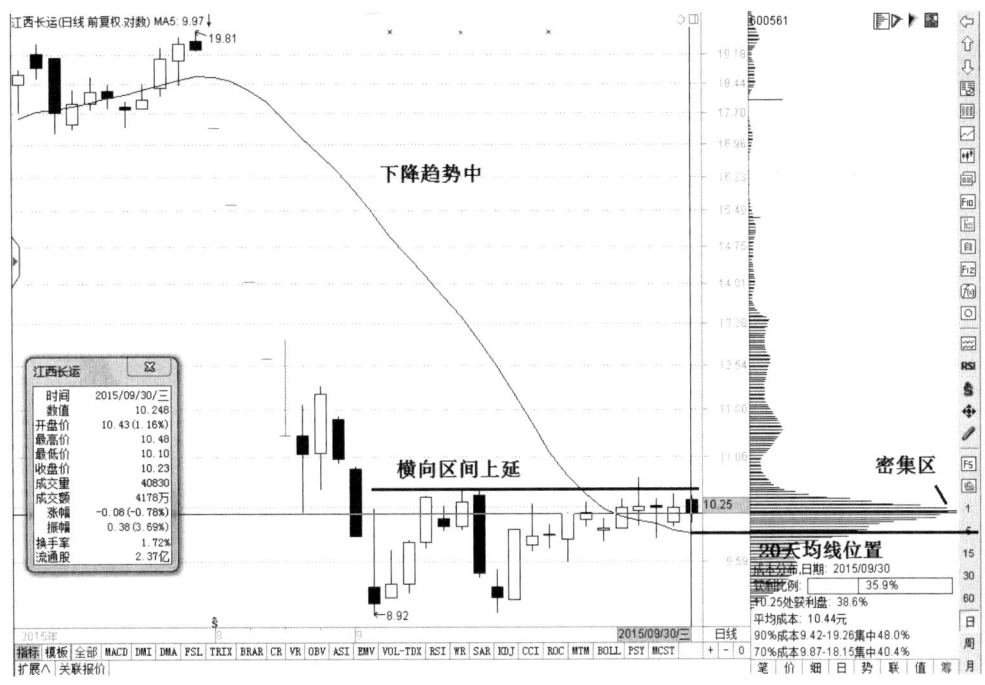

图4-91 突破形态买入法

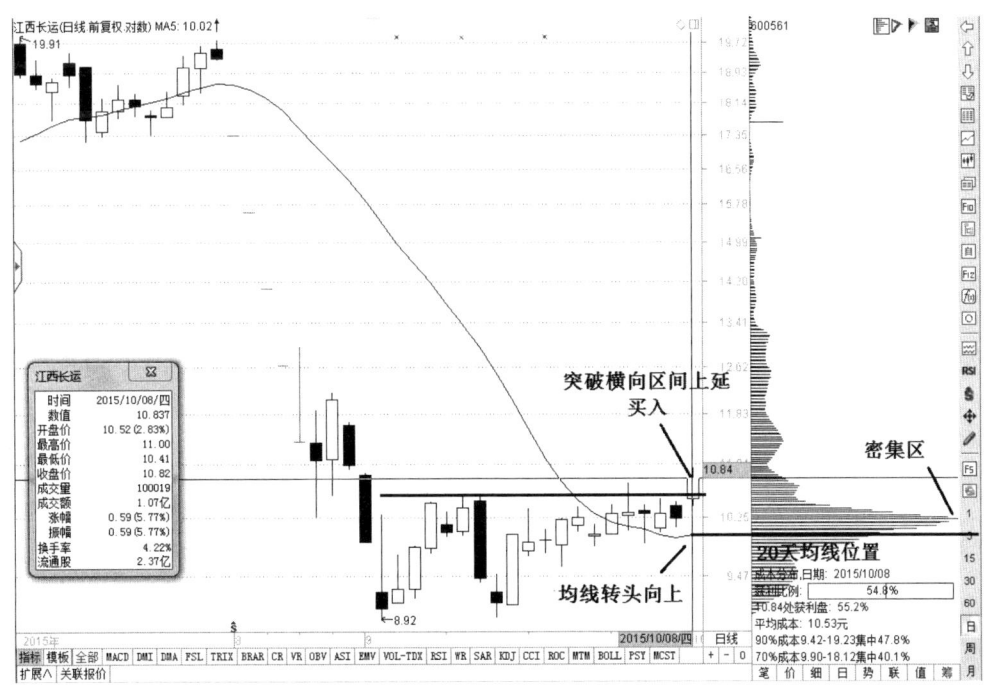

图4-92 股价突破前期高点

次日，股价上涨带动了20天均线转头向上，这是很好的势头，这预示着可以看好做多买入该股了。另外当日股价还突破了横向区间的上延，这是突破买入信号，所以我们决定在收盘前买入，虽然上方正面临着筹码密集区的压制，但是这不是绝对的，要是20天均线越过了这道障碍，未来的空间也很广阔，如图4-92所示。

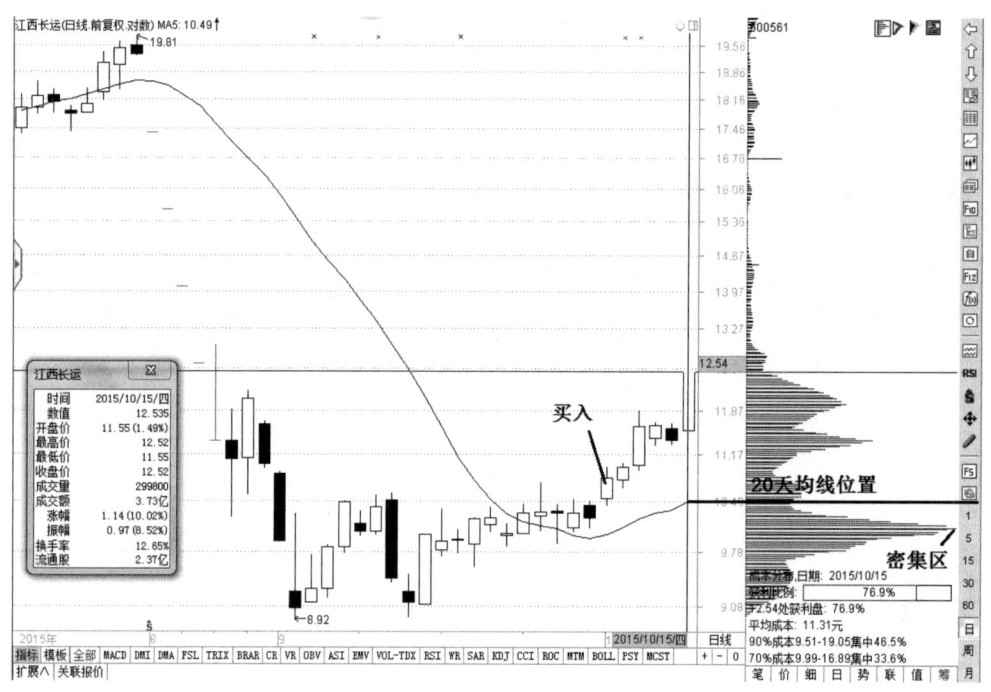

图4-93　买入后持股待涨

买入后没几个交易日，股价就直接带着20天均线往上走。通过上方的筹码密集区基本没受到什么阻力，这样目前就是均线处在筹码密集区之上了，这对于看多做多是非常有利的，如图4-93所示。

股价近期的大幅回调看似有些弱势，但又得到了20天均线的支撑，不过这一阶段高位成立量较大，20天均线上方又重新形成一个更大的新筹码密集区，后市情况不好说，持股观察，如图4-94所示。

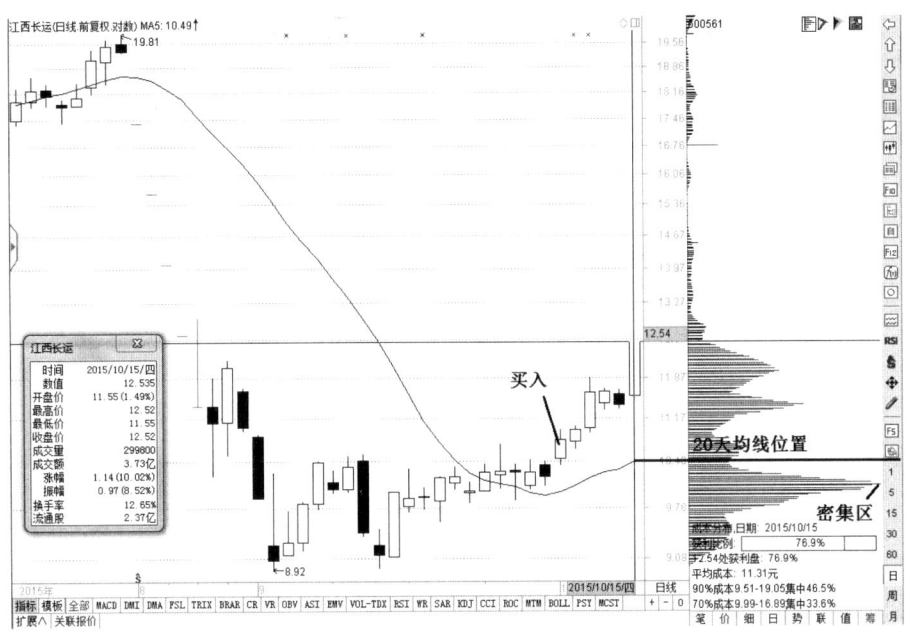

图4-94 继续持股

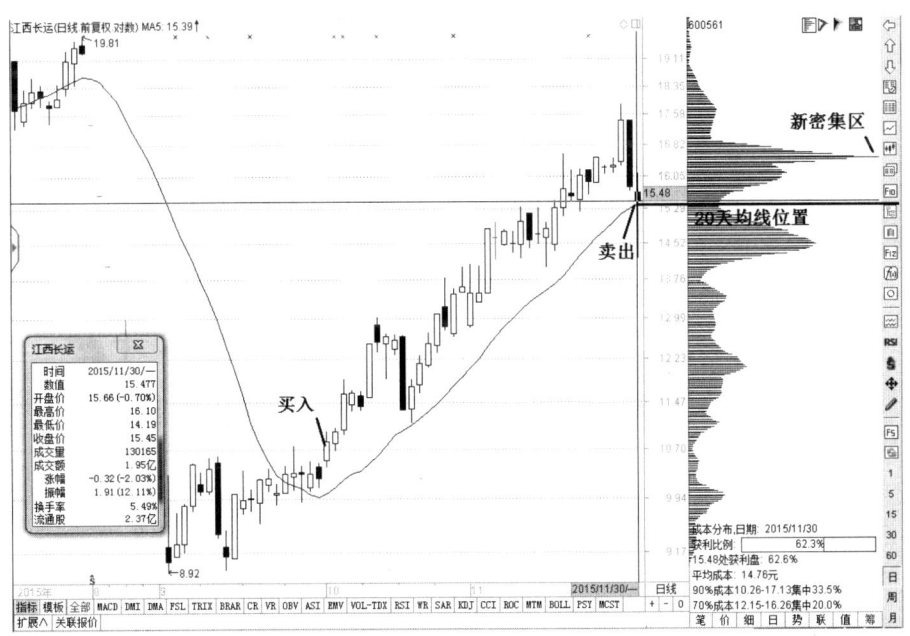

图4-95 异常

接着股价延着20天均线继续上行，同样发生了股价回调20天均线的情况，但这次情况有些异常，如图4-95所示。

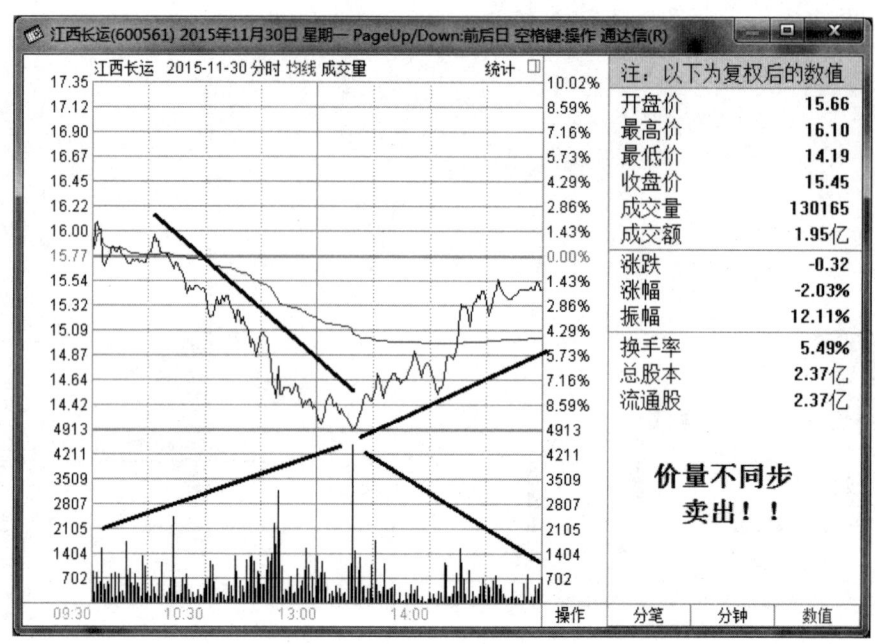

图4-96 江西长运2015年11月30日分时图

很明显,大家都想快点卖出,而很少人想着追高或买入,这样一来,未来就很难维持继续上涨的态势了,故决定清空该股,如图4-96所示。

图4-97 卖出及后续走势

该股后期进入较大幅度的震荡下行行情中,我们的卖出正好避开这波震荡下跌,避免了不必要的损失,如图4-97所示。

3. 20天均线向下并处在密集区之上

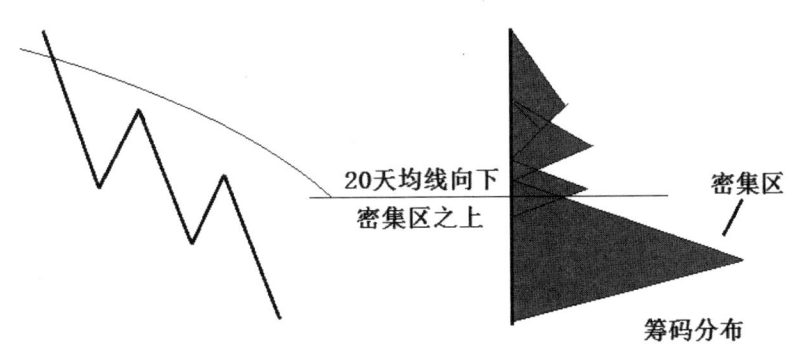

图4-98 20天均线向下并处在密集区之上

股价走势整体处在下降趋势中,这种情况对看多做多买入持股不利,在下降趋势中怎么买都是错的,因为低价之后还有更低价,加上20天均线原也跟着向下,这为短线寻找买入机会造成了障碍,如图4-98所示。

图4-99 大阳线带量突破形态买入法

低位的成交量不断聚集更说明有主力庄家入场，但需要时刻关注筹码是不是在偷偷流出，这个可以从盘中分时图上看出端倪。

这个形态下只有大阳线带量突破买入法最为可靠了。

如图4-99所示，这只个股长期处于下降趋势中，对于看好这只个股的投资者不适合买入介入，虽然中间有多次反弹但也没上涨多少，近期来看又处在低位横向震荡行情中。

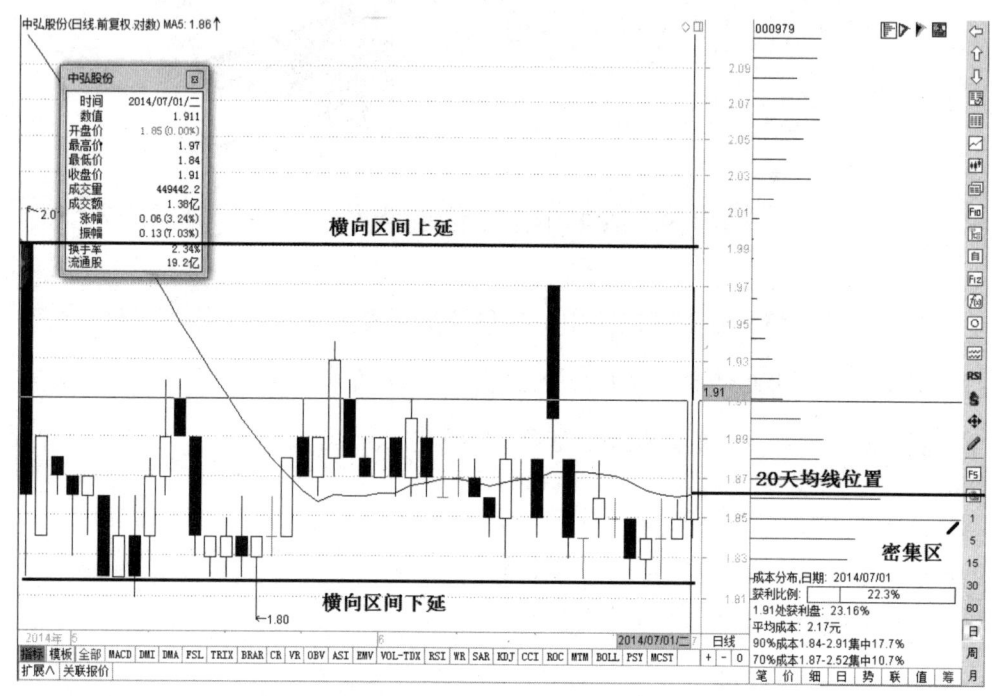

图4-100　股价突破均线

将近期形成的横向区间放大后可以看到当日股价大涨，将20天均线的方向转为向上，本身又突破了20天均线，再看突破当日有没有成交量的支持，如图4-100所示。

调出成交量或成交额指标可以看到当日个股股价突破20天均线是有巨量的支持，可见这个买入信号非常可靠，如图4-101所示。

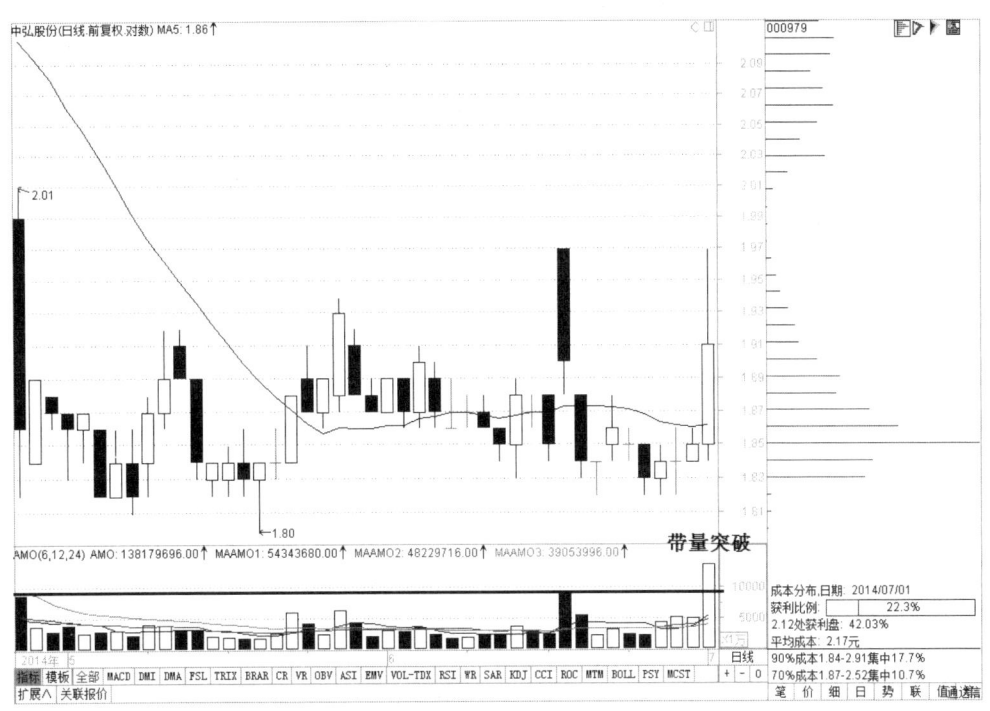

图4-101 股价带量突破均线买入

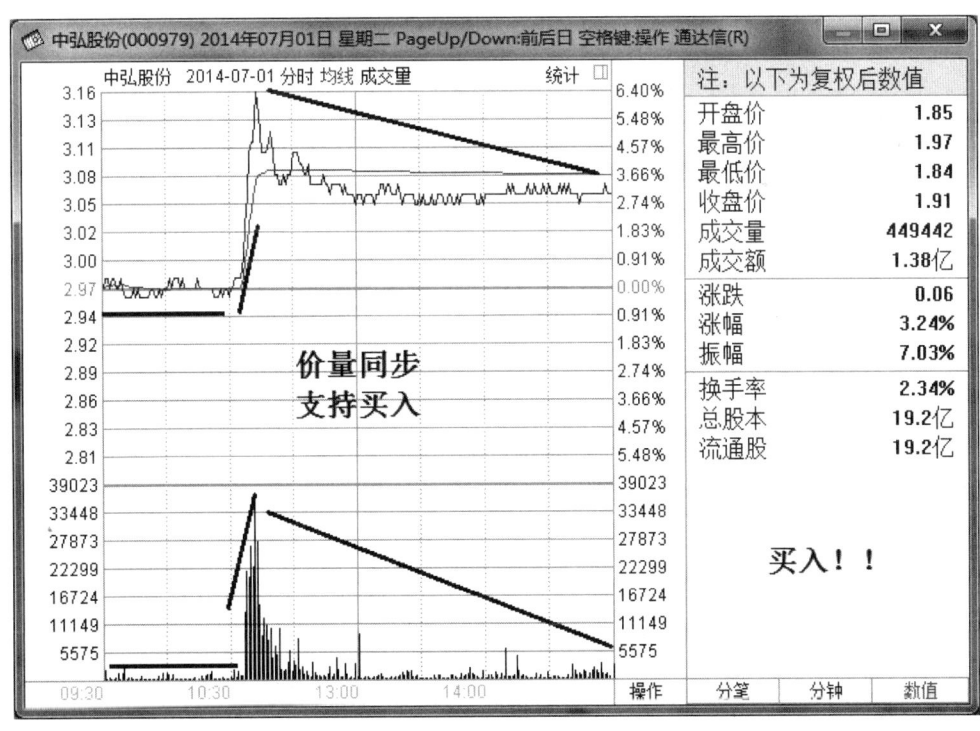

图4-102 中弘股份2014年7月1日分时图

对于还没下定决心买入的投资者还可以观察当日的分时图，价量同步更加大了该突破形态买入的可靠性，如图4-102所示。

图4-103 持股待涨

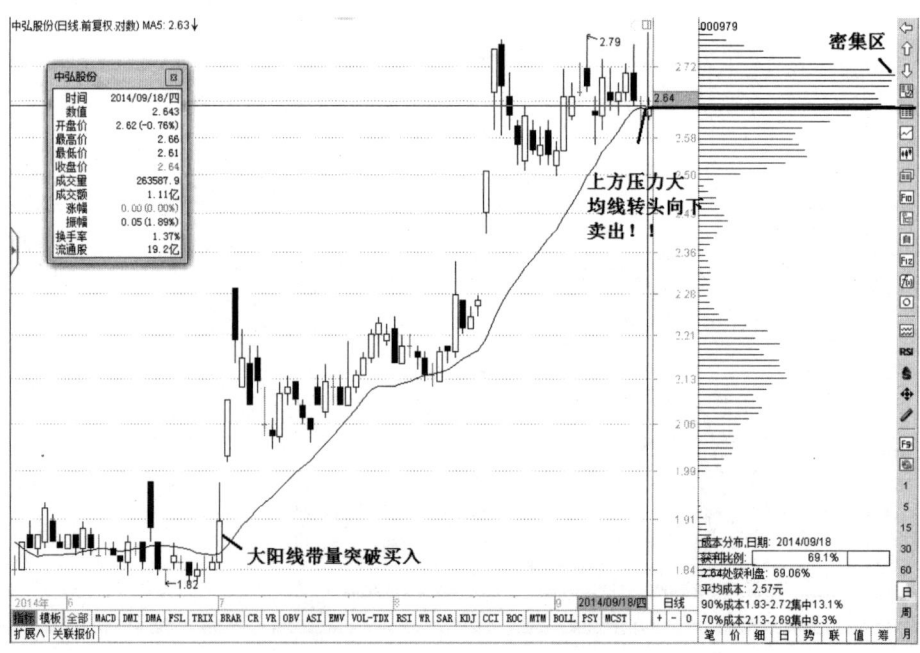

图4-104 筹码分析卖出

随后股价迅速脱离这一低价区，在上方大幅震荡了好一阵，不过都没有跌破20天均线，可见20天均线具有支撑作用，也暗示这些震荡是主力机构在洗盘吸筹所形成，所以继续持股待涨，如图4-103所示。

股价得到20天均线的支撑后又一次快速脱离了之前的震荡区间，然而这次又在高位进行了盘整，导致成交量在高位集结，形成更大级别的筹码密集区，对下方的20天均线形成巨大威胁，更不妙的是20天均线已经转头向下了，以目前情况看，已经不适合继续持股，所以我们决定清空该股，这波利润也很可观，有赚就好，如图4-104所示。

与此相类似的情况是均线向下并处在密集区之下。

4. 20天均线向下并处在密集区之下

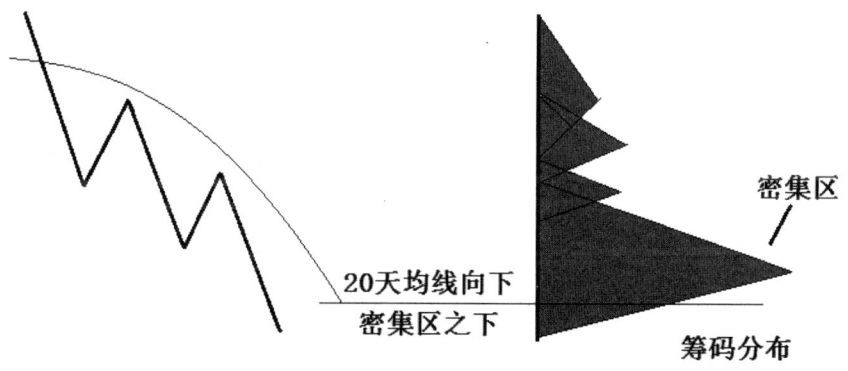

图4-105　20天均线向下并处在密集区之下

股价处于下降趋势中，不适合看涨买入。最近20天均线的方向是向下的，这说明短期趋势反转上升的可能性在降低。如图4-105所示。

低价位的筹码聚集说明主力庄家开始介入该股，应该好好利用这一点进行交易，我们以此设计了大阳线带量突破买入法。

如图4-106所示，股价近期还处于明显的下降趋势中，股价不断创出新低，20天均线也一直下行，更不用说突破买入信号了，连一个像样的反弹都没有，要是看好这只个股的投资者，还需要时间观察等待。

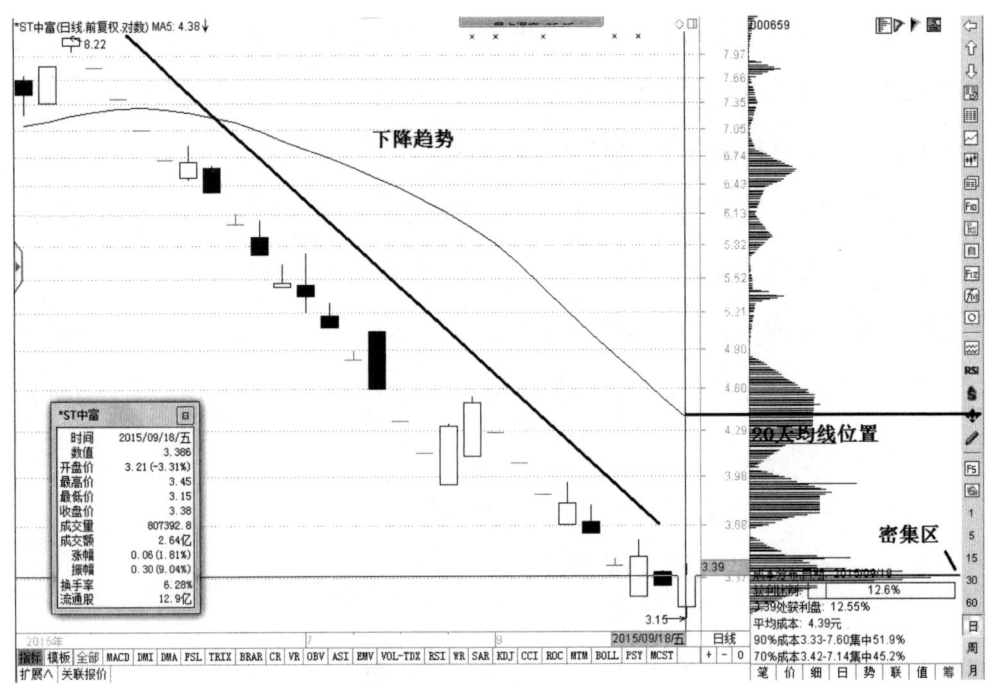

图4-106 大阳线带量突破形态买入法

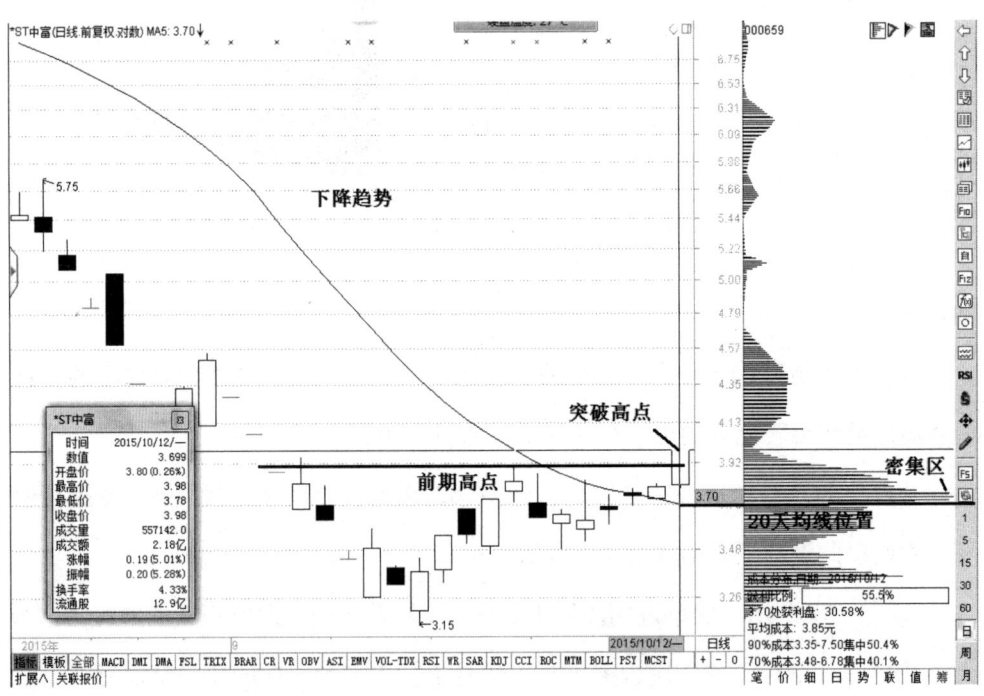

图4-107 股价突破前期高点买入

近期股价低位震荡，股价当日向上创出新高，突破了前期高点位置，日线上看形成20天均线方向向下且处在筹码密集之下的态势，当日又形成了带量突破形态，因此我们决定买入这只股票，如图4-107所示。

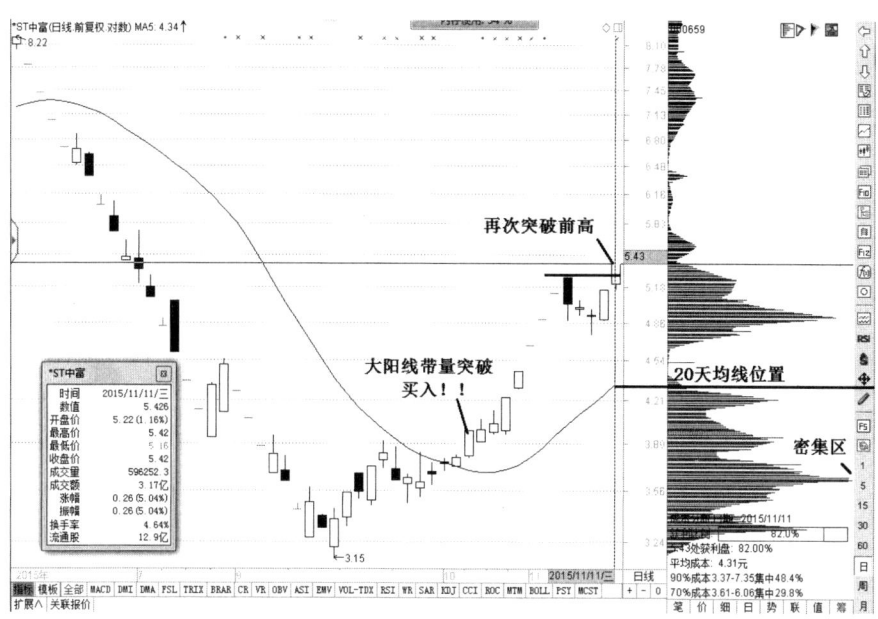

图4-108　买入后持股待涨

图4-109　筹码高位集中

股价进入拉升阶段，近期回调整理了一周后，又开始向上突破前期高点，继续向上飞升，从筹码分布上看，上方马上面临的是次一级别的密集区阻力，虽然如此还得看股价能不能将20天均线飞越这座大山，如图4-108所示。

股价继续在高位横向震荡，盘整久了20天均线也转头向下，股价虽然得到了均线的支撑，但是上行压力依然很大，直接受到高位密集区的压制，20天均线已经显得力不从心了，如图4-109所示。

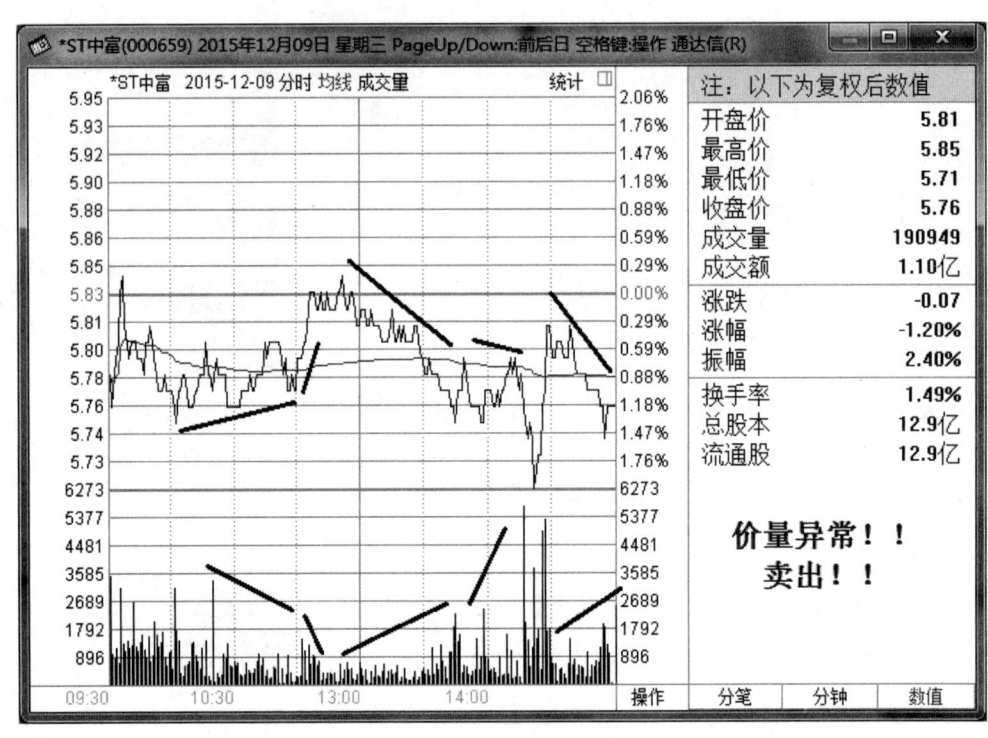

图4-110　st中富2015年12月9日分时图

从分时图4-110上看也支持卖出的观点，上涨没有量支持，下跌反而引起大量的卖出潮，这不是行情还能继续上行的征兆，因此我们在收盘前以最快的速度卖出了该股。

事后看到该股仍保持在高位震荡，但并没有实质性进展，最后的结果还是向下跌破了整个横向区间的下延，暴跌随即开始，如图4-111所示。

图4-111 卖出及后续走势

第五章

综合应用案例

一、案例一——西王食品（000639）配合MACD指标

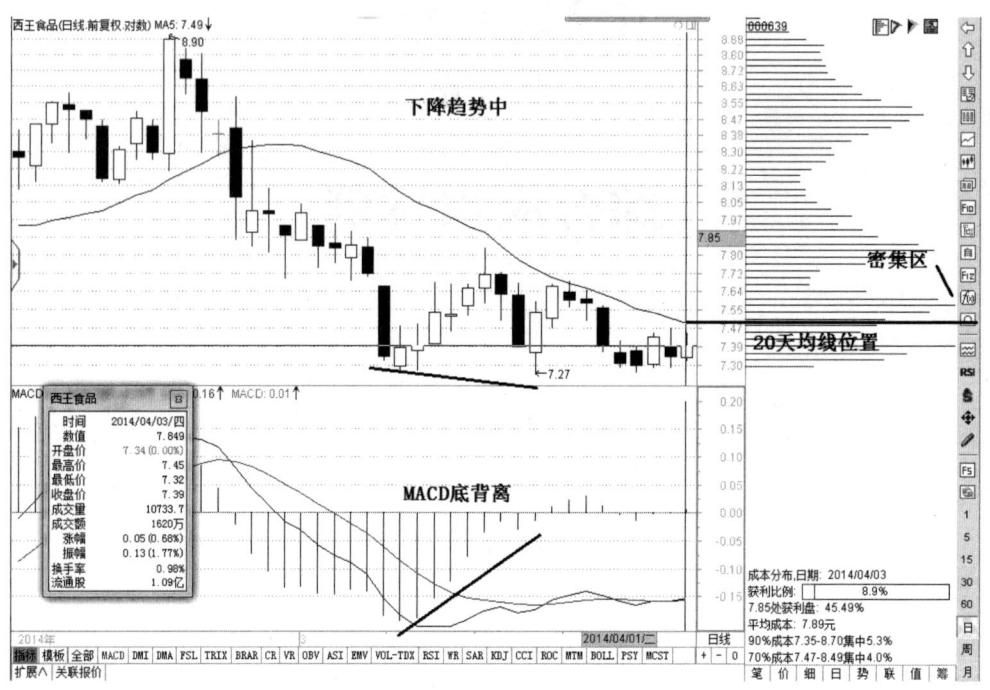

图5-1　西王食品（000639）与MACD指标

此前MACD指标出现了底背离的买入信号，但是从股价和筹码分布图上看还不是买入的真正时机。近期股价不断受到20天均线的压制，当日股价被压制到更低的位置下。目前20天均线处在密集区之下，要想买入这只个股，为时尚早，仍需耐心等待，如图5-1所示。

当日股价大涨并似乎得到了20天均线的支撑，20天均线仍在筹码密集区之下，还有待进一步观察，如图5-2所示。

图5-2 耐心等待时机

图5-3 果然不是买点

20天均线始终没有向上突破筹码密集区的举动,所以股价又开始新一轮的下跌,不断创出新低,如图5-3所示。

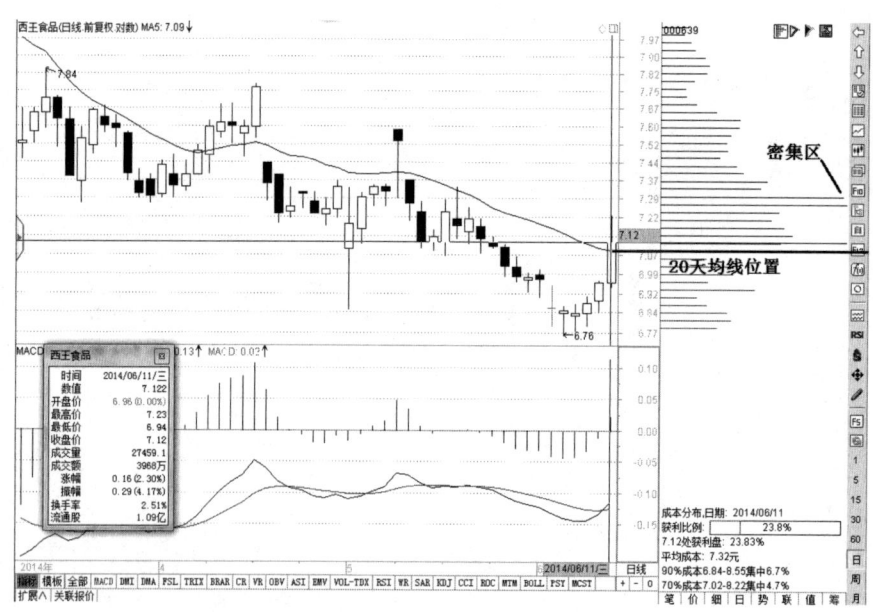

图5-4 股价向上突破均线

近期该股股价再向上探,此时20天均线还处在密集区之下,并且还未转头向上,MACD指标也未发出任何买入信号,因此仍需耐心等待,不要因为股价偶尔的突破就莽撞跟进,如图5-4所示。

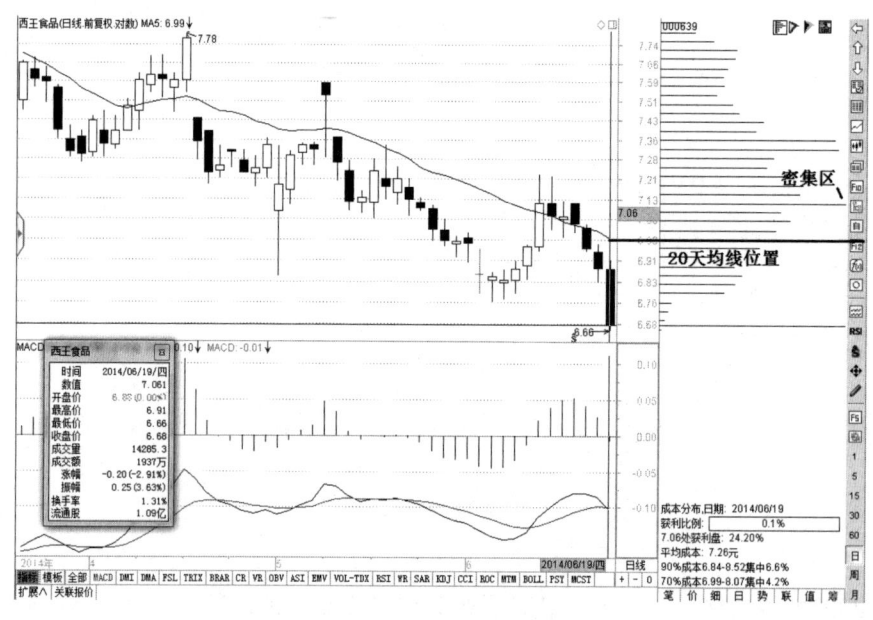

图5-5 股价继续回调

当日股价仍在往下跌并跌出了新的最低价，同时20天均线仍未见转头向上，也继续处在密集区之下，如图5-5所示。

不过假设未来有机会反转上涨的话，那么MACD指标有可能形成底背离看涨信号。

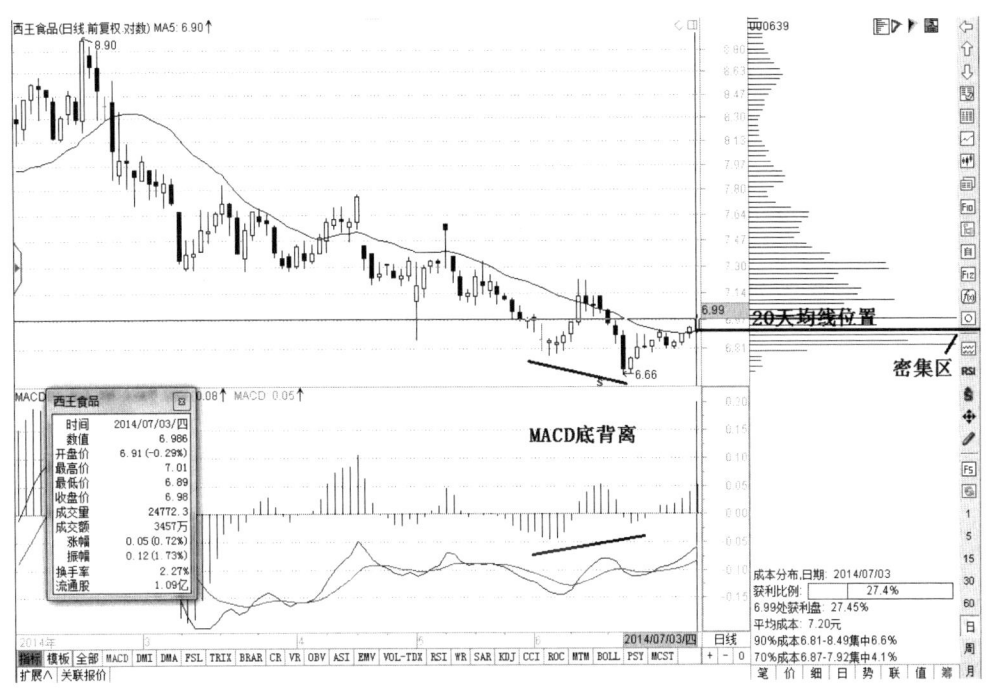

图5-6　MACD指标底背离

果然，股价之后开始止跌并小幅回涨了一段，使MACD出现了底背离的买入信号，同时股价也向上突破了20天均线的压制，甚至20天均线也站在筹码密集区之上，这样未来上行的空间就很大了，有MACD底背离信号的出现更加强了未来大步上涨的可能性，如图5-6所示。

买入后一直持有，直到MACD出现了卖出信号或中途在筹码分布图上出现上涨乏力的卖出信号为止。

虽然筹码没有绝对劣势，但是MACD出现了顶背离卖出信号，还是卖出为先，再找机会在更低的价格进入，如图5-7所示。

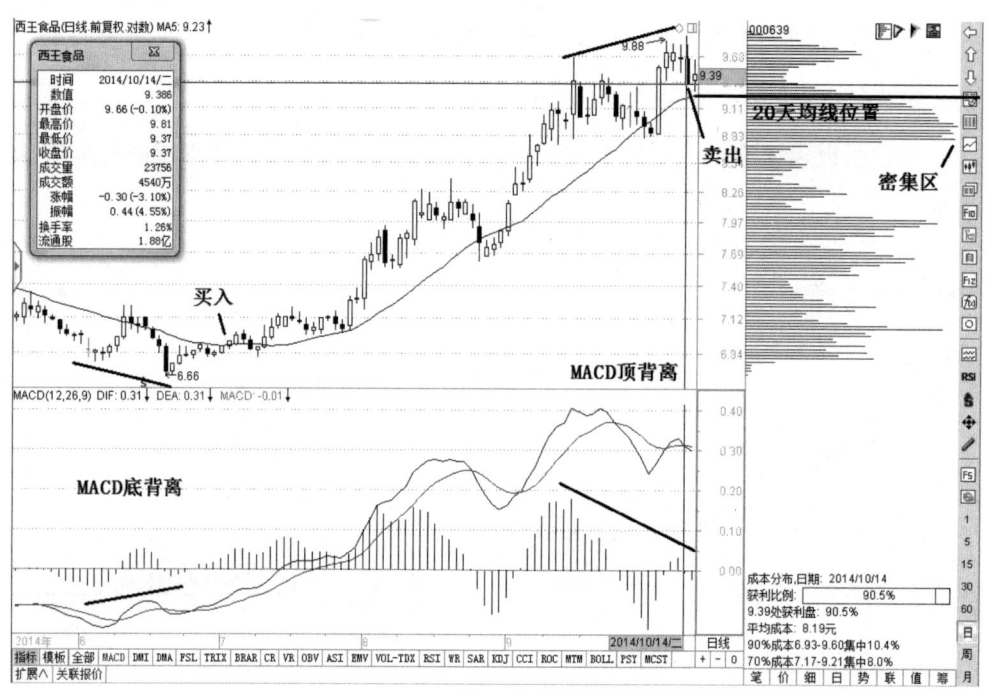

图5-7 MACD指标高位顶背离

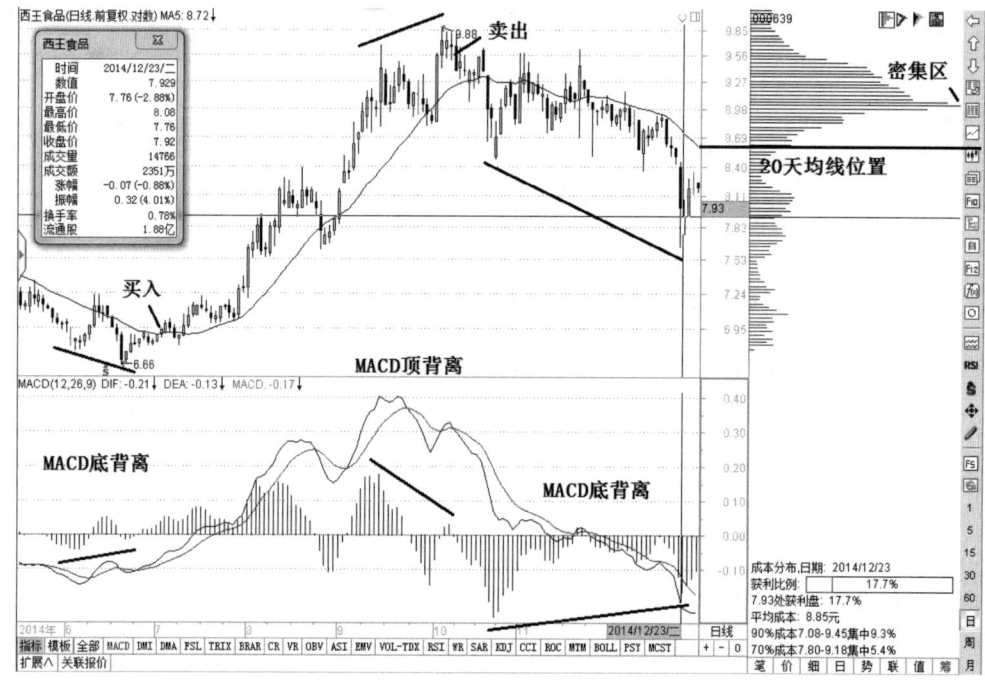

图5-8 卖出及后续走势

事后股价确实震荡回落了一大段，如图5-8所示。

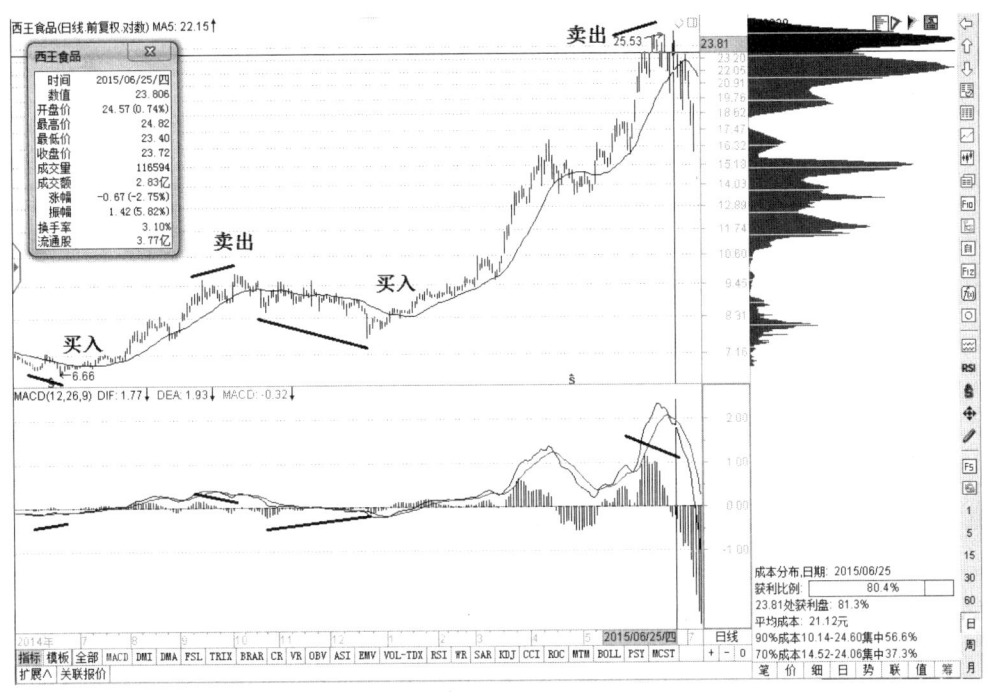

图5-9 转而利用MACD指标操作交易

但从筹码指标上看还未见任何买入信号，虽然如此，还是可以参考其它技术指标进行买入操作的，最近出现的MACD底背离信号出现后不久，股价向上突破了20天均线，形成新的买入信号，如图5-9所示。

通过与MACD指标的配合，可以很好的扬长避短，发挥各自的特点。

可以看到该股的每一波段基本上都被我们捕捉到了，这就大大提高了操作胜算。

二、案例二——三毛派神（000779）配合MACD指标

近期该股股价处于下降趋势中，但是近日股价大跌导致20天均线已经处于密集区之下了，这样一来股价反转反而增加了很大的心理压力，如图5-10所示。

反观MACD指标，很有可能后续几日出现底背离反转上涨信号。

图5-10 三毛派神（000779）与MACD指标

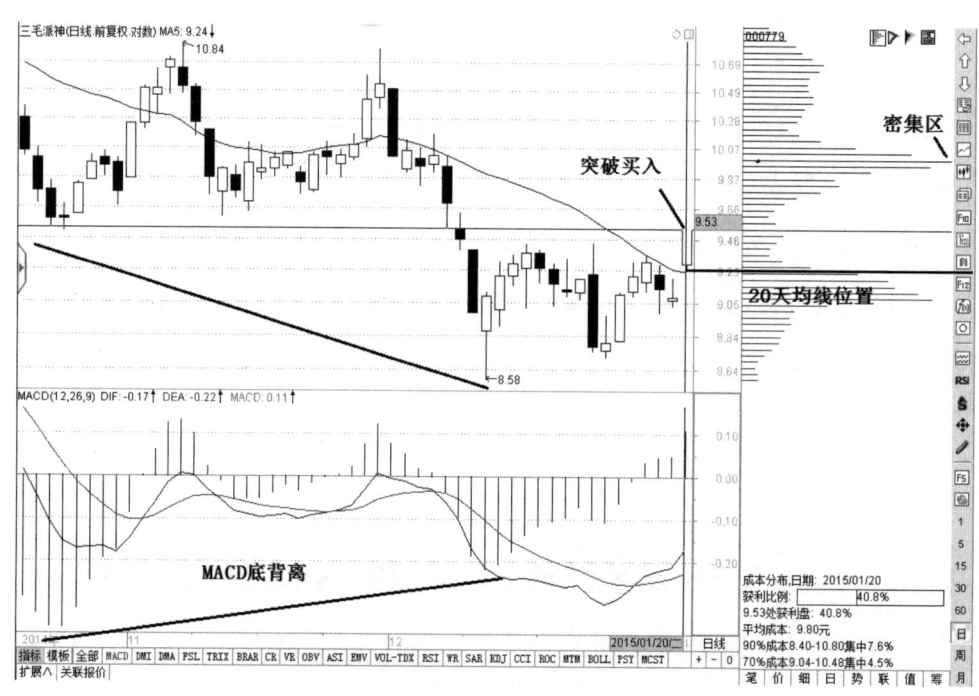

图5-11 MACD指标底背离买入信号与股价突破均线买入信号

虽然20天之下的筹码密集区没有上方的密集区长，但是下方这个密集筹码区明显具有支撑作用，当日又是大阳线带量突破20天均线，加上之前的MACD底背离买入信号，更确认了突破买入信号是可靠可信的，故此买入，如图5-11所示。

图5-12　MACD指标顶背离信号

买入后股价立马飞奔脱离了低价区，并在上方不断创出新高。近期的MACD的指标红柱出现了顶背离卖出信号，是否应该卖出呢？我们观察一下当日的分时图，如图5-12所示。

静下心来观察了数个交易日，股价反而在20天均线之下形成了一个更大的密集区，并且这个密集区还具有支撑作用，20天均线继续往上走，推动股价继续创出新的高点，继续持股待涨，如图5-13所示。

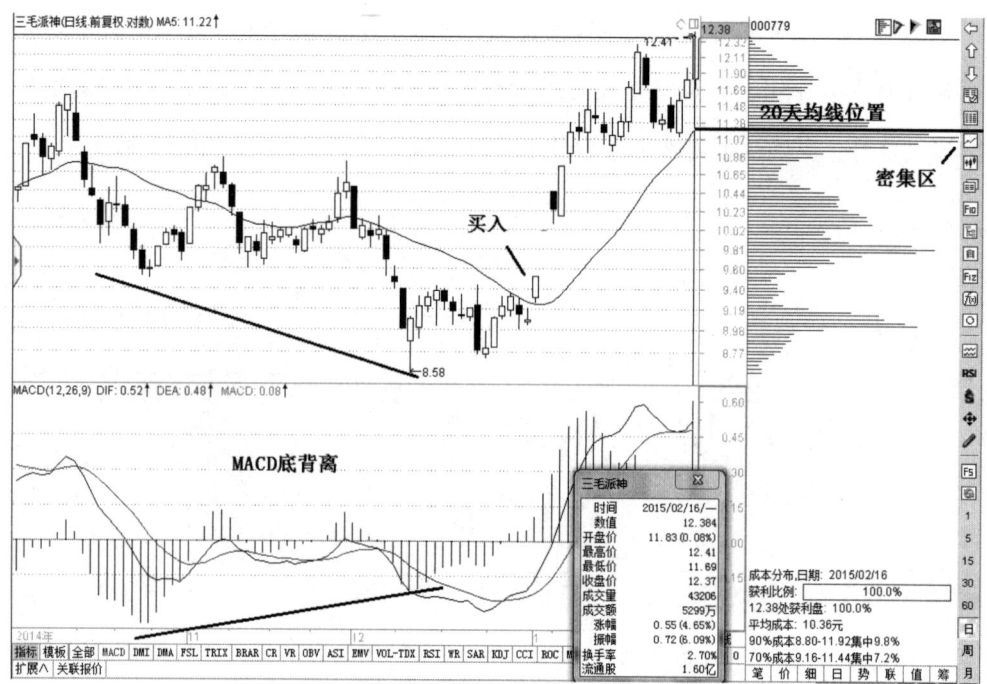

图5-13 持股待涨

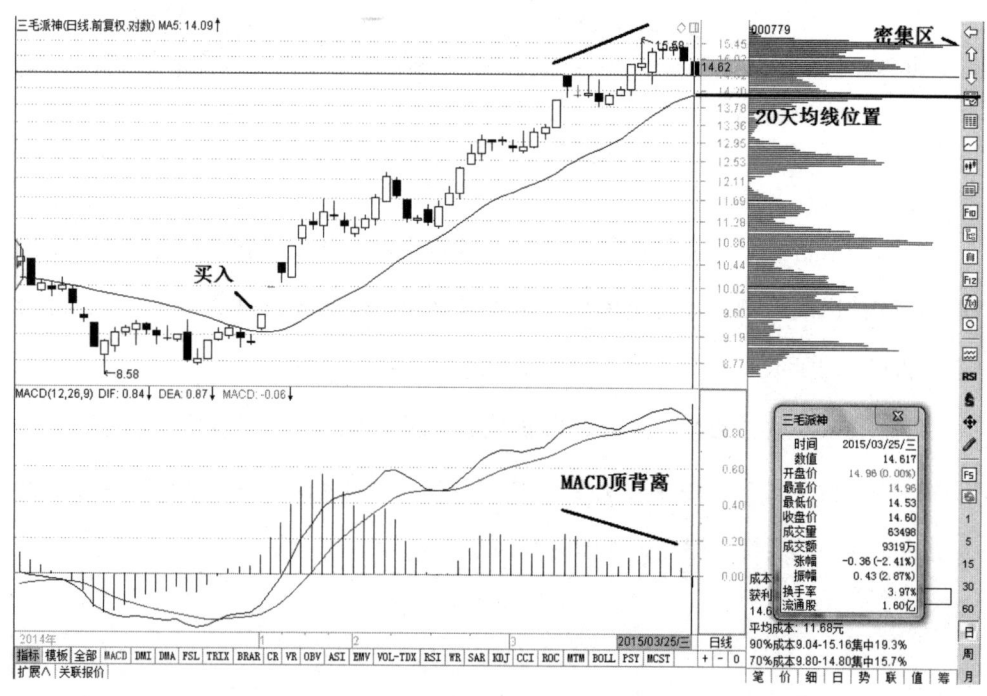

图5-14 筹码分析

持股两三个月后，股价在高位回落，筹码分布图上的高位确实存在很大的密集区，20天均线要想向上越过必然要花一番力气或时间，此时MACD又正好出现了顶背离卖出信号，如图5-14所示。

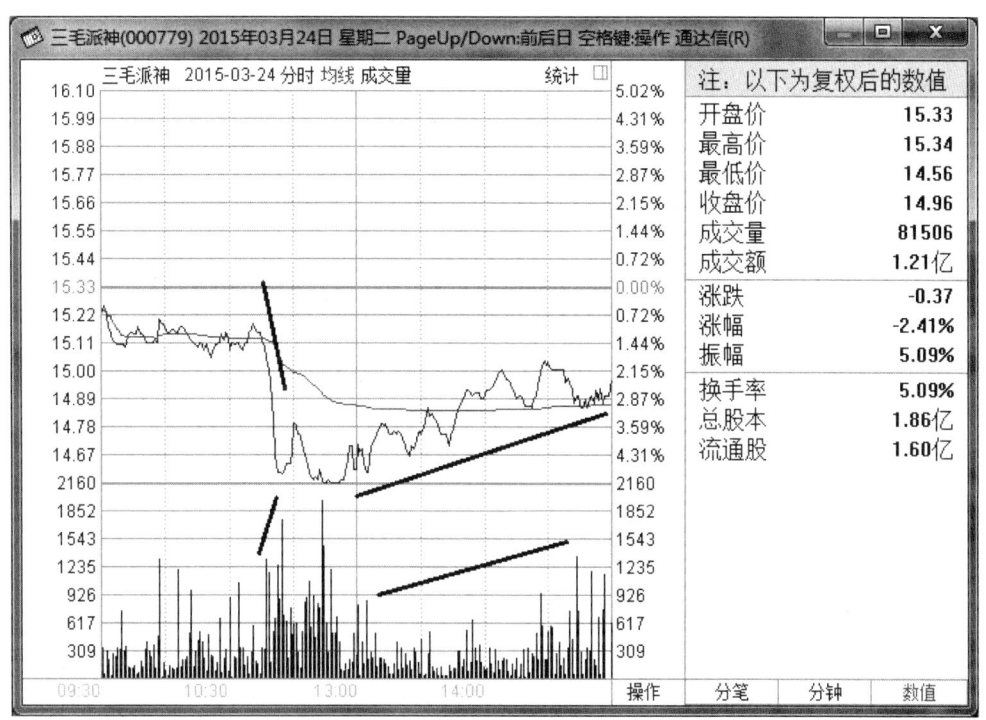

图5-15　三毛派神2015年3月24日分时图

如分时图5-15所示，股价早盘有抛售潮，都不计较价格的拼命卖出，而到了下午股价回升，成交量也开始恢复正常，这就不应该卖出该股了，继续持股待涨。

行情顺利的上升到了高位，这时高位堆积的筹码越来越多，目前20天均线略有向下势头，更有MACD指标发出的顶背离反转下跌信号，如图5-16所示。

当日的分时走势图如图5-17、图5-18、图5-19所示。

图5-16 MACD指标顶背离与筹码高位集中卖出

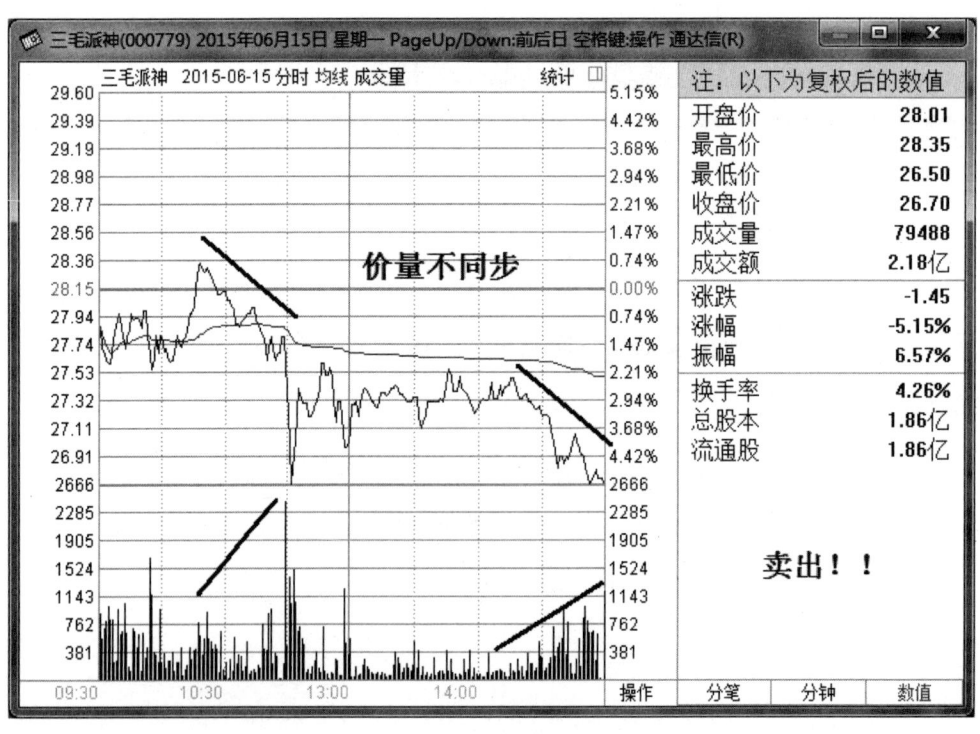

图5-17 三毛派神2015年6月15日分时图

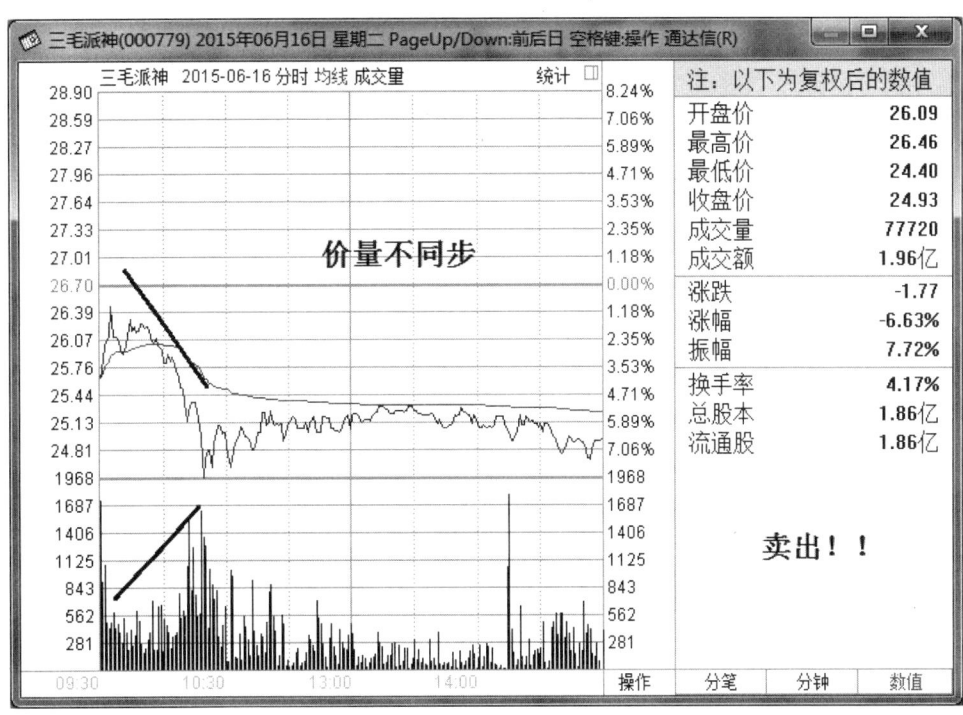

图5-18 三毛派神2015年6月16日分时图

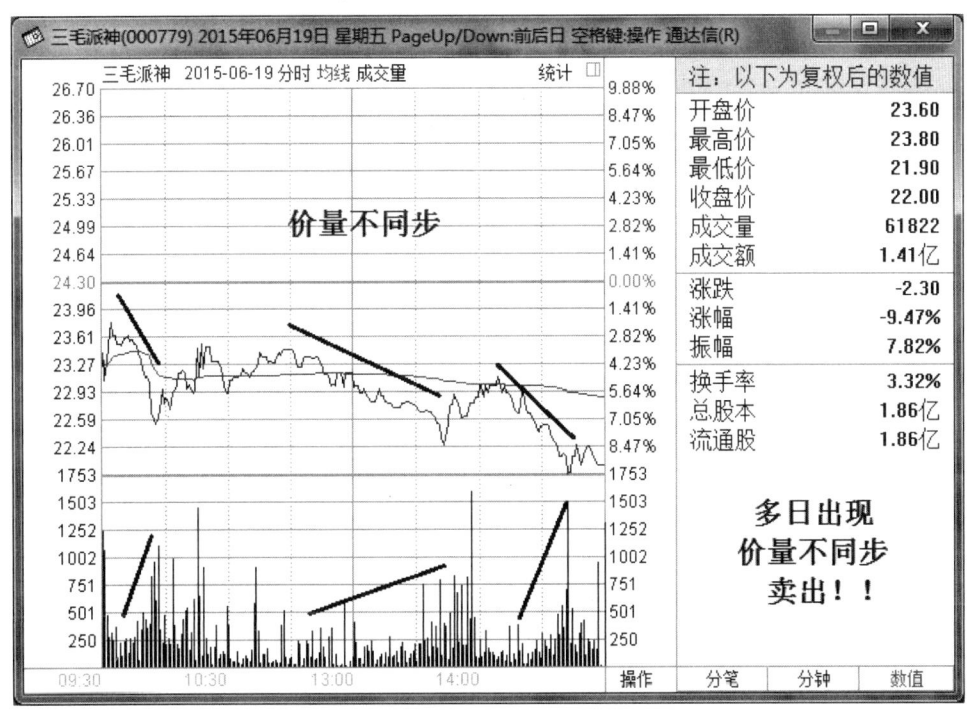

图5-19 三毛派神2015年6月19日分时图

连续数日出现了价量的不同步。确认当日是卖出信号。

图5-20　卖出及后续走势如临深渊

后市股价直接暴跌，幸好我们通过各类指标在暴跌开始之前已经卖光了该股，如图5-20所示就是整个交易全图，真正买在低位、卖在高位了。

三、案例三——四川路桥（600039）配合SKDJ指标（周线）

股票四川路桥最近一直处在震荡区间中，并且这个区间越来越窄，近期更是被20周均线压制得喘不过气来，密集区就在20周均线上方，虽然SKDJ指标已经发出了底背离的买入信号，但我们还需要等待筹码指标跟着发出同步的买入信号，如图5-21所示。

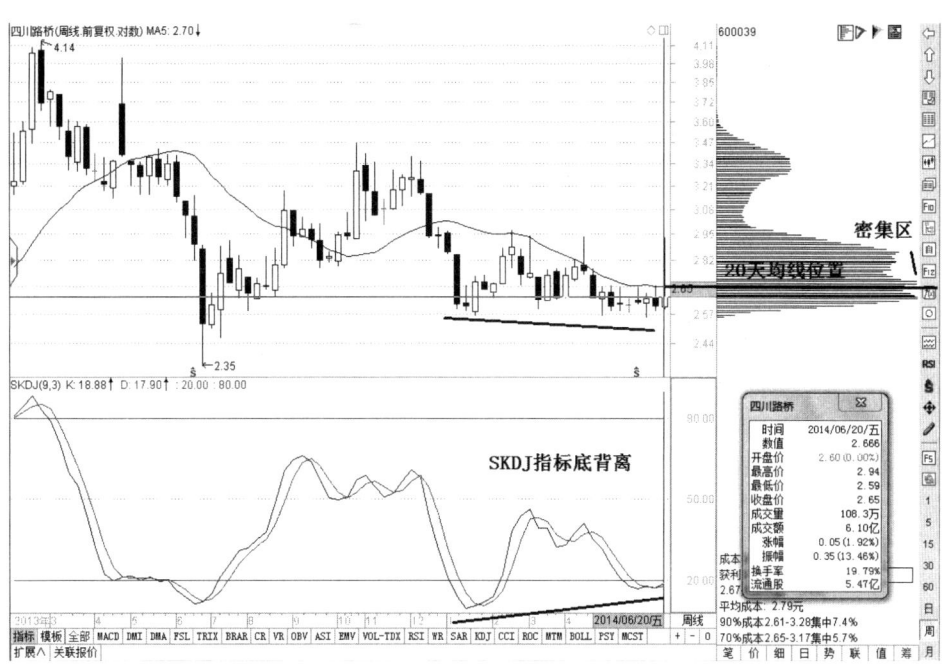

图5-21　四川路桥（600039）与SKDJ指标

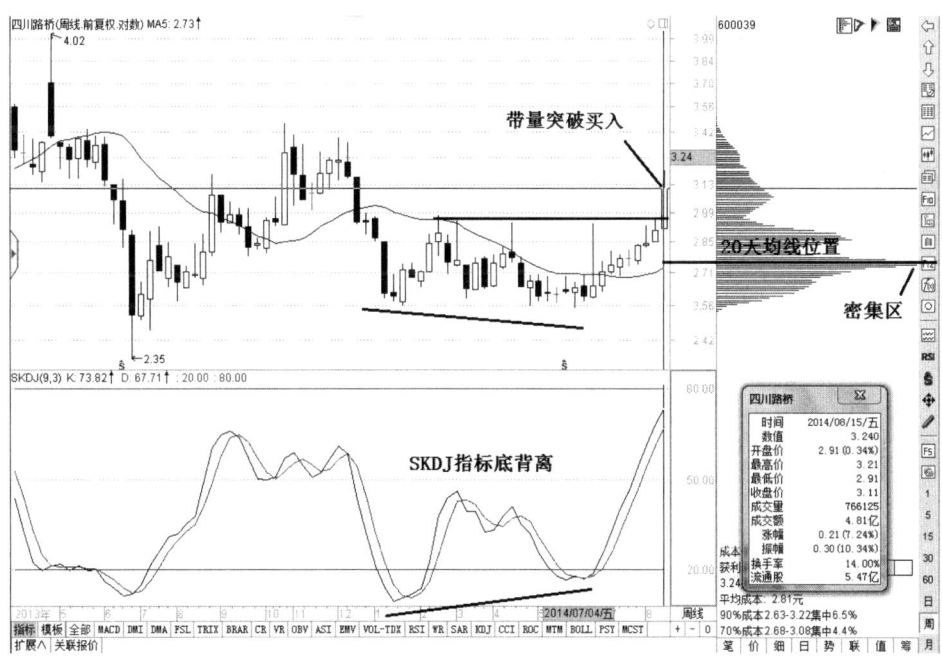

图5-22　SKDJ指标底背离买入信号与股价带量突破前期水平压制线买入信号

数周之后股价带量突破了前期的高点，并且20周均线站在筹码密集区之上，这样的话上行压力急剧减少，又有之前SKDJ指标的底背离的支持，所以在周末收盘前买入该股，如图5-22所示。

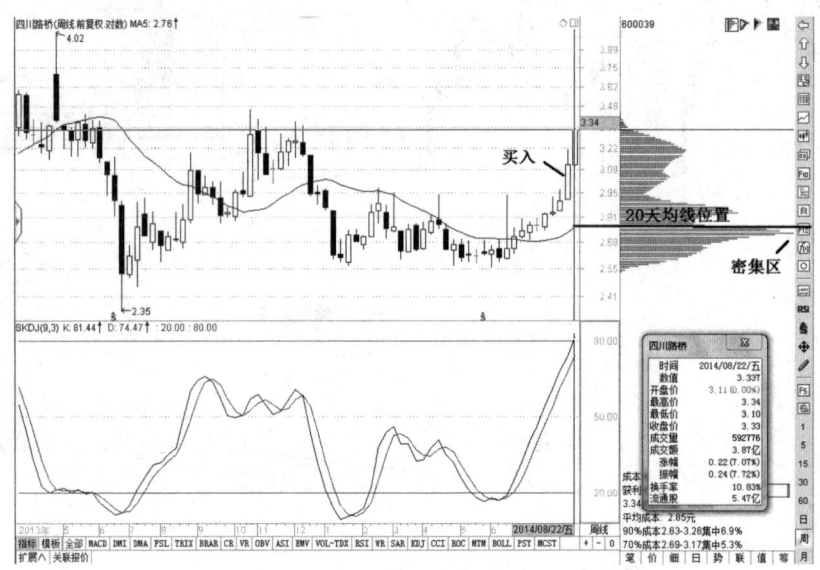

图5-23 持股待涨

下一交易周，股价再创新高，已平此前的周高点，也是不错的跟进点，如图5-23所示。

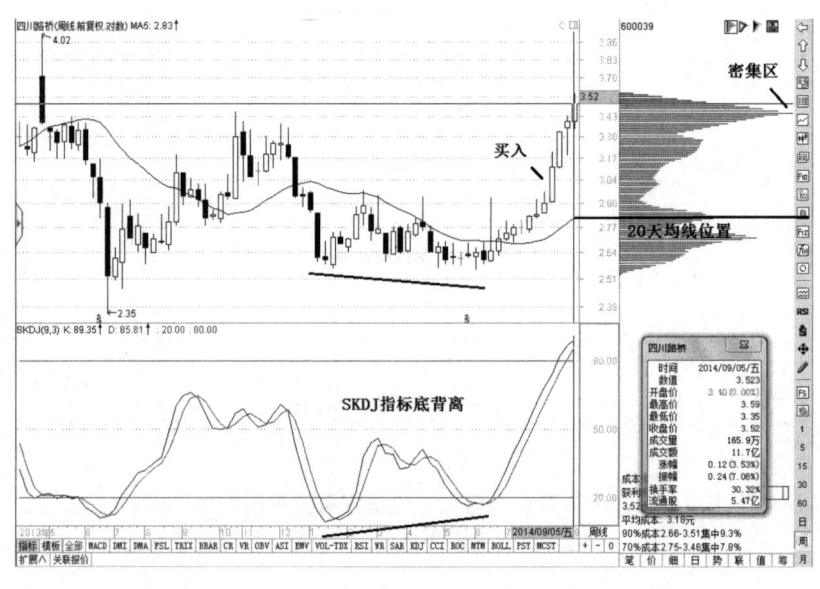

图5-24 筹码密集区上移

后续走势再往上走并在高位成交了不少筹码，而且密集区也上移到了现在的股价附近，后续走势就不好说了，应该继续持股待涨，如图5-24所示。

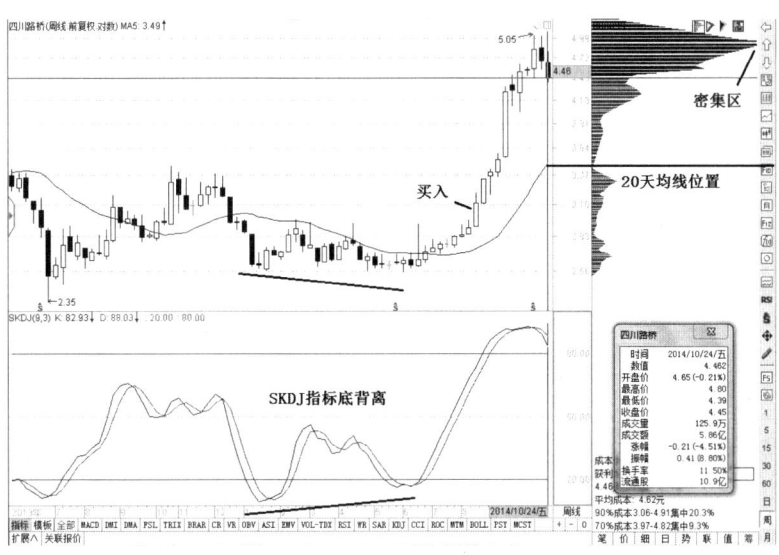

图5-25　筹码高位密集与SKDJ指标高位回调

股价继续拉高上行了一段，高位堆积的筹码越来越多，20天均线距离这个密集区还有一段距离，应该没有这么快进入反转下跌的可能，继续持股观察，如图5-25所示。

图5-26　筹码仍然高位严重堆积与SKDJ指标高位回落

股价再次向上创出新高，高位堆积的筹码继续增多，20周均线直接面临着这些压力，继续持股观望，如图5-26所示。

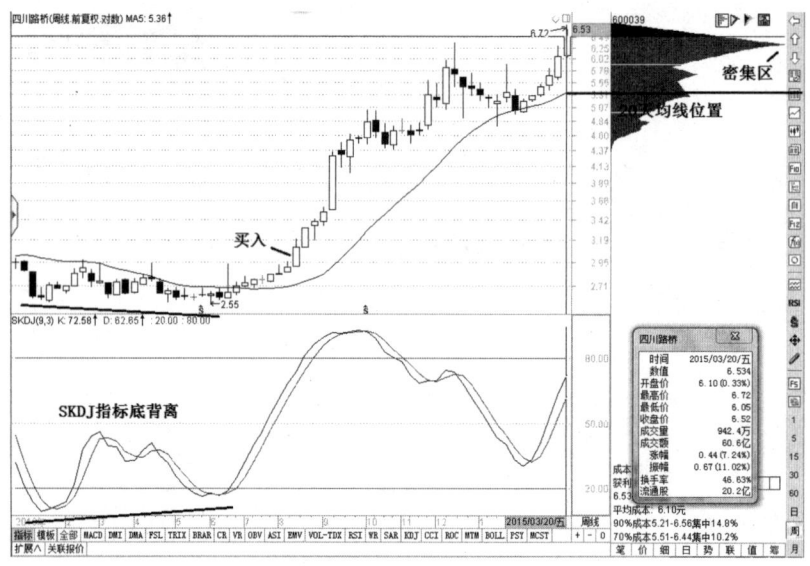

图5-27 股价再创新高

股价回调20周均线后得到了均线的支撑并开始反转向上，不断创出新高，同时也在高位形成了更大级别的筹码密集区，风险也跟着加大了，如图5-27所示。

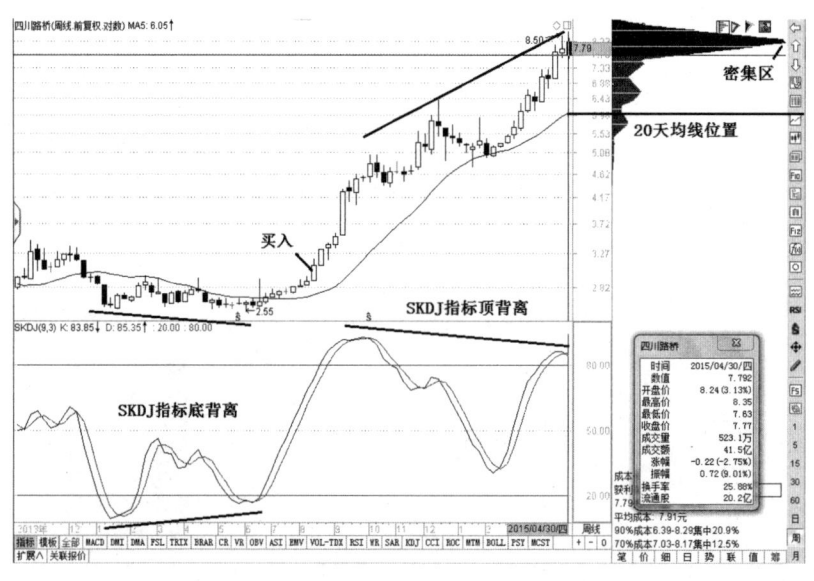

图5-28 SKDJ指标顶背离卖出信号与筹码高位严重突兀信号

再创新高是好事，但是高位堆积的筹码已经严重失衡。虽然20周均线的行进方向仍然向上，但不乐观。同时我们又看到了SKDJ指标发出的顶背离反转下跌信号，这样一来，就加大了后市反转下跌的可能性，我们还是决定卖出这只股票，如图5-28所示。

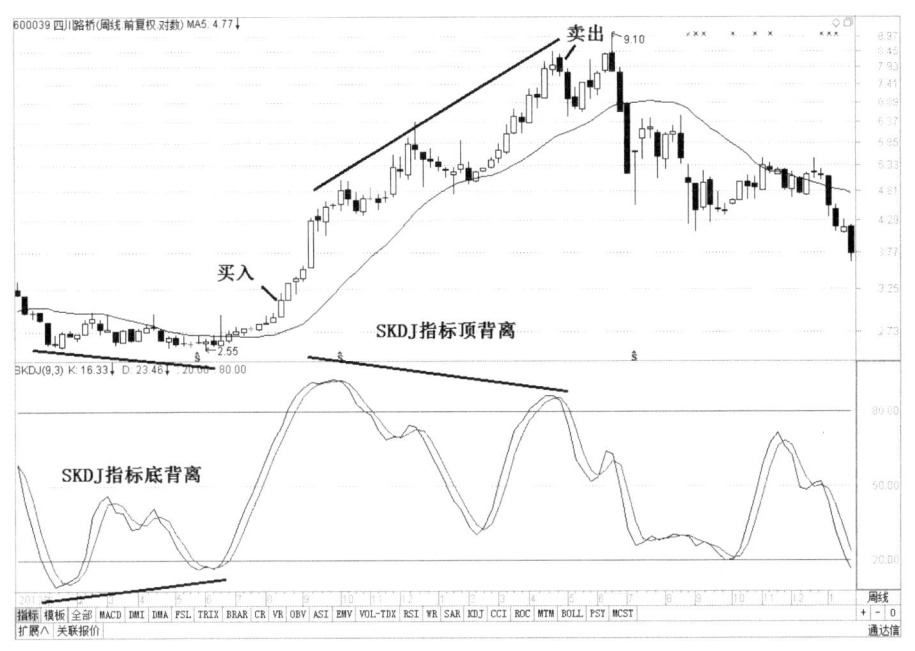

图5-29　卖出及后续走势

本次交易没有卖在后期的高点，后期虽然股价震荡中再创出了新高，但好景不长，股价又重新进入了下降通道中，如图5-29所示。

四、案例四——吉林森工（600189）配合MACD指标（周线）

股票吉林森工此前一直处在下降趋势之中，20周均线还是一如既往的向下行走，密集区仍然在20周均线之上，形成巨大的心理压制，MACD指标发出的底背离信号暂时还不能轻易跟进，如图5-30所示。

图5-30 吉林森工（600189）与MACD指标

图5-31 MACD指标底背离买入信号与股价回调均线买入信号

该股曾一度创出新高，但当期股价回调至20周均线附近，另外20周均线也处在密集区之下，上行压力不大，加上此前有过MACD的底背离反转上涨信号，因此我们决定买入这只股票，如图5-31所示。

图5-32 买入后持有

图5-33 股价再创新高

周线继续上行，不过观察筹码分布指标却发现均线正面临着上方的密集成交区的阻碍，持股观察股价能否有效越过这道障碍，如图5-32所示。

股价在高位调整了一段时间后，又开始向上涨，重新站在筹码密集区之上，这样上行压力又顺利减少了，继续持股待涨，如图5-33所示。

图5-34　连续上涨

股价继续飞升，但筹码分布图上已经出现严重的失衡现象，加上MACD指标也同时发出了顶背离反转下跌信号，因此我们决定卖出所有该股股票，如图5-34所示。

后期该股就直接进入了下行通道，如图5-35所示。

图5-35　卖出及后续走势

五、案例五——城市传媒（600229）配合MACD、SKDJ指标（月线）

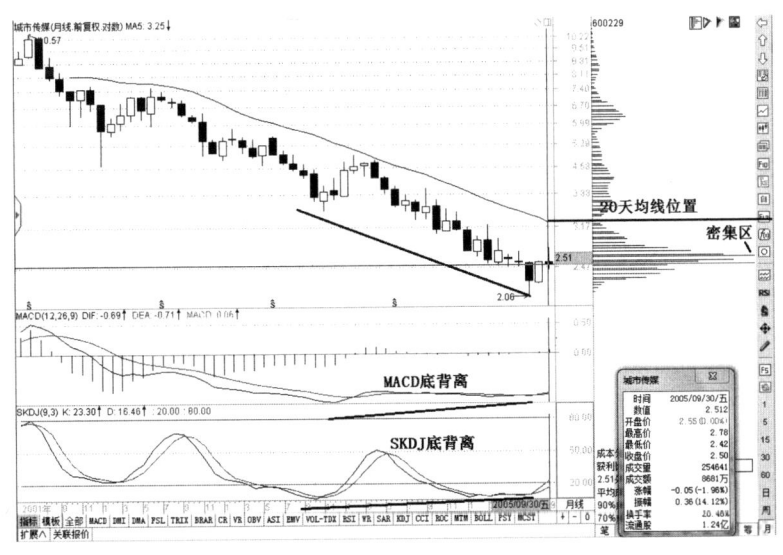

图5-36　城市传媒（600229）与MACD、SKDJ指标

股票城市传媒（600229）自上市以来一直没有大涨过，下跌了4年时间，指标上出现了MACD指标的底背离买入信号和SKDJ指标的买入信号，信号感相当强烈，就等筹码指标发出任一买入信号了，如图5-36所示。

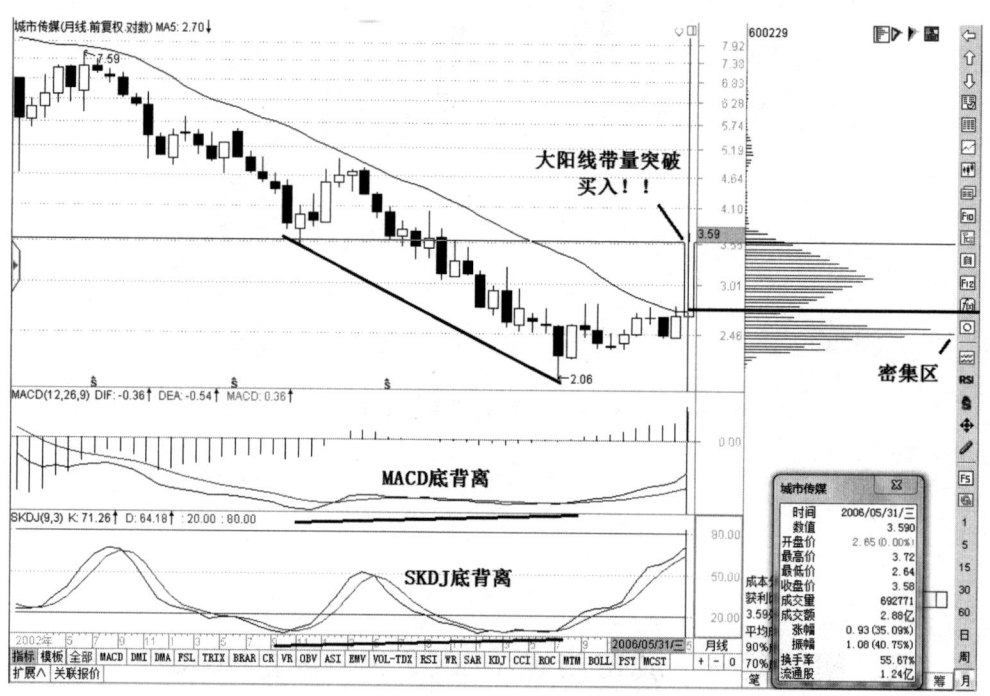

图5-37 股价以大阳线突破压制已久的20天均线

当月股价放出巨量拉涨，均线有转头向上的趋势，加上之前MACD和SKDJ指标发出的底背离反转上涨信号，我们便可以跟进这只股票了，由于是月线下的操作，这就属于中长线投资了，如图5-37所示。

之后股价没有收出阳线也没收出阴线，而是一个看似疲软的"十"字线，预示着行情目前处在犹豫之中，但是从筹码分布图上看，上行空间还是有的，所以我们决定继续持股待涨，如图5-38所示。

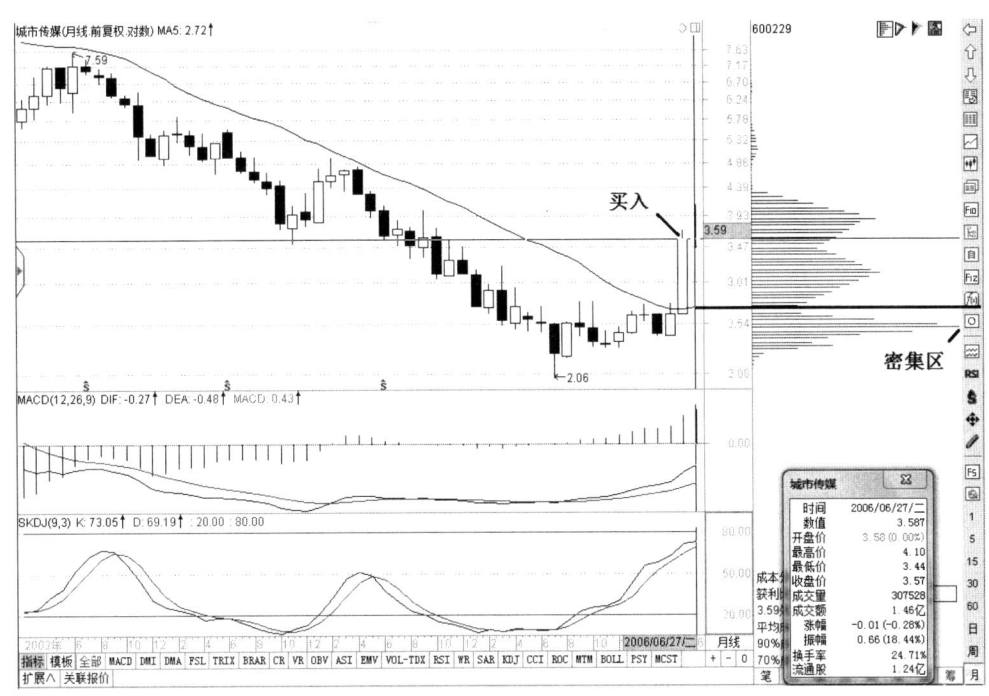

图5-38　此月线十字星K线并无具体含义继续持股

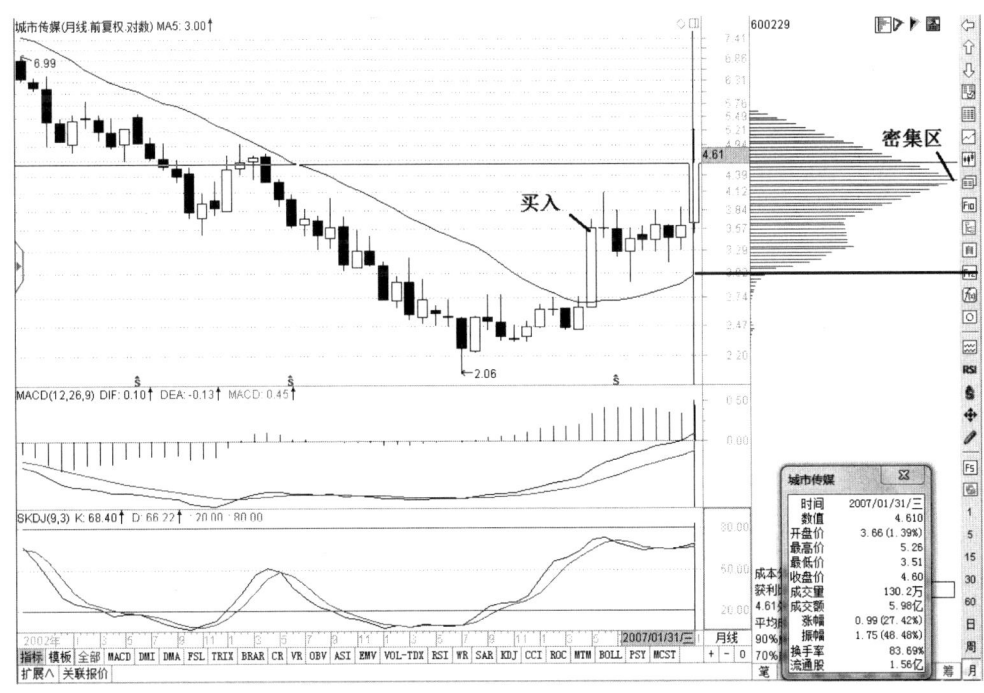

图5-39　继续上涨

虽然上方面临着多重筹码堆积的压制，但MACD指标的红柱是增长的，黄白两线也是向上行走的，所以卖出的话证据还不很充分，继续持股待涨更为妥当，如图5-39所示。

图5-40 持股待涨

股价接下来继续上涨，但成交异常大，出现了筹码严重失衡的情况，这说明主力庄家在高位出逃，这样的话后面的走势就不太乐观了，MACD指标红柱拉长，而SKDJ指标的读数进入高位区，鉴于此我们计划再观察一个月，如有意外马上卖出该股，如图5-40所示。

在月线出现十字形后，我们就卖出了手中该股一半，另外一半筹码计划在两个技术指标出现卖出信号时再卖出，如图5-41所示。

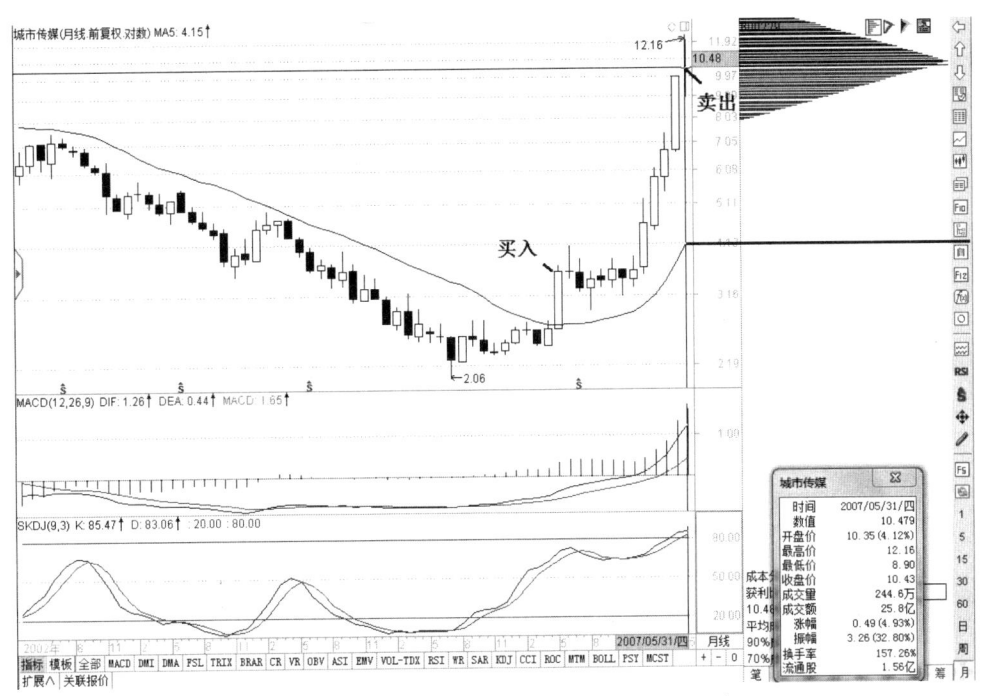

图5-41　筹码高位密集太严重酌情卖出

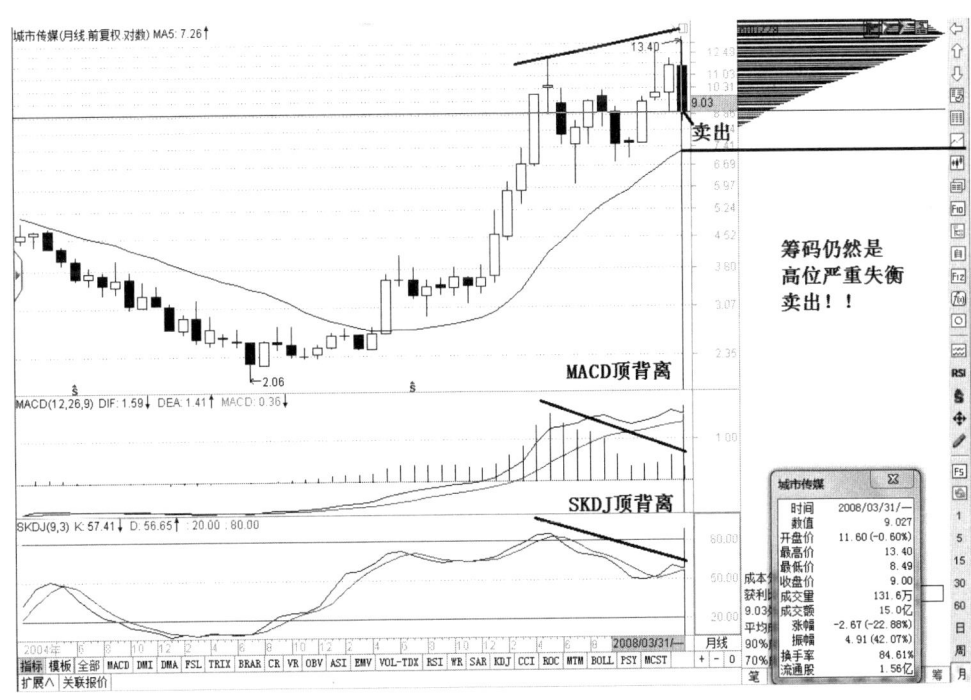

图5-42　筹码高位密集严重加上MACD、SKDJ两指标发出顶背离卖出信号

由于筹码分布仍然属于严重失衡姿态,加上MACD和SKDJ两个指标纷纷发出了顶背离反转下跌信号,更加证明未来的行情已经见顶了,不能再妄想行情还能再怎样的风光,卖出该股是唯一选择,如图5-42所示。

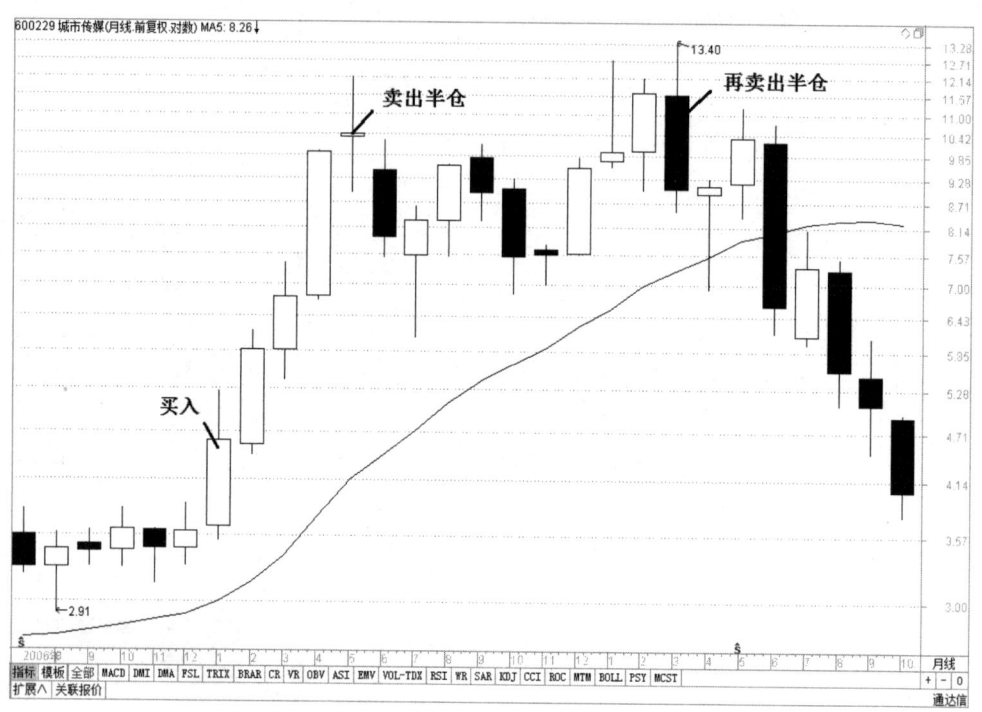

图5-43 整个交易过程回顾

在我们卖出另一半仓位后股价下跌了约66%,如图5-43所示。